Die Überlebensbibliothek

»Stell dir das vor, Lukas. Stell dir vor, in der Botanik stehe einer auf und sagt, man könne über die Flora meinetwegen des Ammerlands bessere Beobachtungen und Aufschlüsse gewinnen, wenn man statt eines Mikroskops irgendein verschwärmtes Naturgedicht über die Veilchen im Frühjahr oder was weiß ich heranzieht. Nichts gegen die Literatur. Aber alles zu seiner Zeit. Alles an seinem Platz.«

KLAUS MODICK, *Moos*

»Aber es kam schon nicht mehr darauf an, was ich las und welche Meinung ich hatte, viel wichtiger war, dass ich nicht allein war, wenn ich las, dass andere ebenso dachten und hofften wie ich und vor mir das formuliert hatten, was ich nicht formulieren konnte, und dass ich in diesen Sätzen meine Gedanken erkannte, ohne mich bei dieser Art Aneignung anstrengen zu müssen, vielmehr das bebende Glück des Lesenden fühlte: im Text eines anderen so viel Eigenes zu finden, sogar auf der Sportseite.«

FRIEDRICH CHRISTIAN DELIUS, *Der Sonntag, an dem ich Weltmeister wurde*

»Sie las jedes Buch als Beschreibung des eigenen Lebens, lebte dabei auf; rückte mit dem Lesen zum ersten Mal mit sich selbst heraus; lernte, von *sich* zu reden; mit jedem Buch fiel ihr mehr dazu ein. So erfuhr ich allmählich etwas von ihr.«

PETER HANDKE, *Wunschloses Unglück*

»Haben Sie es nicht zuweilen erlebt, in einem Buche einer bestimmten Idee zu begegnen, die man verschwommen und unklar längst in sich selbst trägt? Wie aus der Ferne schwebt sie nun mit einem Male auf einen zu, gewinnt feste Umrisse, und es ist einem, als stehe man vor der Offenbarung seines tiefsten Ichs ...«

GUSTAVE FLAUBERT, *Madame Bovary*

Warum (diese) Bücher lesen?

Eine Einleitung nebst Inhaltsverzeichnis

Warum beschäftigt man sich mit Büchern, die auf den ersten Blick ohne praktischen Nutzen sind? Warum lesen, was nicht sinnvolle Anweisungen gibt, wie man seinen Hamster pflegt, einen wohlschmeckenden italienischen Rinderschmorbraten zubereitet oder eine Fernbeziehung führt? Was verleitet Menschen dazu, sich erfundene Geschichten anzuhören, die keine konkrete Anweisung zum Handeln geben und sich von der realen Lebenswelt lösen? Eine seltsame Macht scheint von diesem Erfundenen auszugehen; auf verschlungene Art und Weise berührt uns oft, was sich Autorinnen und Autoren ausgedacht haben, und verbindet sich mit unserem Leben, ohne dass wir genau zu sagen wüssten, wie und weshalb.

Aber: Ist es überhaupt sinnvoll, Romane und Erzählungen wörtlich zu nehmen und sie – in welcher Form auch immer – als Hilfestellung fürs Leben zu betrachten? Zum Beispiel um die unzähligen Unzulänglichkeiten, die sich mit der eigenen Person verbinden, in den Griff zu bekommen:

Mit sich selbst zurechtkommen

Wer sich selbst unterschätzt, lese:
HANS CHRISTIAN ANDERSEN, *Das hässliche Entlein* ➤
Seite 23

9

Wer davon träumt, auf würdige Weise alt zu werden, lese:
THEODOR FONTANE, *Der Stechlin* ➤ Seite 27

Wer als Übergewichtiger, Neureicher oder Brillenträger
Trost braucht, lese:
RENÉ GOSCINNY, *Der kleine Nick* ➤ Seite 31

Wer sein musikalisches Unvermögen beklagt, lese:
FRANZ GRILLPARZER, *Der arme Spielmann* ➤ Seite 37

Wer sich selbst fad, langweilig und unattraktiv findet, lese:
MARLENE FARO, *Die Vogelkundlerin* ➤ Seite 41

Wer in Rente geht, lese:
HEIMITO VON DODERER, *Die erleuchteten Fenster*
➤ Seite 44

Wer die eigene Kindheit für unbedeutend hält, lese:
GERHARD HENSCHEL, *Kindheitsroman* ➤ Seite 48

Wer – bevor die Erinnerungen einsetzen – etwas über die
Art des Sich-Erinnerns erfahren will, lese:
MARCEL PROUST, *Combray* ➤ Seite 53

Ja, Bücher leisten Erste Hilfe – das behauptet dieses Buch,
ohne Umschweife. Sich mit Literatur zu befassen und sie
nur als Anlass für theoretische Erörterungen zu nehmen
hat mich nie befriedigt. Der große Reiz des Lesens (und auf
fiktionale Prosa will ich mich beschränken) besteht darin,
dass die Literatur andere Sichtweisen anbietet, eine Brücke
zum Leben der Leser schlägt und dennoch keine simplen
Gebrauchsanleitungen gibt. Ja, darin liegt vielleicht das
Paradox: Es geht mich persönlich an, wenn Stendhal das
Innenleben eines intriganten Aufsteigers plausibel macht,
wenn Thomas Bernhard Merkwürdiges aus einem Ohren-
sessel berichtet oder Jane Austen Gesellschaftsrituale ausbreitet, die auf den ersten Blick mit den gegenwärtigen
nichts zu tun haben. Auf den zweiten allerdings sehr wohl.

Mit Schwächen und Lastern leben

Wer unter Eifersucht leidet, lese:
MARCEL PROUST, *Eine Liebe Swanns* ➤ Seite 61

Wer für seinen Fußballwahn eine intelligente Begründung sucht, lese:
FRIEDRICH CHRISTIAN DELIUS, *Der Sonntag, an dem ich Weltmeister wurde* ➤ Seite 66

Wer nicht alle dicken Bücher aller Autoren lesen kann und etwas für zwischendurch sucht, lese:
THOMAS MANN, *Das Eisenbahnunglück* ➤ Seite 70

Wer heftig nach Geld und Gut strebt, lese:
F. SCOTT FITZGERALD, *Der große Gatsby* ➤ Seite 74

Wer abschreckende Beispiele von Völlerei zur Einhaltung seiner gesunden Lebensweise benötigt, lese:
SIEGFRIED LENZ, *Kummer mit jütländischen Kaffeetafeln* ➤ Seite 79

Wer dem Verzehr von Geflügel feindlich gegenübersteht, lese:
BURKHARD SPINNEN, *Langer Samstag* ➤ Seite 83

Wer dem Verzehr von Geflügel aufgeschlossen gegenübersteht, lese:
WOLF HAAS, *Der Knochenmann* ➤ Seite 87

Wer Sorgen mit Likör bekämpft, lese:
WILHELM BUSCH, *Die fromme Helene* ➤ Seite 91

Die Literaturwissenschaft ist in dieser Hinsicht oft reichlich schreckhaft: Ein »wissenschaftlicher« Zugang zu den Texten verbiete es, Werke der Weltliteratur als Identifikationsangebote zu lesen, als Projektionsfläche für ein »Sich-Wiederfinden«. Das stimmt einerseits, denn wer Literatur als Leitartikel oder Psychotipp versteht, verfehlt das, was sie ausmacht, und selbstverständlich sind Kunstwerke historisch eingebettet und ihrer Entstehungszeit verpflichtet. Andererseits ist es töricht, zu leugnen, dass die kleinen und großen Geschichten der Weltliteratur uns nicht persönlich betreffen, betreffen können – über alle Zeiten und Ländergrenzen hinweg. Wer Goethes *Leiden des jungen Werther* liest, ohne über unerfüllte Liebe und über Freitod nachzudenken, ist ein armseliger Leser.

Das Leben bestehen, im Kleinen wie im Großen

Wer die Wirklichkeit nicht gegen Träume ausspielen will, lese:
ALAIN-FOURNIER, *Der große Meaulnes* ➤ Seite 97

Wer von der Allmacht der Bücher noch nicht ganz überzeugt ist, lese:
HELENE HANFF, *84, Charing Cross Road* ➤ Seite 102

Wer dazu neigt, die gleichen Fehler wieder und wieder zu begehen, lese:
PATRICK HAMILTON, *Hangover Square* ➤ Seite 107

Wer es nicht für möglich hält, was ein altes Gemälde auszulösen vermag, lese:
DONNA TARTT, *Der Distelfink* ➤ Seite 111

Wer das Telefon als menschenunwürdiges Kommunikationsmittel ablehnt, lese:
KARL VALENTIN, *Buchbinder Wanninger* ➤ Seite 116

Wer der Welterkenntnis beim Spazierengehen auf die Schliche kommt, lese:
GERHARD MEIER, *Land der Winde* ➤ Seite 120

Wer ein Entkommen aus dem Berufsleben sucht, lese:
HERMAN MELVILLE, *Bartleby* ➤ Seite 125

Wer nicht glaubt, dass traurige (Lese-)Erfahrungen glücklich machen können, lese:
WILLIAM TREVOR, *Turgenjews Schatten* ➤ Seite 129

Wer Ruhe sucht und alle Dinge ernst nimmt, lese:
ADALBERT STIFTER, *Der Nachsommer* ➤ Seite 133

Wer in Erwägung zieht, ein Häuschen vor der Stadt zu beziehen, lese:
RICHARD YATES, *Zeiten des Aufruhrs* ➤ Seite 138

*D*ie *Überlebensbibliothek* versucht eine Balance zwischen den Polen zu wahren. Sie tut, bewahre, nicht so, als seien Romane Allround-Heilmittel, die ein gutes Leben garantierten. Und ich möchte, bewahre, keinen neuen Kanon bedeutender Prosawerke aufstellen; nein, es geht mir darum, glückliche Lesemomente ins Gedächtnis zu rufen, an siebzig bekannte und unbekannte Bücher zu erinnern und diese – manchmal mit leise ironischem Unterton – hoffentlich so lebendig vorzustellen, dass sie Leserinnen und Lesern in bestimmten »Lebenslagen« hilfreich werden könnten. Die Auswahl ist durch und durch subjektiv, doch jeder, der eine Wahl trifft, hofft insgeheim darauf, dass er Gesinnungsfreunde findet, sei es in Oberschwaben oder Griechenland.

Sich an fremde Orte begeben

Wer die Heimat nicht vergessen will, lese:
MARIA BEIG, *Rabenkrächzen* ➤ Seite 145

Wer vom guten Leben in der Provinz träumt, lese:
EGON GRAMER, *Gezeichnet: Franz Klett* ➤ Seite 149

Wer Belgien unterschätzt, lese:
BRIGITTE KRONAUER, *Verlangen nach Musik und Gebirge* ➤ Seite 153

Wer Schafe (und Island) sehr gernhat, lese:
HALLGRÍMUR HELGASON, *Vom zweifelhaften Vergnügen,
tot zu sein* ➤ Seite 157

Wer einen Wüstentrip gebucht hat und damit nicht recht
glücklich wird, lese:
KAREN DUVE, *Regenroman* ➤ Seite 161

Wer altmodisches Reisen schätzt, lese:
ERHART KÄSTNER, *Ölberge, Weinberge* ➤ Seite 165

Keine Angst also, Literatur wird hier nicht als von den
Krankenkassen anerkannte Therapieform verstanden. Es
scheint mir nur so, als seien ihre in Sprache gefassten Geschichten durch nichts anderes zu ersetzen. Ja, Lesen ist le-
bensnotwendig, und wenn es mir zu zeigen gelingt, warum
dem so ist, dann hat *Die Überlebensbibliothek* ihren Sinn
vielleicht erfüllt. Literatur – so meine Erfahrung, seitdem
ich vor über fünfundvierzig Jahren zu ersten Expeditionen
in die (Heilbronner) Stadtbücherei aufbrach – verstört, verblüfft, verwirrt und bereichert – obwohl man manchmal
erst viel später erkennt, was Bücher in einem bewegten.
Warum haben mich Bücher wie *Die kleine Hexe*, *Unser
Sturmvogel hat Räder*, *Bei uns ist immer was los* oder
Hans Erich Nossacks geheimnisvolle Erzählung *Das Fe-
dermesser* seinerzeit so aufgewühlt? Ich weiß es auch
heute nur in Annäherungen zu beschreiben, doch früh
wurde mir klar, dass ich in diesen – qualitativ so unterschiedlichen – Texten fand, was ich nirgendwo anders finden konnte, in ihnen Charakteren begegnete, die ich nirgendwo sonst traf.

Mit anderen Menschen zurechtkommen (oder auch nicht)

Wer seine Mitmenschen für tolle Typen hält, lese:
SIBYLLE BERG, *Ein paar Leute suchen das Glück und lachen sich tot* ➤ Seite 171

Wer weiß, dass nur Freunde das Leben lebenswert machen, lese:
SAMMY DRECHSEL, *Elf Freunde müsst ihr sein* ➤ Seite 174

Wer sich scheut, mit seinen Kindern zusammenzuleben, lese:
JULIEN GREEN, *Adrienne Mesurat* ➤ Seite 179

Wer beabsichtigt, dauerhaft mit seiner Mutter zusammenzuleben, lese:
ELFRIEDE JELINEK, *Die Klavierspielerin* ➤ Seite 183

Wer es für eine sinnvolle Idee hält, die Eltern jedes Wochenende zu besuchen, lese:
PIERRE BOST, *Ein Sonntag auf dem Lande* ➤ Seite 187

Wer einfach nur angerührt werden möchte, lese:
CARSON MCCULLERS, *Das Herz ist ein einsamer Jäger*
➤ Seite 192

Wer von einer Abhängigkeit in die nächste rutscht, lese:
BRIGITTE SCHWAIGER, *Wie kommt das Salz ins Meer*
➤ Seite 197

In Marcel Prousts *Auf der Suche nach der verlorenen Zeit* heißt es: »In Wirklichkeit ist jeder Leser, wenn er liest, eigentlich der Leser seiner selbst. Das Werk des Schriftstellers ist lediglich eine Art von optischem Instrument, das der Autor dem Leser reicht, damit er erkennen möge, was er in sich sonst vielleicht nicht hätte sehen können.« Auf

Anhieb leuchtet diese Sentenz ein, bestärkt sie doch einen Leseeindruck, den viele kennen: Ein Roman spricht uns an, weil wir eigene Erfahrungen in ihm gespiegelt sehen und weil wir uns mit seinen Figuren und deren Handeln zu identifizieren beginnen. Texte, die kaltlassen, bewegen nichts, bewegen uns nicht. Und doch ist Prousts Erkenntnis nicht ohne Abgründigkeit.

Über Gott und die Welt nachdenken

Wer mal wieder an die Durchschaubarkeit der Welt glauben will, lese:
ARTHUR CONAN DOYLE, *Ein Skandal in Böhmen*
➤ Seite 203

Wer manchmal an seinen Familienerinnerungen irrewird, lese:
KIRSTY GUNN, *Regentage* ➤ Seite 207

Wer manchmal allen Erinnerungen misstraut, lese:
JULIAN BARNES, *Vom Ende einer Geschichte* ➤ Seite 211

Wer zuhören will, wie sich gesellschaftliche Werte auflösen, lese:
ARTHUR SCHNITZLER, *Leutnant Gustl* ➤ Seite 214

Wer den Glauben an persönliches Engagement wenigstens ab und zu gestärkt sehen will, lese:
ANTONIO TABUCCHI, *Erklärt Pereira* ➤ Seite 218

Wer an der Gerechtigkeit der Welt (ver)zweifelt, lese:
FRIEDRICH GLAUSER, *Wachtmeister Studer* ➤ Seite 222

Wer seinen artigen Kindern etwas (aber nicht zu viel) Auflehnungsgeist einzuflößen wünscht, lese:
MARK TWAIN, *Tom Sawyers Abenteuer* ➤ Seite 227

Eine Frage bleibt dennoch: Sind Lesende, die bei der Lektüre nur im Buch ihres Innenlebens blättern, überhaupt in der Lage, neue Erfahrungen zu machen, sich von Erfahrungen anderer leiten zu lassen, die ihr Ich zuvor nicht kannte? Oder besteht der Reiz der Lektüre nicht darin, unbekanntes Terrain kennenzulernen und sich nicht nur im vertrauten Sumpf zu bewegen? Der Schriftsteller als »optisches Instrument«, das als Sehhilfe fungiert: für neue Ansichten vom eigenen Ich. Das ist ein schönes Bild – und eine treffliche Bestimmung dessen, was »schöne« Literatur sein kann.

Im Durcheinander von Erotik, Sex und Liebe klüger werden

Wer darüber nachdenkt, sich dauerhaft mit Juristen einzulassen, und an deren Weltsicht zweifelt, lese:
ALBERT DRACH, *Untersuchung an Mädeln* ➤ Seite 235

Wer Pro- und Contra-Argumente für das moralisch noch nicht völlig akzeptierte Leben mit zwei Partnern sucht, lese:
WILHELM GENAZINO, *Die Liebesblödigkeit* ➤ Seite 241

Wer darauf spekuliert, das Glück anderswo zu finden, lese:
EDUARD VON KEYSERLING, *Wellen* ➤ Seite 246

Wer lebenslängliches Liebesglück nicht für Hollywood-Kitsch hält, lese:
IAN MCEWAN, *Saturday* ➤ Seite 249

Wer liebt und nicht auf Erfüllung hoffen darf, lese:
JOHANN WOLFGANG GOETHE, *Die Leiden des jungen Werther* ➤ Seite 254

Wer als Mann eigenen Torheiten vorbeugen will, lese:
ADOLF MUSCHG, *Noch ein Wunsch* ➤ Seite 259

Wer einer vergangenen Liebe nachtrauert, lese:
CEES NOOTEBOOM, *Mokusei!* ➤ Seite 263

Wer Weib oder Mann seines/r Nächsten begehrt, lese:
HANS ERICH NOSSACK, *Spätestens im November*
➤ Seite 267

Wer daran glaubt, lese:
HANNS-JOSEF ORTHEIL, *Die große Liebe* ➤ Seite 271

Wer Sex im Alter für normal hält, lese:
PHILIP ROTH, *Sabbaths Theater* ➤ Seite 275

Wer Trennungen für ein Unglück hält, lese:
TIM KRABBÉ, *Drei auf dem Eis* ➤ Seite 280

Wer nicht genau weiß, warum es mit der ersten Liebe nichts wurde, lese:
THEODOR STORM, *Immensee* ➤ Seite 283

Wer der ersten Liebe eine zweite Chance geben will, lese:
ELIZABETH TAYLOR, *Versteckspiel* ➤ Seite 287

Wer eine wunderbare Geschichte der ersten Liebe kennenlernen möchte, lese:
MARTIN WALSER, *Ein springender Brunnen* ➤ Seite 291

Wer sich als »Homme à Femmes« sieht, lese:
STEPHEN VIZINCZEY, *Wie ich lernte, die Frauen zu lieben*
➤ Seite 295

Freilich sind Bücher kein Allheilmittel; sie bewahren uns nicht davor, außerhalb der bedruckten Seiten zu leben – bis zum Tod. Dieser ist, wie die Liebe, ein unerschöpfliches Thema der Literatur. Er ist nicht zu (be)greifen, er führt viele in die Verzweiflung, und keiner, auch der Gläubigste nicht, weiß, was er wirklich bedeutet. Gerade deshalb handelt die Literatur davon:

Mit existenziellen Erfahrungen zurechtkommen

Wer ahnt, dass jeder für sich allein stirbt, lese:
ERICH KÄSTNER, *Fabian* ➤ Seite 305

Wer die Angst vor dem Tode ein wenig verlieren möchte,
lese:
HERMANN LENZ, *Verlassene Zimmer* ➤ Seite 309

Wer noch mehr Angst vor dem Tode verlieren möchte,
lese:
KLAUS MODICK, *Moos* ➤ Seite 313

Wer eine Schuld abzutragen hat und nicht weiß, wie, lese:
WILLIAM MAXWELL, *Also dann bis morgen* ➤ Seite 317

Wer sich mit dem Tod des Partners nicht abfinden mag,
lese:
GEORGES RODENBACH, *Das tote Brügge* ➤ Seite 322

Wer die Mutter verliert, lese:
PETER HANDKE, *Wunschloses Unglück* ➤ Seite 327

Wer den Vater verliert, lese:
MATTHIAS POLITYCKI, *Tag eines Schriftstellers* ➤ Seite 331

Wer nirgendwo mehr ein Hoffnungslichtlein sieht, lese:
KAREN DUVE, *Weihnachten mit Thomas Müller*
➤ Seite 335

*D*ie *Überlebensbibliothek* ist ein Plädoyer für die Macht
der Lektüre. Und dennoch seien die Augen nicht vor schäd-
lichen Begleiterscheinungen verschlossen. Nicht immer
ist Lesen dem Glück zuträglich; auch das wurde in der
Literatur bedacht:

Zuletzt ein Hinweis auf Nebenwirkungen ...

Wer erfahren will, dass Lesen nicht automatisch eine persönlichkeitsfördernde Beschäftigung sein muss, lese:
GUSTAVE FLAUBERT, *Madame Bovary* ➤ Seite 341

Mit sich selbst zurechtkommen

Wer sich selbst unterschätzt, lese:

HANS CHRISTIAN ANDERSEN, *Das hässliche Entlein*

Märchen spielen in der pädagogischen Unterweisung von Kindern eine wichtige Rolle, und clevere Eltern verstehen es, den Sinn der Geschichten so lange zu drehen und zu wenden, bis er auf den Alltag der lieben Zöglinge passt. *Rotkäppchen* oder *Schneewittchen* erfreuen dadurch, dass das Böse seiner gerechten Strafe zugeführt wird, und als jugendlicher *Aschenputtel*-Leser genießt man den Trost, natürliche Bescheidenheit am Ende obsiegen zu sehen. *Hans im Glück* wiederum liefert eine Lehre, die sozial dämpfend wirkt und nahelegt, den Wert irdischer Güter nicht zu überschätzen. Der tölpelhafte, aber freundliche Hans klammert sich nicht an Materielles und genießt sein Leben, obwohl er vom bürgerlichen Gewinndenken her betrachtet ein rechter Versager ist.

Nicht alle Märchen funktionieren so einfach, und nicht alle Märchen lesen sich so, als sei ihre Handlung wirklich für Minderjährige ersonnen. Ludwig Bechsteins so düstermittelalterliche Märchen wirken unheimlich, und Ludwig Richters Illustrationen mildern diesen Eindruck nicht. Auch der Däne Hans Christian Andersen (1805–1875) ist keiner von den »kindgerechten« Autoren. Seine einfallsreichen Erzählungen finden bis heute bei Erwachsenen viel Zuspruch, ja manchmal scheint es so, als ob der Schuhmachersohn Andersen gar nicht zum Märchenonkel für Kinder tauge.

Das hässliche Entlein ist eines seiner berühmtesten Märchen, und es ist wunderbar geeignet, über Sein und Schein nachzudenken und unterentwickeltes Selbstbewusstsein zu stärken. Worin liegt der Charme dieser rührenden Geschichte mit Happy End? Andersens Hauptfigur weckt vom ersten Moment an Mitleid: Noch ehe das Entlein das herrliche Landlicht erblicken darf, sitzt beziehungsweise liegt es bereits auf der Strafbank. Seine vom langen Brüten recht erschöpfte Mutter muss sich dazu zwingen, dieses dicke Ei, das trotz allen Zuredens nicht aufplatzen will, nicht links liegenzulassen. Endlich ist es so weit: Ein ungemein unschönes, kaum entenähnliches Etwas bricht hervor, und vom ersten Atemzug an erlebt dieses Demütigungen, deren Begründungen einfachster Art sind: »›Ja, aber es ist zu groß und eigenartig!‹, sagte die Ente, die biss, ›und deshalb muss es gepufft werden.‹«

Andersens Märchen ist ein Lehrstück über Vorurteile. Das Anderssein des Entchens genügt, um es aus dem sozialen Kontext auszuschließen; selbst seine Mutter, die anfänglich tapfer versucht, sich ihr Kind schönzureden (»... wie schön es die Beine gebraucht, wie rank es sich hält! Es ist mein eigenes Kind! Im Grunde ist es doch ganz hübsch, wenn man es richtig anschaut«), und ihm ein »herzlich gutes Gemüt« bescheinigt, weiß bald nichts mehr mit dem Fremdling anzufangen. Dem gebissenen, gepufften und beschimpften Tier bleibt nur die Flucht, ein Umherirren, das es schließlich in ein Bauernhaus führt, zu Frau, Henne und Kater. Auch dort regiert die Ignoranz: Als das Entlein vom Schwimmen und Tauchen zu schwärmen beginnt, erntet es heftige Rügen aus dem Mund des sich weltläufig gebenden Huhns. Je kleiner die Welt, desto enger der Horizont – diesen Zusammenhang führt Andersen eindringlich vor, versehen mit klarer Erkenntnisanleitung für sein Publikum und doch so liebevoll, dass man die

Hartnäckigkeit, mit der hier moralische Lehren verkauft werden, gerne übersieht.

Das hässliche Entlein – ein Enterich zum Glück, denn da mache, wie die Mutter frohlockt, das Äußere nicht »so viel« aus – zählt zu den positivsten Helden der Weltliteratur. Nie lehnt es sich auf, nie wehrt es sich, ja wo immer es geht und steht, versucht es das Beste aus seinem Elend zu machen: »›O gottlob!‹, seufzte das Entlein, ›ich bin so hässlich, dass selbst der Hund mich nicht beißen mag.‹« Auch am Ende, als die wunderbare Metamorphose einsetzt und aus der falschen Ente ein prächtiger, »königlicher« Schwan wird, verliert dieser seine Demut nicht und fühlt sich »ganz beschämt« von so viel Glück.

Natürlich kann man gegen Andersens Märchen allerhand einwenden und die wundersame Wandlung als Beruhigungstropfen für gesellschaftliche Außenseiter sehen, die bitte schön auf eine ferne Zukunft hoffen sollen. Doch wer will den Reiz der Geschichte auf diese Weise zerstören? Zu angenehm ist es – für kleine und für große Kinder –, davon zu hören, dass Niedertracht nicht das letzte Wort im Weltenlauf haben muss und dass es möglich ist, sich auch aus misslichsten Lagen zu befreien. Die Natur ist – wenigstens im *Hässlichen Entlein* – manchmal so eingerichtet, dass sich die Waagschalen von Gerechtigkeit und Ungerechtigkeit ausgleichen. Nicht alle Schieflagen müssen von Dauer sein, nicht alle Deklassierungen sind unüberwindlich. Und wer sich erinnert, wie es war, als man dieses Entenmärchen zum ersten Mal hörte, der weiß um das wohltuende Gefühl, welches die Schwanwerdung in Kinderohren auslöst. Wie grausam war es doch auch, das Schicksal des Entleins, von Mutter und Geschwistern getrennt, ganz allein auf der Welt und fern allen Glücks … bis zur märchen- und zauberhaften Wendung. Selbst wenn nicht aus allen ästhetisch unbefriedigenden Säuglingen Modellathleten und Glamourgirls werden können: Ohne

Hoffnung auf den nächsten Tag, an dem, wennschon nicht alles, dann wenigstens ein bisschen was anders wird, geht es nicht.

❦. HANS CHRISTIAN ANDERSENS *Das hässliche Entlein* erschien 1843 im dänischen Original (unter dem Titel *Den grimme Ælling*). Auf Deutsch liegt das Märchen (manchmal auch als *Das hässliche junge Entlein*) in zahlreichen Übersetzungen vor, zum Beispiel in der von Floriana Storrer-Madlung in der Manesse-Bibliothek der Weltliteratur.

Wer davon träumt, auf würdige Weise alt zu werden, lese:

THEODOR FONTANE, *Der Stechlin*

Sagen Sie nicht, liebe Leserin, dass Sie später eine »unkonventionelle Alte« werden wollen! Davon haben wir wirklich genug, ja mittlerweile scheint es Mode geworden zu sein, auf spleenige, schräge Weise seinen Lebensabend zu beschließen. Wann, wer und womit das angefangen hat, lässt sich schwer sagen, mit Filmen wie *Harold und Maude* oder *Lina Braake*, mit Udo Jürgens' *Mit 66 Jahren*? Mit nervenden Talkshow-Auftritten von Lotti Huber, Brigitte Mira, Inge Meysel oder Johannes Heesters, den man auch in diese Schublade stecken darf? »Älter werde ich später«, dieses penetrante Motto, mit dem Iris Berben vor ein paar Jahren ein Frischhalte-Ratgeberbüchlein betitelte, scheinen sich alle auf die Fahnen zu schreiben, die von den Gesetzen des Vergehens nichts wissen wollen und schnell vergessen, dass Unkonventionalität leicht in Lächerlichkeit umschlägt.

Nun ja, Iris Berbens Lieblingsschriftsteller sind, wie sie zwischen Gurkenmaskensitzungen und Wohltätigkeitsauftritten bekannte, Pasolini, Jelinek und Shakespeare; kein Wort hingegen von Theodor Fontane (1819–1898) und dessen Roman *Der Stechlin* – wen wundert's. Wer sich die Muße nimmt, dieses langsam voranschreitende, fein gebaute Buch zu lesen, bekommt eine Ahnung davon, was es heißen mag, die Stationen des Lebens ernst zu nehmen und seinen Weg mit Würde zu gehen. Den *Stechlin* zu loben fällt nicht schwer. Während Fontanes Zeitgenossen ihre liebe Müh und Not damit hatten, das Ungewöhnliche dieser aus vielen Dialogen zusammengesetzten Figuren- und Gesellschaftszeichnung zu goutieren, gilt *Der Stechlin* heute – neben *Effi Briest* – als Fontanes Meisterwerk. Hier klingt etwas aus, hier hat es sich ein Schriftsteller zum Ziel gesetzt, ein Resümee in Romanform vorzulegen, wiewohl es ihm nicht vergönnt war, das Erscheinen seines Alterswerks in Buchform zu erleben.

Freunde komplexer Handlungselemente und spannungs- reicher Intrigen werden sich für den Roman kaum erwär- men. Während Effis Schicksal durch den Ehebruch, den »Schritt vom Wege«, mit ordentlich Dramatik aufwartet, geschieht im *Stechlin* herzlich wenig. Fontane war sich dieser Eigentümlichkeit bewusst und konnte den Inhalt seines umfangreichsten Romans in einem oft zitierten Brief mühelos zusammenfassen: »Zum Schluss stirbt ein Alter, und zwei Junge heiraten sich.« Ein bisschen täuscht das, denn das eine oder andere geschieht überdies auf Schloss Stechlin, wo der »Alte« Dubslav von Stechlin lebt, oder in Berlin, wo Sohn Woldemar seiner späteren Gemahl- lin Armgard den Hof macht. Immerhin lässt sich Dubslav sogar als Kandidat im Wahlkreis Rheinsberg-Wutz für die Reichstagswahlen aufstellen und muss – so sind die Zei- ten – damit zurechtkommen, dass er als Konservativer dem sozialdemokratischen Widersacher unterliegt.

Dennoch: Fontane betritt in seinem letzten Roman Neu- land, einen Blick in das neue Jahrhundert riskierend und dessen ästhetische Revolutionen andeutend. »… die Dinge an sich sind gleichgültig. Alles Erlebte wird erst durch den, der es erlebt«, heißt es an einer Stelle, und dieses unschein- bare Dialogstück verrät, wohin sich die Neugier des alten Fontane wendet: Noch ist es nicht der moderne Bewusst- seinsfluss, der alle Ereignisse durch die Wahrnehmung einer Person filtert, doch einen Schritt in diese Richtung tut *Der Stechlin*: Das Gespräch als hohe Form menschlichen Verstehens und Sich-Näherkommens wird zum Medium für die – nicht wenigen – Romanfiguren, Klarheit über sich und die Welt zu gewinnen.

An Themen mangelt es dabei nicht: Dubslav von Stechlin weiß, dass der gute alte Adel, den er mustergültig repräsentiert, auf verlorenem Posten steht und dass die »neue Zeit« vor dem Ufer des unterschwellig brodelnden Stechlin-Sees nicht innehalten wird. Er versteht es, mit diesem Wissen umzugehen und nicht in dogmatisches Wehklagen zu verfallen. Alles in diesem Roman sei, so Fontane, »Plauderei«, und dieses Hin und Her der Argumente und Anschauungen bringt es mit sich, dass nicht auf der Richtigkeit eines Urteils bestanden wird. »Wenn ich das Gegenteil gesagt hätte, wäre es ebenso richtig« – darin bündelt sich, bei aller leisen Koketterie, Dubslavs Alterssicht, die weder ein Laisser-faire noch ein starrsinniges Beharren auf den alten Werten predigt.

Darin liegt ein Zauber des Romans: Man lauscht Gesprächen über Friedrich den Großen, Krammetsvögel, Bienenzucht, technische Neuerungen, Katholizismus, die Kunst der Sängerin Jenny Lind, Feuerwerke, Englands Attraktionen, Arnold Böcklin, die märkische Landschaft, den Tod … und hat das Gefühl, an einem Für und Wider teilzuhaben, das zu einer Synthese der Anschauungen führt, zum Erkennen dessen, was den »großen Zusammenhang der Dinge« ausmacht, ausmachen könnte. Einzelne Gespräche werden zu dramatischen Höhepunkten, etwa wenn Pastor Lorenzen, der christliche und sozialistische Ideen zusammenführen möchte, mit Armgards Schwester Melusine – ein Name, der, bezeichnend für die Literatur um 1900, an Meerjungfrauen und das sinnliche Element des Wassers erinnert – die preußische Geschichte des 19. Jahrhunderts rekapituliert und beide großen Gefallen an ihrem »revolutionären Diskurse« finden.

Der Stechlin ist ein Roman über Geschichte und über Geschichtsphilosophie, der seine spezielle Note dadurch erhält, dass wir alles mit den Augen eines Mannes sehen, der das Neue nicht mehr erleben wird. »Solange ich hier sitze, so lange hält es noch. Aber freilich, es kommen andere Tage« – Dubslavs nüchterne Erkenntnis hat nichts Verhärmtes an sich, freilich auch nichts Gleichgültiges. Wenngleich Fontane seinen letzten Roman weitgehend in Adelsgefilden ansiedelte, verfolgte er die Angelegenheiten des »vierten Standes« sehr genau und wusste um die bevorstehenden Umbrüche. Bereits die berühmte Auftaktszene, in der die Kamera des Erzählers über die »Stechline« – den See, den Wald, das Dorf, den Hausherrn – schwenkt, verrät die Doppelbödigkeit des Gesehenen. Ganz »still« wirkt der See, und doch wissen alle, die mit ihm vertraut sind, dass die Ruhe trügerisch ist: Wann immer irgendwo, »sei's auf Island, sei's auf Java«, die Natur in Unordnung gerät und sich Vulkane regen, gerät der Stechlin-See in Wallung. Die (Nach-)Beben des historischen Wandels berühren jeden und verschonen die Grafschaft Ruppin und deren Herrenhäuser nicht. Das zu wissen ist schon einiges, und damit zu altern ist unkonventionell genug.

❧ THEODOR FONTANES Roman *Der Stechlin* erschien zuerst 1897 in der Zeitschrift »Über Land und Meer« und 1898 im Verlag Friedrich Fontane, Berlin.

Wer als Übergewichtiger, Neureicher oder Brillenträger Trost braucht, lese:

RENÉ GOSCINNY, *Der kleine Nick*

Keine Frage: Anderswo ist es meistens schöner, strahlt die Sonne wärmer, schmeckt das Bier besser, gedeihen die Rosen prächtiger, sind die Kirschen süßer und leben Eltern mit ihren Kindern in bester Eintracht. Der Mensch neigt – so ist er von Natur aus – dazu, die Malaisen seines eigenen Lebens überdeutlich zu sehen, sich vom Schicksal gepeinigt zu wissen und all die schönen Menschen um sich herum für Privilegierte zu halten. Natürlich hat das vor allem damit zu tun, dass man die Defizite vor und hinter der eigenen Haustür viel besser kennt und vom Leben der anderen oftmals nur die äußere Fassade – den brandneuen Sportwagen, die adretten, höflichen Kinder. Die Literatur hat folglich auch die einfache Aufgabe, diesen schönen Schein kritisch zu beäugen und die Abgründe derjenigen zu zeigen, denen alles leicht von der Hand zu gehen scheint.

Allein deshalb erfreuen sich Familiengeschichten – von den *Buddenbrooks* bis zu Eugen Ruges *In Zeiten des abnehmenden Lichts* – so großer Beliebtheit. Wir schauen hinter die fest verschlossenen Wohnungstüren und nehmen Platz am Tisch derjenigen, die wir um ihren unermesslichen Reichtum, ihr täglich praktiziertes Sexleben oder ihre innere Schönheit beneiden. Und plötzlich erkennen wir, wie dünn das Eis ist, auf dem die Göttergünstlinge

sich bewegen, hören wir gerne von deren Sorgen und Nöten und kehren am Ende des Buches nicht mehr ganz so
unfroh in die Realität der eigenen vier Wände zurück, wis-
send, dass nicht alles Gold ist, was beim Nachbarn glänzt.

Ein Meisterstück hilfreicher Literatur dieser Art sind die
Geschichten vom kleinen Nick, die sich René Goscinny
(1926–1977) ausgedacht und Jean-Jacques Sempé (* 1932)
aufs Feinste illustriert hat. Was dieser französische Junge,
der mal sieben und mal eher zehn ist, an kleinen und großen Abenteuern erlebt, ist in all seinen Übertreibungen ein
Trostspender für alle Eltern, die sich für Versager halten,
und für alle Kinder, die mit sich selbst und der Welt im Un-
reinen sind.

René Goscinnys Nick lebt in einer überschaubaren Welt
voller schulischer und familiärer Katastrophen und darf
sich dennoch darauf verlassen, dass selbst die schlimmsten
Verwicklungen nie zu einem völligen Zusammenbruch
seines sozialen Gefüges führen werden. Von heute aus betrachtet, atmen diese urkomischen Geschichten – ohne irgendwie muffig zu wirken – den Geist des unwiederbringlich Verflossenen. Ja, so ging es damals zu, nicht nur in
Frankreich: Fernseher und Telefon waren kostspielige Er-
rungenschaften; eine Reise mit dem Flugzeug galt als Sensation; vor Urlaubsfahrten schützte man die staubgefähr-
dete Wohnzimmergarnitur mit Schonbezügen, und wenn
die häusliche Speisekarte ein Vorspeisen-Highlight aufwei-
sen sollte, zauberte Mutter Schinkenröllchen mit Mayon-
naise und Füllung (wir tippen auf grüne Erbsen aus der
Konserve) auf den Abendbrottisch.

Nick fühlt sich eingebunden in einen Freundeskreis,
der aus charakterstarken Typen besteht: Otto zum Beispiel, ein stark übergewichtiges Kind, dessen Denken ausschließlich um Croissants, Butterbrote, Marmeladentöpfe
und Gulasch kreist. Oder Franz, der Pausenhofkonflikte
auf seine Weise löst: »Der Franz, der ist sehr stark, und er

haut seinen Freunden gern eins auf die Nase, und er beklagt sich manchmal, dass seine Freunde so harte Nasen
haben, und er tut sich weh dabei.« Und nicht zu vergessen
Chlodwig, das Klassenschlusslicht, Georg mit seinen sehr
reichen Eltern nebst Butler und Primus Adalbert, der der
Lehrerin nach dem Mund redet und als Brillenträger be-
dauerlicherweise bei Klassenkeile nur bedingt zum Opfer
taugt.

Mädchen kommen in dieser Jungswelt nur am Rande
vor, doch wenn sie auftauchen, wohnt ihnen – wie Nicks
Nachbarin Marie-Hedwig – ein Zauber inne, der erste seelische Verwirrungen hervorruft und andeutet, dass die
Welt vielleicht nicht nur aus Fußball, Pommes frites und
Auf-Bäume-Klettern besteht. Marie-Hedwig, die blonde
Haare hat (»… und blonde Haare sind toll, vor allen Dingen
bei Mädchen«), betört Nick und macht ihn zum Gespött
seiner Mitschüler, als sie ihm die Erträge ihres Gesangs-
und Tanzunterrichts vorführt: »Dann hat sie sich auf die
Zehenspitzen gestellt und hat sich gedreht, in den Bego-
nien von Mama, und das ist super gewesen. Ich hab noch
nie so was Hübsches gesehen, nicht mal bei Chlodwig im
Fernsehen – vielleicht außer dem Cowboyfilm von voriger
Woche.« Noch gesteht sich Nick seine Gefühlsaufwallung
nicht ein – »Ich und verliebt? Dass ich nicht lache! Als ob
man in ein Mädchen verliebt sein kann – das geht nicht
mal bei Marie-Hedwig!« –, doch lebenserfahrene Leser ahnen, dass die Balletteinlage der blondgelockten Nachbarin
ihre Wirkung nicht verfehlt hat.

Schule und Familie, das sind die Eckpfeiler der Nick'
schen Welt. Hier die Strafarbeiten, die Prügeleien wegen
nichts und wieder nichts, die Angst vor mäßigen Zensuren
und die strafenden Blicke des Aufsichtslehrers Hühner-
brüh (»Bouillon« im Original), der die Sisyphusarbeit des
schlichtenden Pädagogen jeden Morgen mit neuem Elan
auf sich nimmt. Und da der Ein-Kind-Haushalt mit nicht

berufstätiger Mama, die in regelmäßigen Abständen damit droht, zurück zu ihrer Mutter zu gehen, und dem sich abrackernden Vater, der abends seine Ruhe haben will, sie selbstverständlich nicht bekommt und Gattin und Kind dafür verantwortlich macht, was die Hausfrau wiederum dazu bringt, ihr Schicksal zu beweinen: »Mama hat gesagt, solche Abende lassen sie um Jahre altern.« Man fährt in Urlaub, wo sich am ersten Tag unversehens Sandburgendebakel abspielen, hat ermüdende Kleiderkäufe zu tätigen, erlebt Familienfeiern, die das Haar ergrauen lassen, sieht den Vater als Berufstätigen, der seinen Rang in der Hierarchie der Arbeitswelt schönt, und trägt Fußballspiele aus, bei denen sich niemand als Schiedsrichter hergeben möchte … bis Adalbert, der Ungeliebte, sich auch noch auf dem grünen Rasen zum Sündenbock machen lassen muss.

Keine Frage, wir befinden uns in einem – sympathischen – Tollhaus, und die hehre Absicht der Erwachsenen, die Kinder zu »nützlichen Mitgliedern der Gesellschaft« zu machen, findet in der Realität nur begrenzte Entsprechung. Wenn Nicks Vater sich mit den Nachbarn anlegt und Heckenstreitigkeiten zum Anlass für wutschnaubende Briefwechsel nimmt, unterscheidet sich dieser ungebärdige Trotz kaum von dem seines Sohnes, der nach Schokoladenkuchen lechzt und seinen Erziehungsberechtigten androht, sie umgehend zu verlassen. Darin steckt das charmant verpackte subversive Element in Goscinnys Geschichten. Deren ziemlich heile Welt fußt auf Übereinkünften, die stillschweigend davon ausgehen, dass das Eindeutige im Irdischen keinen Platz hat: »Das Leben ist kompliziert, mein Lieber.«

Die Geschichten vom kleinen Nick arbeiten natürlich mit Stereotypen und spielen mit Klischees. René Goscinny ist ein Meister der Wiederholung, der es seinen Lesern leicht macht, Figuren wiederzuerkennen und sich alsbald bei den

Nicks wie zu Hause zu fühlen. Ottos Gefräßigkeit ist ein solcher »Running Gag«, der in zahllosen Variationen abgerufen wird. Mit einem »Ich glaube, ich habe euch schon mal von ihm erzählt« ironisiert Goscinny sein Erzählverfahren und schafft unentwegt neue Situationen, um vom Immergleichen zu berichten. Als Nachbar Bleder beispielsweise den Kindern bei einem Waldspaziergang die »Wunder der Natur« ans Herz legen will, fordert er Otto, um die Heimkehr zu sichern, auf, »kleine Brotstückchen auf den Weg fallen zu lassen wie der Hänsel im Märchen«. Schlimmeres, so zeigt die Antwort, hätte er Otto nicht abverlangen können: »Ich soll was von meinem Butterbrot fallen lassen, spinnst du?«

Die Komik der Nick-Abenteuer ist einerseits inhaltlicher Natur. Sie trägt mitunter eine ganze Geschichte – etwa wenn männliche Hypochondrie aufgespießt wird (»Und Papa hat gesagt, er liegt in Agonie und seine Familie weigert sich, seinen Zustand zur Kenntnis zu nehmen. Ich weiß zwar nicht, was das ist, ›Agonie‹, aber ich denke, das bedeutet, dass Papa Schnupfen hat«). Und sie zeigt sich andererseits in unscheinbaren Nebensätzen – etwa wenn es um die Hackordnung auf dem Spielplatz geht: »›Eigentlich müssen wir einen Häuptling haben‹, hat Georg gesagt. ›Ich schlage vor, das bin ich.‹« Dreißig Jahre später, wenn Georg auf dem Weg ist, einen gutdotierten Managerposten zu ergattern, wird er kaum anders argumentieren. René Goscinny wusste, dass der Glaube der Menschen an die Veränderbarkeit ihrer Natur selten mit der Realität in Einklang kommt. Aus dem kleinen Nick wird ein großer Nick, der wiederum in Verzweiflung darüber geraten wird, was die neuen kleinen Nicks aushecken ... das ist tröstlich, irgendwie.

%. RENÉ GOSCINNY und JEAN-JACQUES SEMPÉ veröffentlichten ihre erste Nick-Geschichte 1959 in der Zeitung »Sud-Ouest Dimanche«. Kurz darauf erschienen die rund 80 Geschichten in Frankreich in Buchform. In Deutschland erregten die ersten, bei Mohn erschienenen Texte kein großes Aufsehen; erst als der Diogenes Verlag in den 1970er Jahren Hans-Georg Lenzens grandiose Übersetzung in fünf Bänden (*Der kleine Nick, Der kleine Nick und seine Bande, Der kleine Nick und die Ferien, Der kleine Nick und die Schule, Der kleine Nick und die Mädchen*) herausbrachte, wurden diese Geschichten auch hierzulande zum Klassiker. 2004 tauchten völlig überraschend aus dem Goscinny-Nachlass weitere 80 Geschichten auf, die in Frankreich unter dem Titel *Histoires inédites du Petit Nicolas* und 2005, wieder bei Diogenes, als *Neues vom kleinen Nick* auf Deutsch erschienen. Und weil das Finden von verschollenen Schätzen so schön ist, tauchten 2006 und 2009 neue Geschichten auf, die als *Der kleine Nick ist wieder da!* und *Der kleine Nick und sein Luftballon* (beide Diogenes) erschienen.

Wer sein musikalisches
Unvermögen beklagt, lese:

FRANZ GRILLPARZER, *Der arme Spielmann*

Nicht immer ist das, was mit großer Lust und Laune betrieben wird, eine Freude für diejenigen, die in den Genuss
dieses Treibens kommen. Leidenschaftliche Hingabe bedeutet nicht zwangsläufig, dass diese Liebe erwidert wird,
und so dilettieren die Menschen in diesem und jenem vor
sich hin ... und gehen ganz in ihrem Dilettantismus auf.
Indes, auch wenn der Hobbymaler oder die Gelegenheits-
dichterin von ganz falschen Vorstellungen bestimmt sein
mögen, ist es denkbar, dass er und sie von ihrer Kunst ein
recht zutreffendes Bild besitzen – ungeachtet dessen, ob
sich die Ausführung in der Praxis daran messen lassen darf.
   Die Literatur des 19. Jahrhunderts ist reich bestückt mit
Sonderlingen, mit Käuzen, Hagestolzen oder armen Wohl-
tätern, die mit dem schneller voranschreitenden Erwerbs-
leben nicht zurechtkommen und sich mit ihren Schrullen
und Marotten an den Rand der Gesellschaft zurückziehen, belächelt oft und gleichzeitig mit einer Menschlichkeit ausgestattet, die ihnen zumindest in der Literaturge-
schichte einen festen Platz einräumt.
   Der vor allem als Dramatiker bekannte Wiener Franz
Grillparzer (1791–1872) hat in seiner Erzählung *Der arme
Spielmann* ein Paradebeispiel einer Sonderlingsexistenz
vorgestellt, eines Lebens, das reich an Enttäuschungen
ist, unumgänglicherweise tragisch endet und dennoch gro-

ßen Glanz ausstrahlt. Grillparzer lässt einen Ich-Erzähler, »dramatischer Dichter« im Hauptberuf und von »anthropologischem Heißhunger« getrieben, am Kirchweihfest im Wiener Vorort Brigittenau teilnehmen. Begierig, in die wilden und nicht ungefährlichen Volksmassen einzutauchen, die an diesen Tagen keine Standesunterschiede zu kennen scheinen, macht er sich auf den beschwerlichen Weg, als ihm ein Bettelmusikant auffällt, der sich ganz anders aufführt als seine Kollegen.

Jakob, so der Name des Spielmanns, müht sich selbst im größten Getümmel, nach Noten zu spielen, und entlockt seiner Violine dennoch nur ein markerschütterndes Kratzen. Des Abends, noch ehe die profitabelste Zeit für Musikanten seines Schlages beginnt, packt er zusammen und macht sich, ohne nennenswerte Einnahmen vorweisen zu können, von dannen. Sofort weckt dies die Neugier des Dichters, und es gelingt ihm, den Musikanten in seiner ärmlichen Wohnung, die er mit zwei unflätigen Handwerksgesellen teilen muss, ausfindig zu machen. Seine »Geschichte« will der Erzähler unbedingt erfahren, und hier setzt die Binnenerzählung des *Armen Spielmanns* ein.

Zur Verblüffung seines Zuhörers ist Jakob der Sohn eines angesehenen Hofrats, der es zu höchsten Staatsämtern brachte. Anders als der Vater und seine Brüder kommt Jakob jedoch mit den praktischen Anforderungen des Lebens nicht zurecht. Der Vater bricht, nachdem Jakob in einer Prüfung versagte, den Kontakt zu ihm ab, und der verstoßene Sohn kann froh sein, in einer Kanzlei als Abschreiber unterzukommen. Sein Leben verändert sich, als er Barbara, die Tochter eines Grieslers, eines Kolonialwarenhändlers, bemerkt, die mit glockenheller Stimme Lieder singt und Jakobs Liebe zur Musik entfacht. Nach langem Zögern nimmt er endlich allen Mut zusammen und macht sich in den Laden auf, wo Barbaras Vater den Sohn des Hofrats als möglichen Geldgeber aufs Herzlichste begrüßt.

Barbaras Verhältnis zu Jakob bleibt zwiespältig. Einerseits schätzt sie den aufrechten Charakter ihres Verehrers; andererseits weiß sie, dass dessen Ungeschick ihr keine gesicherte Existenz ermöglichen wird – zumal als sich herausstellt, dass Jakob das Erbe, das ihm nach dem Tod des Vaters zuteilwurde, an einen Betrüger verlor. Es kommt, wie es kommen muss: Barbara hat sich um ihr Auskommen zu kümmern und heiratet einen soliden Fleischer, mit dem sie die Stadt verlässt. Jakobs sozialer Abstieg geht weiter, und trotzdem findet er volles Genügen im Violinenspiel, Komponieren und Improvisieren – zum Leidwesen seiner Nachbarn, die das unsägliche Musizieren tapfer ertragen: »So habe ich mich, obzwar ärmlich, aber redlich fortgebracht bis diesen Tag.«

Nach Jahren kehrt Barbara mit ihrem Mann und ihren beiden Söhnen nach Wien zurück, erinnert sich an Jakob und verpflichtet ihn als Geigenlehrer für ihren Ältesten, auch Jakob genannt. So endet die Geschichte, die der Ich-Erzähler zu hören bekommt, und erst als er von einer Reise zurückkehrt, erfährt er von ihrer tragischen Fortsetzung. Sein wunderlicher Gesprächspartner kommt um, als die Donau über die Ufer tritt und die Leopoldstadt, wo Jakob haust, überflutet. Barbara übernimmt die Beerdigungskosten, und als der Erzähler ihr Jakobs alte Violine abkaufen möchte, weist sie dies entrüstet zurück. Im Gehen sieht er, was sich in Barbara, nach all den Jahren, abspielt: »Da nun zu gleicher Zeit die Magd mit der Suppe eintrat und der Fleischer, ohne sich durch meinen Besuch stören zu lassen, mit lauter Stimme sein Tischgebet anhob, in das die Kinder gellend einstimmten, wünschte ich gesegnete Mahlzeit und ging zur Tür hinaus. Mein letzter Blick traf die Frau. Sie hatte sich umgewendet, und die Tränen liefen ihr stromweise über die Backen.«

Grillparzers *Der arme Spielmann* ist eine traurige Geschichte, die von Verzicht, verfehltem Leben und einer inneren Gestimmtheit erzählt, die sich noch mit dem Übelsten arrangiert. Gewiss, Jakobs Herz gehörte Barbara, doch mehr – eine anmutige Szene – als ein Kuss durch eine Glasscheibe sollte zwischen beiden nicht geschehen. Die Musik ist es, die sein vom bürgerlichen Blickwinkel aus gesehen verkorkstes Leben zusammenhält. Das mag hilflos sein, so wie der Kreidestrich, den Jakob auf den Boden seiner Behausung malt, um sich von seinen Mitbewohnern abzugrenzen. Die Musik, die er unablässig spielt, rettet ihn. »Ich zitterte vor Begierde nach dem Zusammenhang« – das trieb den Erzähler in Jakobs Wohnung, als er dessen Geschichte hören wollte. Es sind verworrene, traurige und hoffnungsvolle Zusammenhänge, die sich da auftun. Wie im richtigen Leben.

🎵 FRANZ GRILLPARZERS Erzählung *Der arme Spielmann* erschien 1847 im Almanach »Iris«.

Wer sich selbst fad, langweilig und unattraktiv findet, lese:

MARLENE FARO, *Die Vogelkundlerin*

Frauenromane – diese Gattungsbezeichnung verspricht manchmal stattliche Verkaufszahlen und bringt oft dünne, klischeegesättigte Romänchen hervor, die, als der Feminismus nicht mehr angesagt war, von »Superweibern« oder Männern, die »wie Schokolade« sind, erzählten. Freilich ist es auch leichtfertig, alle Romane, die nicht nach dem Büchner-Preis schielen und sich intelligente Unterhaltung auf ihre Fahnen schreiben, vorschnell dem Gruselkabinett der Hera-Lind-Erbinnen zuzuordnen.

Die Wienerin Marlene Faro (* 1954) debütierte 1996 mit einem beschwingten Roman, dessen Titel – *Frauen die Prosecco trinken* – zum Programm einer ganzen Frauengeneration wurde. So locker Marlene Faro mit Gefühlsverwirrungen, Diätproblemen, Cellulitisansätzen und Beziehungsdesastern umging und damit Stoff zur schmunzelnden Identifikation lieferte, so deutlich war, dass sie mit ihren Büchern nicht nur die aus Frauenmagazinen sattsam vertraute lackierte Oberfläche abbilden wollte.

Rheingard Droste, Protagonistin ihres dritten Romans *Die Vogelkundlerin*, verkörpert einen Frauentypus, der aus der Zeit gefallen zu sein scheint. Die promovierte Ornithologin lebt bei ihrer Mutter, hält Universitätsseminare zu packenden Themen wie »Das Brutverhalten der Säbelschnäbler im rumänischen Donaudelta«, ist trotz ihrer dreißig Jahre sexuelle Novizin und befindet sich somit auf dem besten Weg, als alte, schrullige Jungfer zu enden.

Marlene Faro stattet ihre stille Heldin mit viel Sympathie und Selbstironie aus. Rheingard – schon der hausbackene Vorname ist Programm – ist ein Mauerblümchen, wie man es sich in seinen fadesten Träumen vorstellt. Niemand beachtet sie; alle unterschätzen sie, und dennoch ist Rheingard kein Unglückskind. In ihrer Familie weiß sie sich aufgehoben, und die Verbindung zu ihrer lebenslustigen Freundin Ursula, einer Dolmetscherin, die konsequent den falschen Männern vertraut, funktioniert, weil sich beide Frauen nicht ins Gehege kommen. Rheingard sieht sich nicht als vom Unglück geschlagen; sie versteht es, die Stille ihres Lebens zu genießen, und strebt nicht danach, sich im Jetset-Glamour zu aalen und den Tag auf jeden Fall mit Prosecco ausklingen zu lassen. Und dennoch wäre sie manchmal gern anders, würde sie gern selbstbewusst auftreten und die beschauliche Nische ihres Lebens zumindest eine Zeitlang verlassen. Rheingard und Ursula, das sind unterschiedliche Entwürfe, die Marlene Faro scharf konturiert aufeinander bezieht. Der Roman versucht nicht, jede Gedankenwindung seiner Figuren auszuleuchten oder mit unnötigen erzählerischen Komplikationen zu befrachten. Viel klingt zwischen den Zeilen an und spiegelt sich in Rheingards ruhigem Blick auf ihre gehetzte Umgebung.

Als sie mit Ursula und ihrem aktuellen Partner, dem natürlich verheirateten Othmar, zu einer gemeinsamen Ferienreise auf die Azoren aufbricht, die wirken, »als ob das Allgäu im Meer schwimmen würde«, verändern sich die Dinge mit einem Mal: Zum einen interessiert sich der gutaussehende Lukas, ein Vulkanologe, für die unscheinbare Akademikerin, und zum anderen ist diese zum jähen Handeln gezwungen, als sie auf einer einsamen Inselwanderung von einem Mann verfolgt wird. Am Rande einer siedend heißen Quelle des Furnas-Sees, die die Einheimischen nutzen, um regionale Spezialitäten zu kochen, kommt es zu einem Handgemenge, und als Rheingards Ellbogen den Wüstling vor die Brust stößt, verliert dieser das Gleichgewicht und verendet elend im brodelnden Wasser.

So schockiert Rheingard von diesem Erlebnis ist: Der Befreiungsschlag auf den Azoren ist ein letzter Anstoß, ihr Leben selbst in die Hand zu nehmen. Nach Hause zurückgekehrt, ist sie entschlossen, aus der zweiten Reihe auszuscheren. Sie bewirbt sich auf die Stelle ihres akademischen Lehrers, den es in die Politik zieht, und sie darf darauf hoffen, dass Vulkanexperte Lukas sie nicht nur als Urlaubstechtelmechtel betrachtet. Mitunter, so die Schlusssequenz des Romans, dient es dem Lebensglück, über seinen beruflichen Tellerrand hinauszublicken und nicht ausschließlich über Weißbürzel-Strandläufer und anderes Federvieh nachzudenken. Küssen zum Beispiel kann eine gute Abwechslung sein.

Die Vogelkundlerin ist kein Roman, der feministische Thesen ausbreitet, und der Todesstoß, den Rheingard auf den Azoren ausübt, keine Aufforderung zur Beseitigung des männlichen Geschlechts. Es geht darum, aufzumuntern und den Glauben daran zu stärken, dass man nicht auf immer und ewig dazu verdammt ist, in den einmal gesteckten Grenzen seines Lebens auszuharren. Und selbst wenn einem Rheingards Neugeburt eine Spur zu märchenhaft erscheint, ist es für latent unzufriedene Leserinnen schön, einer fein erzählten Geschichte vom selbstbestimmten Leben zuzuhören.

❧ MARLENE FAROS Roman *Die Vogelkundlerin* erschien 1999 im Hoffmann und Campe Verlag, Hamburg.

Wer in Rente geht, lese:

HEIMITO VON DODERER, *Die erleuchteten Fenster*

Was tun, wenn sich das Berufsleben dem Ende zu neigt? Wenn der langersehnte Ruhestand näher rückt und man endlich, wie man Freunden schon Jahre zuvor kundtat, jenen herrlichen Beschäftigungen nachgehen kann, zu denen man des schnöden Broterwerbs wegen partout keine Zeit fand? Auf Weltreise gehen, alle Zimmer tapezieren, die Kinder besuchen, entlegene Fremdsprachen lernen, Robert Musils *Mann ohne Eigenschaften* einschließlich der Fragmente lesen, den Dachboden aufräumen – ungezählt die Vorhaben und groß die Vorfreude auf den paradiesischen Zustand, frei von allen Büro- und sonstigen Berufspflichten zu sein.

Die Wirklichkeit sieht oftmals anders aus: Misslaunige Menschen, vor allem Männer, tun sich schwer damit, plötzlich nicht mehr »gebraucht« zu werden, sehen ihren Lebenssinn dahinschwinden, fallen ihren Partnern, die das alles immer befürchtet hatten, auf die Nerven und hoffen auf Verlängerung der Lebensarbeitszeit. Alldem lässt sich durch die Lektüre von Büchern vorbeugen, die warnende Beispiele vor Augen führen, Rentnerexemplare, die in Abgründe fielen, als man ihrer im Amt oder an der Werkbank nicht mehr bedurfte.

Der Österreicher Heimito von Doderer (1896–1966) hat einen Roman geschrieben, der mit der Pensionierung eines Menschen einsetzt. *Die erleuchteten Fenster oder Die Menschwerdung des Amtsrates Julius Zihal* gilt gemeinhin als Nebenwerk, insbesondere im Vergleich mit Doderers gewaltigen Epen *Die Strudlhofstiege* und *Die Dämonen*. Doch da es einiger Einfühlung bedarf, bis man die verschlungenen Doderer-Satzwindungen zu goutieren versteht, schadet es nicht, mit einem kleineren Werk zu beginnen, zumal dieses viel von der Doderer'schen Erzählweise in sich trägt.

Der k. u. k. Beamte Zihal geht nach vielen verdienstvollen Dienstjahren in den Ruhestand. Dieses Datum nutzt er, um – nach einer gestrengen Kostenkalkulation – seine Wiener Bleibe zu wechseln, und bezieht eine preisgünstigere Wohnung. Mit diesem Perspektivenwechsel vollzieht sich ein gewaltiger Wandel im Leben des Witwers Zihal. Kompliziert ist sein Wesen, pedantisch und umständlich; von der Lektüre belletristischer Werke hält er nichts – »Sie wissen aber auch, dass ich für mein Teil niemals Romane zu lesen pflegte; ich war mein Lebtag immer ein sehr ernster Mensch, war ja auch Witwer, und habe schon deshalb keine Romane gelesen, weil so etwas einen Menschen meistens auch in gewissem Sinne unnötig aufregt« –; stattdessen vertieft er sich in komplex formulierte Dienstvorschriften, die er genüsslich in Bezug zu seinem Pensionistendasein setzt.

Julius Zihal nimmt die neue Behausung akribisch in Besitz – und erkennt beim Blick aus dem Fenster sofort, welche abendlichen Aussichten sich ihm da auftun. Die Häuserfront gegenüber bietet eine Fülle von Ein- und Anblicken, von Entkleidungs- und Bettszenen unterschiedlichster Bewohner, die es nicht gewohnt sind, von der anderen Seite beschaut zu werden, und deshalb in größter Sorglosigkeit auf Rouleaus und Gardinen verzichten. Der Amtsrat a. D. nutzt dies weidlich aus und findet neue Erfüllung: Auf den sorgsam aufbewahrten Blättern eines Wandkalenders notiert er, was er aus seiner abgedunkelten Wohnung sieht. »Beachtlich« sind viele der Ansichten, die sich dem Voyeur da auftun, und weil er es so gewohnt ist, entwirft er ein Aufzeichnungsschema, das seinem nächtlichen Treiben jede Zufälligkeit aus- und viel Systematik eintreibt.

Ärmlich ist es, dem Manne zuzusehen und seinen Eifer zu verfolgen, mit dem er Feldstecher, Taschenlampe und Schreibblock, ja am Ende gar einen sündteuren Tubus erwirbt, der, für astronomische Zwecke konzipiert, ins Wohnungsinnere beachtlicher Frauenzimmer gewendet werden wird. Ein »Streben nach Totalität« eignet dem Troglodyten, dem Höhlenbewohner Zihal, und Heimito von Doderers Freude an barocken Erzählschleifen gelingt es, uns moralisch enträstete Leser mit Sympathie für diesen einsamen Menschen zu erfüllen und seinem Tun poetischen Glanz zu geben: »… ja, etwas anderes berührte den Amtsrat, nur ganz zart, wie die Flugfäden des Altweibersommers das Gesicht berühren: es war schön, hier im Dunkel zu stehen und so tief hinein und so weit hinaus zu schauen, es war schön, eigentlich auch ohne – Objekte …«

Nicht immer laufen die Zihal'schen Abendverrichtungen ungestört ab. Ein Nachbar mit dem unschönen Namen Wänzrich drängt sich auf und bittet um Erlaubnis, mit eigenem Fernrohr einen Blick aufs Zauberhaus gegenüber zu werfen, hin zu einer Angeschmachteten, die er wenigstens von ferne beäugen will. Zihal ist pikiert, erteilt indes in alter Weise die Erlaubnis. Sein Eifer ist dadurch nicht zu bremsen; der teure Tubus wird angeliefert und aufgebaut – bis es zu einem fürchterlichen Sturz im Dunkel kommt, der in die Schlusskatastrophe mündet.

Und wie, so werden alle frischgebackenen Rentnerinnen und Rentner fragen, wie kommt es zur »Menschwerdung« des Herrn Zihal? Oder bleibt er seiner zwar abend-, aber nicht seelenfüllenden Beschäftigung verhaftet? Das, liebe frischgebackene Rentnerinnen und Rentner, will ich nicht verraten. Immerhin sei angedeutet, dass eine gewisse Rosl Oplatek, wie Zihal regelmäßige Stammtisch-gängerin, eine erhebliche Rolle zu spielen beginnt und bei Wanderungen sogar Küsse ausgetauscht werden. Und der Feldstecher, der einst Beachtliches zu Tage förderte, findet schließlich eine edlere Verwendung, bei einer Aufführung der *Zauberflöte* ...

❧ HEIMITO VON DODERERS *Die erleuchteten Fenster oder Die Menschwerdung des Amtsrates Julius Zihal* erschien 1951 im Biederstein Verlag, München.

Wer die eigene Kindheit für unbedeutend hält, lese:

GERHARD HENSCHEL, *Kindheitsroman*

Am Fürstenhof von Monaco aufwachsen oder wenigstens bei Sparkassenleiter Kindermann im Rampachertal. Oder warum nicht in New York City oder am Mittelmeer leben – ist sicher merklich aufregender, als sonntags zu Wanderungen in die Löwensteiner Berge zu fahren. Oder als Sohn eines Zirkusdirektors ständig unterwegs sein. Oder als Kinderstar wie Heintje oder Michael Jackson auftreten. Oder vom FC Chelsea ein phantastisches Handgeld bekommen und für die C-Jugend verpflichtet werden. Ja, das wäre was oder wäre was gewesen, und sicher wäre es viel glanzvoller und toller gewesen als die eigene Kindheit irgendwo im Reihenhäuschen in Harsefeld, mit einem alten Opel-Kombi und einem Spielplatz mit kurzer Rutsche als Hauptattraktion.

Es dauert eine Weile, bis man erkennt, dass Kindheitsjahre überall Aufregungen parat halten und dass die Ungerechtigkeit, mit der man qua Geburt irgendwohin geworfen wird, nicht rückgängig zu machen ist. Kindheiten müssen keine Abfolge von großartigen, weltläufigen Abenteuern sein, um den Einzelnen zu prägen. Was hat mich geformt? Warum bin ich so, wie ich bin? Aus welchen ungezählten Mosaiksteinchen setzt sich das Bild der frühen Jahre zusammen? Wie kann man ohne verhärmten oder nostalgisch verklärten Blick darauf zurückschauen?

Kindheitsjahre gewinnen, je älter man wird, an Bedeutsamkeit, und deshalb konzentrieren sich nicht wenige Schriftstellerautobiografien auf diese Spanne, verzichten darauf, sich erinnernd der Schreibgegenwart anzunähern. Gerhard Henschel (* 1962) hat mit seinem *Kindheitsroman* mehr versucht, als eigenen Wurzeln nachzuspüren. Wiewohl es auf der Hand liegt, dass dieses Buch auf persönlichen Erinnerungen beruht und die Geschichte der Familie Henschel nachzeichnet, macht sich der Roman – der provozierend auf Allgemeingültigkeit setzende Titel deutet es an – auf, ein Modell von Kindheit nachzuzeichnen und die Art und Weise, wie sich »Identität« zusammenfügt, zu veranschaulichen.

Martin Schlosser, so heißt der junge Held und Ich-Erzähler, ist ein typisches Kind der bundesrepublikanischen Nachkriegszeit, die das Schlimmste hinter sich zu haben scheint und die Früchte des Wirtschaftswunders genießen möchte. Rund elf Jahre, von 1964 bis 1975, umfasst dieser Roman, der sich aus knappen Beobachtungen zusammensetzt, die mit zunehmendem Alter umfassender werden und den reifer werdenden Blick, auch sprachlich, spiegeln. Martin und seine Schwestern stammen aus bürgerlichem Milieu und verfolgen, wie der berufliche Aufstieg des Vaters, der sogar Reisen in die USA erforderlich macht, dazu führt, dass man dies auch äußerlich manifestiert sehen will: in einem neuen Personenkraftwagen und einem Eigenheim im rheinischen Vallendar.

Wohlstand und Wachstum, die scheinbar für die Ewigkeit gemünzten Formeln jener Jahre, spiegeln sich im Alltag der Schlossers wider – Veränderungen, die der Leser indes nur indirekt aus der Perspektive Martins, eines ausgesprochen lebhaften Kindes, erfährt. Martin interessiert sich nicht im Geringsten für das große Ganze oder für die elterlichen Lebensvorstellungen, die ohnehin oft im Dunkeln bleiben und deren Sinn sich nur ansatzweise erschließt. Nein, diese deutsche Kindheit orientiert sich am schulischen Erleben, am wechselnd reichhaltig bestückten Weihnachts- und Geburtstagsgabentisch, an den Hitparaden, an Werbung, an Fußballergebnissen und nicht zuletzt an dem, was das Fernsehen, dieser beglückende Apparat, anzubieten hat.

Martin gehört zur ersten Generation, deren Sozialisation wesentlich von TV-Serien bestimmt wurde. Was die Flimmerkiste, deren Nutzung von den Eltern noch mit pädagogischem Eifer überwacht wird, allabendlich offeriert, erzeugt Vor- und Leitbilder – sei es über *Familie Feuerstein*, *Bonanza*, *Die Leute von der Shiloh-Ranch*, *Disco* oder *Spiel ohne Grenzen*. Man ahmt die Heroen der Populärkultur nach, ungeachtet der unangenehmen Überraschungen, die man dadurch erlebt: etwa wenn Martin, auf den Spuren von Jack Londons *Seewolf*, beim Mittagstisch Kartoffeln zerdrücken will und die Hitze des gekochten Objekts unterschätzt. Die Grenzen zwischen Wirklichkeit und Fernsehfiktion verschwimmen, und Mutter Schlosser hat alle Hände voll zu tun, diese Kluft mit erfinderischen Erklärungen zu überbrücken: »Zu meinem Geburtstag wollte ich Tom Sawyer und Huckleberry Finn einladen, aber Mama sagte, die seien schon viel älter als im Fernsehen und außerdem Ausländer. Die könnten gar kein Deutsch. Wenn das so war, wollte ich meinen Geburtstag überhaupt nicht feiern. Ich knallte die Zimmertür hinter mir zu und heulte in den gelbroten, kratzigen Vorhangstoff.«

Gerhard Henschel reiht Puzzlestein an Puzzlestein, und er zeigt, welche Prägungen selbst von dümmsten Fernsehproduktionen oder vom einfältigsten Werbespot ausgehen können. Die Frage des kulturellen Niveaus ist völlig zweitrangig; das Weltbild entsteht durch Sprache, durch eingängige Formeln wie »Bauknecht weiß, was Frauen wünschen« und »Erst mal entspannen, erst mal Picon«. Auf diese Weise entsteht ein Baukasten der Erinnerung; man nähert sich dem Leben auf Seiten- und Nebenwegen, die selten Königswege sind. Leser, die wie der Autor um 1960 geboren sind, werden in diesem Roman natürlich besonders viel wiedererkennen und Gerhard Henschel allein für seine minuziösen Erinnerungen und Recherchen dankbar sein. Wer zurückdenkt und plötzlich Momentaufnahmen wiedersieht, die man vergessen hatte, erfährt ein kleines Glück – ungeachtet dessen, ob es sich um einen famosen Natureindruck, den Geruch von Spiegelei und Rahmspinat oder um eine amerikanische Vorabendserie handelt, deren Erkennungsreim »Seine größte Stunde kam, immer wenn er Pillen nahm« lautet.

Martin Schlosser, der die rätselhaften Leitsätze seiner Eltern und Lehrer mit Kopfschütteln quittiert, versucht kindgerechte Ordnung in sein Leben zu bringen. Und so strukturiert er seinen Alltag so, wie er es in der Schule vorgeführt bekommt: Das damals – zumindest in der pädagogischen Provinz – noch unangetastete Notensystem wird auf alle Lebensbereiche übertragen, auf den Mittagstisch zum Beispiel. Die Skala reicht von »1« für Hähnchen, »2 plus« für Milchreis mit Zimt und Zucker bis zu »4« für Graupensuppe und dem mit einer glatten »6« bedachten Rotkohl, der als »reinstes Brechmittel« empfunden wird. Damit nicht genug: Ein Bewertungsschema, das sich einmal bewährt hat, taugt für viele Fälle. Als Martin beim Woolworth-Diebstahl ertappt wird und Ladenverbot erhält, hängt der Haussegen bei Schlossers schief, was zu einer strengen Beurteilung der eigenen Familie führt: Mama und Papa werden auf Rotkohlstufe gesetzt und mit einer »6« abgestraft, während die ältere Schwester gnädigerweise eine »5« erhält – eine Differenzierung freilich, die bei näherer Betrachtung als unnötig angesehen wird: »Oder gleich Sechsen für alle, das war das Einfachste.«

Für nicht minder wichtige saubere Ordnung sorgt der Fußball, für den sich Martin allmählich zu interessieren beginnt. In der Ära von Weisweiler, Heynckes und Netzer schwört er auf Borussia Mönchengladbach und hält jedes Spiel seiner Mannschaft nebst genauer Torfolge fest. So hat das kindliche Leben einen soliden Halt, der auf elterliche Hilfestellung nicht angewiesen ist und eine individuelle Welt eröffnet. Die Ordnung einer Bundesliga-Tabelle ist das halbe Leben, obwohl der Fußball nicht permanent Wohlgefühle hervorruft: Als die bundesrepublikanische Mannschaft bei der Weltmeisterschaft 1974 ausgerechnet gegen die DDR verliert, leidet Martin wie ein geprügelter Hund: »Das Spiel war ein Riesenreinfall. Grabowski holzte daneben, Müller traf nur den Pfosten, und als dann auch noch Sparwasser ein Tor für die DDR schoss, hatte ich ein Kotzgefühl, das noch tagelang anhielt, obwohl inzwischen Sommerferien waren und ich zwei Einsen im Zeugnis hatte. Weltmeister waren wir zuletzt 1954 geworden, acht Jahre vor meiner Geburt, und es war ungerecht, dass wir jetzt, wo ich am Leben war, nur noch Pech haben sollten.«

Der Roman schließt, als Familie Schlosser wieder einmal umzieht. Kurz bevor die Möbelpacker kommen, macht sich Martin zu einer letzten Hausbegehung auf und inventarisiert jedes Zimmer und jeden Schrank. Alles, vom Nähmaschinenkoffer über Peter-Bamm-Romane, Kugellampenschirme, Millimeterpapier, Bernd-Clüver-Singles bis hin zu Carrera-Bahn-Teilen und alten »stern«-Heften mit freizügigen Titelbildern, findet sich ein, und alles ist wichtig. Für eine Kindheit am Deutschen Eck, für jede Kindheit.

❦ GERHARD HENSCHELS *Kindheitsroman* erschien 2004 im Hoffmann und Campe Verlag, Hamburg. Ihm folgten von 2009 bis 2015 die Fortsetzungen *Jugendroman, Liebesroman, Abenteuerroman, Bildungsroman* und *Künstlerroman*.

**Wer – bevor die Erinnerungen einsetzen –
etwas über die Art des Sich-Erinnerns
erfahren will, lese:**

MARCEL PROUST, *Combray*

Vielleicht kann man die Menschen in zwei Typen unterscheiden: die einen, die sich vor allem mit der Gegenwart
befassen, ungern zurückschauen und stets darauf bedacht
sind, Neues anzupacken und zu erreichen, und die anderen, die das Leben nur dann meistern, wenn sie Klarheit
über das Zurückliegende haben und das Hier und Jetzt auf
ein gesichertes Fundament des Gestrigen setzen können.
Wer als Tatmensch ins Leben eingreifen will, darf sich, so
scheint es, nicht zu sehr mit Erinnerungen belasten; wer
hingegen begreifen will, was ein Leben war und ist,
kommt nicht umhin, in den tiefen »Brunnen der Vergangenheit« (Thomas Mann) zu blicken – hoffend, dass die
Zeit die Schlieren des Gegenwärtigen auflöst.

Obschon die Literatur virile Kraft-und-Saft-Schriftsteller
kennt, deren Werk sich allein im Präsens abspielt, ist sie
enger als andere Künste mit der Erinnerung verbunden.
Das Erinnerte mit der Sprache festzuhalten scheint eine
essenzielle Möglichkeit zu sein, sich über sich selbst klar
zu werden und zu einer, wie fragil auch immer sich zeigen-
den, Identität zu gelangen. Insbesondere in den letzten einhundert Jahren kreiste die Literatur unentwegt um jenes
Ich, das – so die avancierten Theorien – in der Moderne gar
nicht mehr möglich und im Sog von Industrialisierung und

Medialisierung nicht mehr als fassbare Einheit denkbar sei. Heilmittel dagegen schien es kaum zu geben; allein die Erinnerung hält der Auflösung von allem Verlässlichen etwas entgegen.

Bevor das Was des Sich-Erinnerns eine Rolle spielt, geht es um das Wie, um jenen seltsamen Prozess, der es uns ermöglicht, Ereignisse und Strukturen vergangener Ereignisse und längst abgesunkener Empfindungen zurückzuerlangen. Dass das – wie auch immer – Erinnerte widerspiegele, wie es *wirklich* gewesen ist, ist ein Irrtum, dem nur naive Hobbyhistoriker anhängen. Die Bilder der Erinnerung werden nur für den Sich-Erinnernden zur Wahrheit, zur persönlichen Wahrheit seines Lebens. Kaum ein Schriftsteller hat sich so intensiv mit Erinnerungsvorgängen, mit den unvorhersehbaren Auslösern der Erinnerung befasst wie der Franzose Marcel Proust (1871–1922). Sein siebenbändiger Romanzyklus *Auf der Suche nach der verlorenen Zeit* gehört, auch wegen seines eingängigen Titels, zu den am häufigsten zitierten Werken der Moderne – was nichts darüber aussagt, wie viele Leser die nötige Gelassenheit aufbrachten, sich in diesen einzigartig verästelten Roman zu versenken und ihn bis zur letzten Seite zu lesen.

Immerhin, den ersten Band – *Unterwegs zu Swann* – und dessen Auftaktteile *Combray* und *Eine Liebe Swanns* dürften die meisten der auf Proust Neugierigen geschafft haben. Folglich zählt *Combray* zu den bekanntesten Stücken der französischen Literatur; einzelne Szenen wurden so populär, dass man sich geniert, sie ein weiteres Mal nachzuerzählen. Der Roman setzt mit einer berühmten Einschlaf- bzw. Nicht-Einschlaf-Szene ein, mit dem Satz »Lange Zeit bin ich früh schlafen gegangen« – und so ohne Umschweife mit ersten Erinnerungssequenzen: an unterschiedlichste Wahrnehmungen, die mit dem Einschlafen verbunden sind, an Orte und Räume, die der Ich-Erzähler einst durchschritten hat. Dieser, den wir – obwohl die Proust-Philologie dies

seit jeher als bedenklich einstuft – der Einfachheit halber
Marcel nennen wollen und dürfen, kreist seine Empfindungen ein und hält nach wenigen Seiten bei einer Episode
inne, die sich in Combray, dem (imaginären) Landstädt-
chen seiner Kindheitsjahre, abspielte: beim Drama des Zu-
bettgehens.

Marcel erinnert sich an das Ritual des Einschlafens, an
den Trost, den das von den Eltern und Verwandten getrennte Kind empfand, wenn seine Mutter ihm mit einem
innigen Gutenachtkuss den Übergang ins unwägbare Dunkel der Träume erleichterte. Umso grausamer müssen dem
empfindsamen Kind Momente erscheinen, wenn – etwa
bei abendlichen Einladungen – die Mutter so in Anspruch
genommen wird, dass der rettende Abendkuss ausfällt. Versuche, den Kuss vor dem Diner zu ergattern, scheitern und
werden vom Vater als »Getue« bezeichnet – das Drama
nimmt seinen Lauf.

Proust eröffnet seinen Romankosmos mit dieser ein-
dringlichen, anrührenden Szene, und es scheint keine Rede
davon zu sein, dass sich sein Protagonist sonderlich mühen muss, um die Details seiner Kindheitseindrücke her-
aufzubeschwören. Freilich, mit dieser Intensität stellen
sich nur einzelne Momente ein; das ganze Combray in ver-
gleichbarer Weise zurückzurufen will nicht gelingen – oder
nur auf eine Weise, die Proust und sein Alter Ego als unbefriedigend empfinden: »Natürlich hätte ich, danach befragt, erklären können, dass es in Combray noch andere
Dinge und andere Stunden gegeben habe. Da aber alles,
was ich mir davon hätte ins Gedächtnis rufen können,
mir nur durch die willentliche Erinnerung, die Erinnerung
des Verstandes gegeben worden wäre, und da die auf diese
Weise vermittelte Kunde von der Vergangenheit nichts
von ihr bewahrt, hätte ich niemals Lust gehabt, an das übrige Combray zu denken. All das war in Wirklichkeit tot
für mich.«

Eine aufschlussreiche, keineswegs sofort einleuchtende Unterscheidung, die Proust da anstellt: Erinnerung ist nicht gleich Erinnerung, und nicht jedes Sich-Erinnern führt zu gleichwertigen Resultaten. Der bewusste Entschluss, sich Bilder der Vergangenheit vor Augen zu stellen, gibt keinen zusammenhängenden Eindruck dieser Vergangenheit. Es scheint erforderlich zu sein, das Ich zu überlisten und auf Pfade zu gelangen, die ohne die verunreinigende Nachhilfe des Verstandes auskommen.

Es gibt in Prousts *Auf der Suche nach der verlorenen Zeit* mehrere Schlüsselstellen, die solche Augenblicke der Erleuchtung festhalten, solche Zufälle beschreiben, die dank eines unwillentlichen, eines unwillkürlichen Erinnerungsaktes das, so Proust in einem Brief, »überzeitliche Wesen der Dinge« herausfiltern. Die berühmteste Stelle folgt auf Marcels Einschlafdrama, die sogenannte Madeleine-Szene, auf die sich seit ihrem Erstdruck Heerscharen von Literaturwissenschaftlern stürzten und diese Sandtörtchen in Muschelform (in einer älteren Textfassung übrigens schnöder Zwieback) zum beachtetsten Gebäck in der Weltliteratur machten.

Was passiert da? Der nicht mehr ganz junge Marcel bekommt von seiner Mutter eine Tasse Tee gereicht, und als er ein Stückchen Madeleine in das Heißgetränk taucht und an die Lippen führt, schlägt der Blitz der wahrhaften Erinnerung ein. Tee und Törtchen bewirken ein »unerhörtes Glücksgefühl«, weil dieses Gemisch – wie es sich der Erzähler mühsam zusammenreimt – auf zufällige, verstandesunabhängige Weise an verflossene Nachmittage in Combray erinnert, als Tante Léonie Marcel mit Lindenblütentee und Madeleines bei Laune hielt.

Mit einem Schlag ist »ganz Combray« präsent, steigen Stadt und Gärten aus einer Teetasse auf, und Proust ist in der Lage, seine unermüdliche Romanmaschine in Gang zu setzen. Viel erfahren wir allein in *Unterwegs zu Swann* von dem, was Combray für den Erzähler bedeutete: der Garten, die Gespräche mit Bergotte, Bloch und Vinteuil, die Weißdornhecken, die Flaschen im Flüsschen Vivonne und die Kirchtürme von Martinville, die Marcel in einem ersten schriftstellerischen Anlauf für die Nachwelt festzuhalten sucht.

Vielleicht ist *Auf der Suche nach der verlorenen Zeit* der reichhaltigste, vielschichtigste Roman, der je geschrieben wurde. Ehe sich diese Vielfalt ausbreiten darf, setzt Proust, wie gesehen, die Reflexion über den Modus des Sich-Erinnerns. Und wer wird, auch als Nicht-Proust-Leser, bestreiten können, dass es ganz verschiedene und ganz verschieden ertragreiche Methoden gibt, sich die Vergangenheit anzueignen? Und wer kennt nicht das eigentümliche Gefühl, von einem Geruch oder einem Geschmack überwältigt zu werden? Woran erinnert es mich, wenn scharf angebratene Zwiebeln Sensationen in meiner Nase hinterlassen oder wenn meine Zunge sich wundert, sobald sie mit einer bestimmten Kräuterlimonade in Berührung kommt? Man muss nicht in Combray aufgewachsen sein, um Glück dieser Art zu empfinden.

❦ PROUSTS *Combray* erschien zuerst 1913 als erster Teil von *Unterwegs zu Swann* (auf Französisch: *Du côté de chez Swann*). Die erste deutsche Übersetzung von Rudolf Schottlaender erschien 1926 im Berliner Verlag Die Schmiede. Im Rahmen der ersten deutschen Gesamtausgabe von *Auf der Suche nach der verlorenen Zeit* legte Eva Rechel-Mertens 1953 im Suhrkamp Verlag eine Neuübersetzung vor, die 1994 von Luzius Keller revidiert wurde. 2013 erschien im Reclam Verlag eine weitere Neuübersetzung von Bernd-Jürgen Fischer.

Mit Schwächen und Lastern leben

Wer unter Eifersucht leidet, lese:

MARCEL PROUST, *Eine Liebe Swanns*

Wenn die Literatur nicht von ihrem Leib-und-Magen-Thema »Liebe« lassen kann, dann dürfen deren Begleiterscheinungen nicht fehlen. Liebe basiert auf Vertrauen, auf einer Übereinstimmung, der ein unerklärlicher Zauber innewohnt. Die Beteiligten dieses hochexplosiven hormonellen Zusammenspiels sind freilich dem, was ihnen geschieht, nicht immer gewachsen. Anders gesagt: Sie messen das Mysterium mit irdischen Maßstäben und geraten in Zweifel. Wer liebt, will weiterlieben, will den Zustand der Seligkeit aufrechterhalten. Allem, was sich als dunkle Wolke abzeichnet, wird folglich mit Argwohn begegnet: Will uns da etwas oder jemand entzweien? Woher weiß ich, dass die Gefühle des anderen meinen entsprechen? Sagt er, was er denkt; tut sie, was sie vorgibt zu tun?

Eifersucht ist eine Nebenwirkung der Liebe, der schwer beizukommen ist. Ich misstraue Menschen, die sich für eifersuchtsfrei halten, die so tun, als seien sie sich der Empfindungen des anderen stets sicher, als gäbe es nie Momente der Schwäche, wo unschöne Ängste misstrauisch den Sinn benebeln. Und ehrlich gesagt: Die Welt und die Literatur sind reich an Belegen dafür, dass Eifersucht oft mit guten Gründen waltet.

In Marcel Prousts *Auf der Suche nach der verlorenen Zeit* spielt die Eifersucht eine entscheidende Rolle. In mehreren Reprisen greift der Roman Spielarten dieses Misstrauens auf, seziert in epischer Breite deren Aufwallungen und liefert en passant eine erkenntnistheoretische Betrachtung der Eifersucht. Was dem Ich-Erzähler in seiner Beziehung zu Albertine widerfährt, die er zuletzt, da er nie sicher ist, ob sie nicht hinter seinem Rücken lesbische Erfahrungen macht, als seine »Gefangene« hält, hat ein Vorspiel am Anfang des Werkes, in dem verhältnismäßig eigenständigen Romanteil *Eine Liebe Swanns*. Dieser bereitet das Leid des Erzählers vor.

»Hätte man Swann unbedingt eine soziale Bewertung zukommen lassen wollen, die ihn persönlich von anderen Söhnen von Maklern in der Stellung seiner Eltern unterschied, so wäre seine Note eher etwas minder ausgefallen; denn äußerst schlicht in seinem Auftreten und von jeher mit einer ›Marotte‹ für Bilder und Antiquitäten behaftet, wohnte er jetzt noch in einem alten Stadthaus, das er mit seinen Sammlungen vollgestopft hatte, die meine Großmutter immer gern einmal angesehen hätte, das aber am Quai d'Orléans lag, in einem Viertel also, in dem zu wohnen meine Großtante für entwürdigend hielt« – so wird Charles Swann beschrieben, der bei Prousts Tante ein und aus geht und gleichzeitig in höchsten Pariser Kreisen verkehrt.

Die Familie des Erzählers, der Swanns wahrer sozialer Status verborgen bleibt, fühlt sich dem verschrobenen »Original«, das regelmäßig bei ihr vorbeischaut, überlegen, und die Großtante lässt es sich nicht nehmen, ihn regelmäßig wegen seiner unpassend gelegenen Wohnung aufzuziehen: »Nun, Monsieur Swann, und Sie wohnen immer noch am Weindepot, damit Sie ja den Zug nicht versäumen, wenn Sie nach Lyon reisen?«

Auch Odette, Swanns Geliebte und spätere Frau, teilt diese Abneigung. Unbelastet von historischen Kenntnissen, erachtet sie Swanns Wohnung am Quai d'Orléans als seiner nicht würdig und mokiert sich, als von einer ihrer

Freundinnen die Rede ist, über sein Faible für Antiquitäten: »›Du kannst ja nicht verlangen, dass sie wie du unter lauter kaputten Möbeln und abgenutzten Teppichen lebt.‹« Odette liebt das Neue und begeistert sich für alles, was in Paris an aufregenden, an »schicken« Etablissements entsteht. Mit dem noblen, freilich im Abstieg befindlichen Viertel der Île Saint-Louis will sie nichts zu tun haben; sie wohnt in einer Seitenstraße im aufstrebenden Quartier Chaillot, 16. Arrondissement, in der nach einem französischen Seefahrer benannten Rue La Pérouse.

Eine Liebe Swanns rankt sich um eines der großen Eifersuchtsdramen in Prousts Werk. Immer wieder zweifelt Swann an Odette, und immer wieder versucht er Spuren ihrer Untreue auszumachen. Einmal treibt es ihn in die mondänen Restaurants am Boulevard des Italiens, in deren Separees er Odette vermutet, natürlich mit einem Nebenbuhler. Ein andermal führt ihn der Zweifel an weiblicher Verlässlichkeit zurück in die Rue La Pérouse. Kaum hat er sich von Odette, die keine Lust auf »faire Cattleya« (so Swanns und Odettes charmante Umschreibung geschlechtlicher Verbindung) verspürt, verabschiedet, kehrt er von hinten an das Haus zurück und meint Licht und Stimmen in Odettes Schlafzimmer wahrzunehmen. Entgeistert und dennoch begierig, sich der Wahrheit zu stellen, pocht Swann an die Fensterläden und sieht sich mit einem überraschenden Ergebnis seiner detektivischen Arbeit konfrontiert: »Vor ihm standen zwei alte Herren am Fenster, der eine hielt eine Lampe in der Hand, und da sah er das Zimmer, das ihm unbekannt war. Da er es gewöhnt war, wenn er sehr spät kam, Odettes Zimmer unter vielen fast gleichen als einziges noch beleuchtet zu finden, hatte er sich getäuscht und an das nächste geklopft, das bereits zum Nachbarhaus gehörte.«

Namen sind für Proust keine willkürlichen Zeichen. Sie tragen – sei es vom Klang, von Assoziationen oder von ihrer Wortgeschichte her – eine Bedeutung in sich, die das tägliche Leben steuert und nur von gleichgültigen Menschen außer Acht gelassen wird. Das Leiden der Eifersucht ist durch Swanns nächtlichen Irrtum natürlich nicht dauerhaft besiegt. Schon bald darauf quält er sich wieder mit dem Perpetuum mobile seiner von Zweifeln okkupierten Gedanken. Und so beschließt er, wenn er Odette nicht sehen kann und sie keine Anstalten macht, ihm nahe zu sein, sich eine Ersatzbefriedigung dadurch zu verschaffen, dass er Stätten aufsucht, die ein beliebiges, sei es noch so zufälliges Band zu seiner entfernten Geliebten spannen. Vom Quai d'Orléans geht er so hinüber zum Quai des Grands Augustins, wo sich vor Hausnummer 51 eine Brücke hinüber zu Odette schlagen lässt: »An manchen Tagen blieb er nicht zu Hause, sondern speiste zu Mittag in einem nahen Restaurant, dessen gute Küche er früher geschätzt hatte, in das er aber jetzt nur noch aufgrund einer jener gleichzeitig mystischen und albernen Überlegungen ging, die man ›romantisch‹ nennt, trug dieses Restaurant (das heute noch existiert) doch denselben Namen wie die Straße, in der Odette wohnte: Lapérouse.«

Liebe macht blind, sagt man, und so sei es Swann nachgesehen, dass er es in diesem Fall mit Orthographie und Etymologie nicht so genau nimmt. Das Restaurant ist nach seinem Gründer Jules Lapérouse benannt, der sich in einem Wort schrieb. Immerhin befindet sich Swanns sentimentaler Mittagstisch an einem nachgerade literarischen Ort: Das Lapérouse, gerühmt für seine Küche und seine Einrichtung aus dem 19. Jahrhundert, bewirtete Schriftsteller wie Victor Hugo und Guy de Maupassant.

Eine Liebe Swanns endet mit der Entfremdung der beiden – kein Dauerzustand freilich, denn Proust findet in seinem Roman großen Gefallen daran, Figuren immer wieder aufs Neue zusammenzübringen und das gesellschaftliche Gefüge durcheinanderzuwirbeln. Und so werden Charles

Swann und Odette de Crécy irgendwann doch ein Ehepaar. Ergreifender ist ihre Geschichte aber dort, wo sie von Eifersuchtsdramen und -qualen vorangetrieben wird. Ob sich eifersüchtige Leser davon beeinflussen lassen, wenn sie selbst von diesem Martyrium befallen werden? Wohl kaum, denn im konkreten Fall könnte es ja durchaus sein, dass sich die Eifersucht zu Recht meldet ...

%, PROUSTS *Eine Liebe Swanns* (im Original: *Un amour de Swann*) erschien zuerst 1913 als zweiter Teil von *Unterwegs zu Swann* (auf Französisch: *Du côté de chez Swann*). Die erste deutsche Übersetzung von Rudolf Schottlaender erschien 1926 im Berliner Verlag Die Schmiede. Im Rahmen der ersten deutschen Gesamtausgabe von *Auf der Suche nach der verlorenen Zeit* legte Eva Rechel-Mertens 1953 im Suhrkamp Verlag eine Neuübersetzung (als *Eine Liebe von Swann*) vor, die 1994 von Luzius Keller revidiert und mit Genitiv im Titel versehen wurde. Bernd-Jürgen Fischers Übersetzung von 2013 trägt wieder den Titel *Eine Liebe von Swann*.

Wer für seinen Fußballwahn eine intelligente Begründung sucht, lese:

FRIEDRICH CHRISTIAN DELIUS, *Der Sonntag, an dem ich Weltmeister wurde*

Nicht immer ist es leicht, Menschen in ihrer ganzen Komplexität zu begreifen und Neigungen zu tolerieren, die wunderlich, kurios oder idiotisch anmuten. Was ist auch von vernunftbegabten Zeitgenossen zu halten, die geduldig mit Streichhölzern den Kölner Dom nachbauen, seit 1985 keine Folge der *Lindenstraße* verpasst haben, Schweizer Kaffeerahmdeckeli sammeln, Simone Thomalla für eine großartige Schauspielerin halten oder meilenweit gehen, um Christian Anders' französische Einspielung seines *Es fährt ein Zug nach nirgendwo* zu erhaschen? Menschen, die auf diese Weise die kurze ihnen zugemessene Zeit auf Erden verplempern, stehen unter Rechtfertigungszwang. Sie müssen sich Strategien zurechtlegen, wie sie ob ihrer eigenwilligen Hobbys nicht familiärer oder gesellschaftlicher Ächtung anheimfallen und wie sie sich den Anschein geben, ihr irrwitziges Tun folge einem höheren Antrieb.

Am weitesten ist hierzulande die Leidenschaft für den Fußball verbreitet, eine Krankheitsform, die Joachim Ringelnatz schon in den 1920er Jahren als »Fußballwahn« brandmarkte. Ihm huldigen seriöseste Repräsentanten des Staatswesens, Literaturhausleiter und einfache Männer auf der Gegengeraden, und wo das Wissen um biblische Episoden oder antike Götterschwänke in bildungsschwachen

Zeiten häufig brachliegt, gibt es ungezählte Autodidakten, die die Torfolgen Preußen Münsters in der Spielzeit 1963/64 auswendig aufsagen können und über das Abschneiden der Salomonen bei der WM-Qualifikation 2006 genau Bescheid wissen. Es hilft nicht, Menschen diese Anhäufung von »Junk-Wissen« vorzuwerfen, und es hilft in der Umkehrung auch nicht, wenn die derart Irregeleiteten unfähig sind, ihren Neigungen wenigstens den Anflug des Verständigen zu verleihen.

Nun kann der vom Fußball Infizierte seit einiger Zeit auf Nick Hornbys autobiografischen Bericht *Fever Pitch* verweisen, der faszinierend ausführt, was es heißt, durch und durch Fan (hier: von Arsenal London) zu sein. Niemand hat die psychischen Windungen eines Fußballbesessenen so anschaulich gemacht, so klug darüber nachgedacht, wann für einen Fan der richtige Todeszeitpunkt (mitten in der Saison? Unmittelbar nach dem Match?) gekommen sei, wie man mit Nahestehenden umgeht, die begreifen müssen, dass die Reise zum Auswärtsspiel nach Sheffield es leider unmöglich macht, an einer Hochzeitsfeier teilzunehmen, und wie man sich die ideale Torfolge eines perfekten Spiels vorzustellen habe.

Noch edler lässt sich die ungehemmte Lust am Fußball mit der Erzählung *Der Sonntag, an dem ich Weltmeister wurde* rechtfertigen, erschienen genau fünfzig Jahre nach dem wunderbaren und wundersamen Sieg der Herberger-Truppe im WM-Endspiel 1954. Der Schriftsteller Friedrich Christian Delius (* 1943) hat diesen Tag, den 4. Juli 1954, nie vergessen. In seinem offenkundig autobiografisch grundierten Prosastück beweist er allen Verächtern des Rasengeschehens, welche pädagogisch heilsame Wirkung, ja welchen Segen der Fußball haben kann. Elfeinhalb Jahre zählt der Ich-Erzähler. Er lebt in Wehrda, ziemlich abseits im hessischen Hinterland, wo sich selbst Fuchs und Hase nicht jede Nacht einfinden. Sein Vater ist Pfarrer am Ort, und die strengen Rituale der fünfziger Jahre dominieren das Familienleben. Wir sehen ein verschüchtertes Kind vor uns, das beim Sprechen – vor allem, wenn es männlichen Autoritäten gegenübersteht – in stotterndes Stocken verfällt. Einsam ist es oft, und einsam bleibt es an diesem historisch bedeutsamen Sonntagnachmittag. Denn seine Leidenschaft für den Fußball, für die deutsche Mannschaft, die überraschend ins Finale der Weltmeisterschaft eingezogen ist, stößt in der Familie auf Gleichgültigkeit. Froh darf der Junge sein, die Erlaubnis erhalten zu haben, im väterlichen Arbeitszimmer die Radioreportage zu verfolgen.

Zäh vergehen die Stunden an diesem außergewöhnlichen Tag. Der Kirchgang ist absolviert, der Festtagsbraten verzehrt. Noch einmal blättert man, um Gleichgesinnte zu finden, im Sportteil der »Hersfelder Zeitung«, staunt – als Sohn eines Pfarrers – über Überschriften wie »Die Nationalelf will den Himmel stürmen« und darf das »bebende Glück des Lesenden« erfahren: »im Text eines anderen so viel Eigenes zu finden, sogar auf der Sportseite«. Dann endlich ist es so weit: Während sich die ignorante Restfamilie der Mittagsruhe hingibt, verfolgt der Junge die berühmt gewordene Reportage Herbert Zimmermanns. Verblüfft nimmt er wahr, wie dieser fremde Mann ihn von der ersten Minute hineinzieht ins Berner Wankdorf-Stadion, wie er vom Fußball spricht, als handele es sich um Transzendentes, und wie er ein Vokabular benutzt, das dem Pfarrerssohn anstößig vorkommt. Friedrich Christian Delius' *Der Sonntag, an dem ich Weltmeister wurde* verknüpft raffiniert beide Erzählebenen: hier der professionelle Radioreporter, der Begeisterung schüren will, dort der zaudernde Junge vor dem Empfänger, der das Gehörte mit seinem Erfahrungsschatz vergleicht und nicht mehr aus dem Staunen herauskommt.

Eine Lehrstunde ist dies, eine Befreiung aus einer spröden, freudlosen Welt. Als Zimmermann Deutschlands Torsteher Turek für eine Glanzparade rühmt und ihn als »Fuß-ballgott« tituliert, erschrickt der Junge, dreht die Laut-stärke niedriger und wähnt sich in einer »heidnischen Messe«. Doch der Einfluss der Erziehung hat keine Chance gegen Herbert Zimmermanns Verve: »Die Spannung des Spiels lockerte meine widerspenstigen Schuldgefühle, gegen das erste Gebot zu verstoßen durch bloßes Zuhören, ich fand von Minute zu Minute mehr Gefallen daran, einen heimlichen Gott, einen *Fußballgott* neben dem Herrgott zu haben.«

Der sprachliche Zauber der Berner Reportage gibt dem Ich-Erzähler ungeahntes Selbstbewusstsein. Als sich der Vater in der Halbzeitpause höflicherweise nach dem Ergebnis erkundigt, vermag sein Sohn den Zwischenstand – zwei zu zwei – ohne jedes Stottern zu vermelden. Das Ende ist bekannt: Helmut Rahns Siegtreffer in der 84. Minute – vom Reporter geradezu herbeigerufen: »Jetzt müsste Rahn schießen« – währt bis zum Schlusspfiff. Deutschland ist Weltmeister, der Junge aus Wehrda ist Weltmeister: »… und der Sieg stieß mich in einen Zustand des Glücks.«

Nichts hält ihn mehr im Elternhaus. Er eilt auf den Kirchplatz, will die Mitschüler erwarten, den Triumph mit ihnen teilen und seinen Sieg über sich selbst öffentlich machen. Es wird gelacht und gejohlt; die »genormten Sonntagsbewegungen« kippen, und der durch diesen Tag befreite Junge fühlt sich als »der glücklichste von allen, glücklicher vielleicht als Werner Liebrich oder Fritz Walter«. Braucht es noch mehr Argumente, um die aufklärerische, freudenspendende Kraft eines Fußballspiels zu belegen?

🕮 FRIEDRICH CHRISTIAN DELIUS' Erzählung *Der Sonntag, an dem ich Weltmeister wurde* erschien 1994 im Rowohlt Verlag, Reinbek.

Wer nicht alle dicken Bücher aller Autoren lesen kann und etwas für zwischendurch sucht, lese:

THOMAS MANN, *Das Eisenbahnunglück*

Man kann sie nicht alle gelesen haben, diese dicken und schweren Romane, die die Weltliteratur hinterlassen hat. Und das muss man auch nicht, denn wer Goethes *Wilhelm Meister* oder Hermann Brochs *Die Schlafwandler* nur aus Pflichtgefühl liest oder um bei Gesprächsrunden aufzutrumpfen, erfasst ohnehin nicht, was diese monumentalen Werke ausmacht. Auch Thomas Mann (1875–1955) ist ein Schriftsteller, der sich nicht damit begnügte, seine Leserinnen und Leser mit Kurzprosa zu erfreuen. Angefangen bei den *Buddenbrooks*, umfasst das Mann'sche Œuvre etliche dickleibige Romane, die selbst für ein langes Rentnerleben zu viel des Guten sind. Natürlich, *Der Zauberberg* ist ein herrlicher Roman, mit dem man aus der Welt entfliehen kann und der die Zeit auf wunderbare Weise auflöst. Und auch gegen *Doktor Faustus* und *Joseph und seine Brüder*, einen Mehrteiler, der zu den umstrittensten Büchern des »großen Lübeckers« zählt, ist wenig zu sagen.

Thomas Mann ist bis heute ein Autor, der dem Bildungsbürgertum die Hoffnung gibt, dass auch im hässlichen Zeitalter der (Post-)Moderne nicht alle Schreibenden wie Jean Genet, Elfriede Jelinek oder Charles Bukowski einherkommen müssen, und der sich vorzüglich dazu eignet, auf Jubelfeiern von literaturfernen Politikern gewürdigt zu werden. Mann gab mit Vorliebe den nie an seiner Bedeutsamkeit zweifelnden Großschriftsteller – eine Attitüde, die ihn für nicht wenige Kollegen (und Germanisten) zu einer verhassten Figur machte. Erst seine Tagebücher mit ihren offenherzigen Bekenntnissen änderten das und lockten eine neue Leserklientel an. Wie immer man zu Thomas Mann steht, seine schriftstellerischen Qualitäten lassen sich schwerlich negieren – auch dort, wo sie zur Manier wurden.

Um sich mit Thomas Mann anzufreunden, ist es am besten, seine Erzählungen zu lesen, zum Beispiel das unscheinbare und Manns Ruhm gewiss nicht begründende Stück *Das Eisenbahnunglück*. Vladimir Nabokov, einem Virtuosen der Kollegenschelte, missfiel dieser Text sehr, und er bescheinigte Mann die »Grazie eines Elefanten«. Dennoch hat diese Pflichtübung Thomas Manns ihren Reiz und zeigt im Kleinen, was seine Größe und seine Beschränkung ausmachte. Der Einstieg in diese Geschichte eines glimpflichen Unglücksfalles ist klassisch altväterlich und kokett: »Etwas erzählen? Aber ich weiß nichts. Gut, also ich werde etwas erzählen.« Der Erzähler, der sich nicht zweimal bitten lässt, berichtet im Folgenden von einem Eisenbahnunglück auf der Strecke München–Dresden. Diese – autobiografisch begründete – Erfahrung ist weder besonders schrecklich noch besonders aufregend. In der Nähe von Regensburg kommt der Schnellzug vom Gleis ab und fährt auf einen Güterzug auf. Die Reisenden werden aus ihrem Nachtschlaf gerüttelt und verharren mehr oder minder verloren in dunkler bayerischer Landschaft. Schwerverletzte oder gar Tote sind nicht zu beklagen, und die Furcht des Erzählers, Schriftsteller seines Zeichens, sein im Großgepäck befindliches Manuskript könne verlorengegangen sein, erweist sich als unbegründet. Bald findet sich ein Aushilfszug, der die Verunfallten abtransportiert. Eine nervenkitzelnde Aufregung, ein Sachschaden an der Maffei-Maschine von 70 000 Mark und eine Verspätung von drei Stunden stehen am Ende zu Buche – und die begründete Hoffnung des Erzählers, damit sein Kontingent an Eisenbahnunglücken erschöpft zu haben: »Ja, das war das Eisenbahnunglück, das ich erlebte. Einmal musste es ja wohl sein. Und obgleich die Logiker Einwände machen, glaube ich nun doch gute Chancen zu haben, dass mir so bald nicht wieder dergleichen begegnet.«

Thomas Mann nutzt diese im Grunde harmlose Begebenheit, um sein stilistisches Florett behutsam einzusetzen. Er führt Menschen vor – einen geckenhaften Herrn in Gamaschen zum Beispiel, der den Kontrolleur kurzerhand als »Affenschwanz« tituliert –, deren Posen vom kleinsten Windhauch zu erschüttern sind und deren Contenance-Verlust das dünne Fundament der wilhelminischen Gesellschaft zeigt. Mit wenigen Federstrichen zeichnet Thomas Mann die Aufgeblasenheit des Staatsapparats, personifiziert durch einen Schaffner mit Wachtmeisterschnauzbart und »unwirsch wachsamem Blick«. Sein Autoritätsgehabe freilich fällt mit dem Unglück wie ein dem Backofen hastig entnommenes Soufflé in sich zusammen, und der eben noch forsche Staatsdiener weiß nur über sein lädiertes Knie zu lamentieren. Und nicht zuletzt führt das Unglück dazu, dass die bürgerlichen Sicherheiten zumindest für ein paar Stunden nicht mehr gelten. Die sozialen Hierarchien geraten durcheinander, und der stolz gezückte Fahrausweis der ersten Klasse hilft nicht weiter.

All dies ist kurzweilig erzählt und mit jenen sprachlichen Girlanden versehen, die Schüler vieler Generationen als Höchstform gutbekömmlicher Ironie vorgesetzt bekamen. Sätze wie »Ich erwäge, was dagegensprechen könnte, noch eine Zigarre zu rauchen, und finde, dass es so gut wie nichts ist« strahlen eine ins Behäbige changierende Gemütlichkeit aus, die gesellschaftskritische Anmerkungen nicht zu bedrohlich wirken lässt. Und dann sind da die Mann'schen Überraschungssätze, die das gutgeölte Erzähllaufwerk dankenswerterweise nicht zum Erliegen, aber doch ins Stocken bringen. So etwa, als der reisende Schriftsteller die Nachricht vom zertrümmerten Gepäckwagen erhält und Thomas Mann den Schrecken dadurch einfängt, dass er einen Absatz macht, ein »Da stand ich ...« setzt und mit einem neuen Absatz fortfährt. Einsam und verlassen steht dieser Satz da, und in den Auslassungspunkten (die Autoren nicht zu oft verwenden sollten) liegt alle Ungewissheit des Moments.

Das Eisenbahnunglück ist ein leichtes Stückchen über fast nichts. Das macht diesen von der Thomas-Mann-Forschung nicht sehr ästimierten Text zu einem feinen Exempel: Ein Erzähler gibt vor, nichts zu erzählen zu haben, was sich als pures Understatement erweist, da er sofort mit dem Erzählen beginnt. Was er indes dann zu berichten weiß, ist von harmloser Beschaulichkeit und verdeutlicht, dass er – bei Lichte besehen – wirklich kaum etwas zu erzählen hatte. Das aber hat er mit Bravour bewältigt. Schon deshalb ist *Das Eisenbahnunglück* guter Lesestoff für alle diejenigen, die *Doktor Faustus* in diesen Ferien wieder nicht geschafft haben.

❧ THOMAS MANNS *Das Eisenbahnunglück* erschien 1909 in der »Neuen Freien Presse« und im gleichen Jahr in der Sammlung *Der kleine Herr Friedemann und andere Novellen* im S. Fischer Verlag.

Wer heftig nach Geld und Gut strebt, lese:

F. SCOTT FITZGERALD, *Der große Gatsby*

Wer in einfachen Verhältnissen aufwächst und früh erfährt, dass das elterliche Bankkonto kein unerschöpfliches Reservoir ist, bedarf der moralischen Aufwertung, um mit seinen eingeschränkten Konsummöglichkeiten zurechtzukommen. »Geld (allein) macht nicht glücklich« lautet einer der Merkverse, die Kinder frühzeitig auf den charakterlich einwandfreien Weg zur Bescheidenheit führen sollen. Comicfreunde erkennen, dass das erquickende Goldtalerbad, das Dagobert Duck genießen darf, nicht zwangsläufig zu unbeschwerter Seligkeit führt, und bibelkundige Pädagogen verweisen auf das Evangelium des Matthäus, wo materielle Bedürftigkeit gar als Eintrittsticket fürs Himmelreich verkauft wird: »Es ist leichter, dass ein Kamel durch ein Nadelöhr gehe, denn dass ein Reicher ins Reich Gottes komme.«

So moralinsauer diese Beruhigungstropfen für die im Leben zu kurz Gekommenen schmecken mögen: Die ungerechte Verteilung von Reichtum und Besitz ist ein gefundenes Fressen für die Literatur. Wenn sie zeigen möchte, wie sich Menschen durchs Leben schlagen, wie sie auf Niederlagen, finanzielle Desaster oder plötzlichen Aufstieg reagieren, dann spielt Geld fast immer eine große Rolle. Bestimmte historische Epochen spiegeln diese Kämpfe besonders deutlich wider, etwa als die Industrialisierung im 19. Jahrhundert die Schere zwischen Reichtum und Armut auseinanderriss und Honoré de Balzac oder Emile Zola prächtigen Stoff für Gesellschaftsromane gab.

Francis Scott Fitzgerald (1896–1940) steht wie kein anderer amerikanischer Autor für den künstlich gesteigerten Reichtum, der sich in den 1920er Jahren an der Ostküste der Vereinigten Staaten ausbreitete, für die »Roaring Twenties«, die bis zu ihrem grausamen wirtschaftlichen Niedergang zahllose Sumpfblüten der dekadenten Eleganz hervortrieben. Fitzgeralds dritter Roman *Der große Gatsby* gewinnt mit jeder Lektüre neuen Reiz hinzu. Was anderen Autoren auf vielen hundert Seiten nicht glückt, ereignet sich hier auf engem Raum: Neun schlanke Kapitel fügen dieses Buch zusammen, und die kargen Dialoge und angedeuteten Beschreibungen erschließen sich nicht sofort, müssen im Kopf des Lesers wieder und wieder neu zusammengefügt werden.

Auf den ersten Blick will es scheinen, als ginge es um die Schilderung mondäner Partys der Jazz-Ära, die ein obskurer Neureicher auf Long Island zur Belustigung sich hip fühlender New Yorker gibt. Man fährt in eleganten Limousinen vor, blickt auf den Strand, schüttet Champagner in sich hinein oder den Saft frischgepresster Orangen, die in Wagenladungen angekarrt werden, um den Bedürfnissen der saturierten Schönen gerecht zu werden. Erzählt wird das Ganze aus der Perspektive eines eher unscheinbaren jungen Mannes, Nick Carraway, der im Begriff ist, sich im Börsengeschehen New Yorks durchzusetzen. Sein Nachbar auf Long Island ist der 30-jährige Jay Gatsby, dessen Einkünfte so bedeutend wie unerklärlich sind.

Genusssucht und Langeweile sind untrennbar miteinander verbunden und strahlen eine müde Leere aus, die zum Signum der Epoche wird. Mit meisterlich eingesetzter Kargheit umreißt Fitzgerald die Szenerie, in deren Mitte der rätselhafte, in rosafarbenen Anzügen auftretende Gatsby thront. Woher dieser Mann kommt, weshalb er seinen Namen änderte, welchen (dubiosen) Geschäften er seinen unermesslichen Reichtum verdankt, was er damit bezweckt, »alle diese Leute« zu bewirten – das bleibt im Dunkeln, ja mitunter kennen die von weit her angereisten Partybesucher ihren Gastgeber nicht einmal. Und sobald sich die Besucher wieder entfernen und Gatsby allein zurückbleibt, nimmt die – vom Erzähler nie aufgelöste – Unergründlichkeit noch einmal zu: »Über Gatsbys Haus schien ein Oblatenmond, der die Nacht schön machte wie zuvor und das Gelächter und die Geräusche des hell erleuchteten Gartens überdauerte. Eine plötzliche Leere entströmte den Fenstern und Flügeltüren und hüllte die Gestalt des Gastgebers, der auf der Veranda stand und die Hand zu einer förmlichen Abschiedsgeste erhoben hatte, in vollkommene Einsamkeit.«

Nach und nach stellt sich heraus, warum sich Gatsby hier niedergelassen hat: Er will seine Jugendfreundin Daisy, Nicks Cousine, wiedersehen, die inzwischen den reichen und reichlich ungehobelten Tom Buchanan geheiratet hat. Dieser hält sich, ohne ein Geheimnis daraus zu machen, eine Geliebte, Myrtle Wilson, die Frau eines Tankwarts und Autohändlers, und kann dem Getue um Gatsby wenig abgewinnen. Schritt für Schritt steuert der Roman auf die Katastrophe zu: Scheu und ungelenk versucht Gatsby, sich Daisy wieder zu nähern und sie den Fängen Buchanans zu entreißen. Nick führt die beiden zusammen, und in der Tat scheint es so, als könne Gatsby die fünf Jahre auslöschen, die er Daisy nicht sah: »›Ich würde nicht zu viel von ihr erwarten‹, wagte ich ihm zu raten. ›Man kann die Vergangenheit nicht wiederholen.‹ ›Die Vergangenheit nicht wiederholen?‹, rief er ungläubig. ›Aber natürlich kann man das!‹ Er blickte sich aufgeregt um, als lauerte die Vergangenheit gleich hier im Schatten seines Hauses, nur knapp außer Reichweite seiner Hand. ›Ich werde alles genauso herrichten, wie es vorher war‹, sagte er und nickte entschlossen. ›Sie wird schon sehen.‹«

Der Machtkampf zwischen Buchanan und Gatsby mündet in eine Katastrophe: Daisy entscheidet sich für das sichere Geld ihres Mannes, und nach einem Aufenthalt in New York fährt Daisy, am Steuer von Gatsbys gelbem Wagen sitzend, die Geliebte ihres Mannes zu Tode. Deren Mann hält Gatsby für den Schuldigen und erschießt ihn und sich. Am Ende treibt Gatsbys Leiche auf der Luftmatratze im Pool, den er den ganzen Sommer über nicht genutzt hat. Zur Beerdigung Gatsbys, des Mannes, der an »das grüne Licht« glaubte, an »die wundervolle Zukunft, die Jahr für Jahr von uns zurückweicht«, findet sich kaum einer der alten Weggefährten und Schnorrer ein. Gatsbys pompöses Haus steht leer; nur ab und an verirrt sich ein Gast dorthin, »der gerade erst vom anderen Ende der Welt zurückkehrte und nicht wusste, dass die Party vorüber war«.

Ja, *Der große Gatsby* lässt sich als Spiegel einer kurzen Ära verstehen, die sich im schillernden Reichtum nebulöser Herkunft gefiel. »Leichtfertige Menschen« bewegen sich durch diese Scheinwelt und lassen »andere das Chaos beseitigen«, das sie anrichten. Doch vor allem ist *Der große Gatsby* ein Arsenal der verschlüsselten Botschaften, der rührenden Momente voller ungezähmter Leidenschaften. Manche Bilder dieses Romans vergisst man nie wieder: das sorgsam geschnittene Gras vor Nicks Haus, das Küchenstillleben mit Daisy und Tom vor einem Teller mit kaltem Huhn und zwei Flaschen Bier: »Sie waren nicht glücklich, und keiner von beiden hatte das Huhn oder das Ale auch nur angerührt – aber unglücklich waren sie auch nicht.«

❧ F. SCOTT FITZGERALDS *Der große Gatsby* (im Original: *The Great Gatsby*) erschien 1925 in den USA. Deutsche Übersetzungen von Maria Lazar und Walter Schürenberg wurden 1928 bzw. 1953 publiziert. Neue Übertragungen erschienen zuletzt von Bettina Abarbanell (Diogenes), Lutz-W. Wolff (dtv) und Reinhard Kaiser (Insel).

Wer abschreckende Beispiele von Völlerei zur Einhaltung einer gesunden Lebensweise benötigt, lese:

SIEGFRIED LENZ, *Kummer mit jütländischen Kaffeetafeln*

Essen und Trinken spielt in der Literatur eine immens wichtige Rolle, und allein deshalb stapeln sich in den Buchhandlungen hochwertig aufgemachte Bildbände, die aus Romanen Rezeptsammlungen destillieren und zeigen, wie es ist, mit Fontane, Thomas Mann, Colette oder Simenon auf literarisch hohem Niveau zu speisen. Doch wo Genuss gepriesen und die Speisenfolgen auf dem Mann'schen Zauberberg oder in den Proust'schen Salons zelebriert werden, drohen Risiko und Unwohlsein. Und so lesen wir ebenso häufig von Trinkgelagen mit unschönem Ausgang und von Mahlzeiten, deren Üppigkeit mehr als Magenbeschwerden hervorruft – wie in Heinrich Bölls Satire *Nicht nur zur Weihnachtszeit,* wo der tägliche Verzehr von Zimtsternen und Lebkuchen das Wohlergehen der Betroffenen nicht befördert, oder wie in Prousts *Auf der Suche nach der verlorenen Zeit,* wo die Komposition eines Ananas-Trüffel-Salats auf heftige Ablehnung stößt.

Welchen Einfluss die Schilderung kulinarischer Freuden oder Leiden auf den Speiseplan von Leserinnen und Lesern hat, ist wissenschaftlich nicht ausreichend erforscht. Immerhin steht zu hoffen, dass die Darstellung von Völlerei und Exzess manchen an seinen Ernährungsgewohnheiten zweifeln lässt. Nicht immer sind es ausschweifende Diners, die dabei Besorgnis wecken; manchmal genügt eine harmlose Einladung zum Kaffee, um Magen und Darm in höchste Bedrängnis zu bringen ... in Jütland zum Beispiel.

Siegfried Lenz (1926–2014) verbrachte viele Sommer im nordjütländischen Alsen, in engem Austausch mit der dänischen Bevölkerung. Aus diesen Begegnungen entstanden beispielsweise die Erzählungen *Der Geist der Mirabelle*, *Geschichten aus Bollerup* – und der fiktional kaum verhüllte, sehr wahr klingende Erlebnisbericht *Kummer mit jutländischen Kaffeetafeln*. Dieser zeigt auf bedrückende Weise, wie übertriebene Gastfreundschaft auf Unwillen stößt und wie die Nerven selbst freundlichster Menschen durch eine Überdosis guter Gaben strapaziert werden. »Einmal muss ich doch von meinem Kummer sprechen, von meinem Kummer mit Jütland, dessen Sommerbürger ich seit vielen Jahren bin. Lange hat Begeisterung ihn niedergehalten, zurückgedrängt, bei allem schwärmerischen Eingeständnis wagte mein Kummer nicht, sich zu Wort zu melden, er wurde einfach mattgesetzt durch Erlebnisse und Erfahrungen, die mir Jütland als mein behäbiges Sehnsuchtsland erscheinen ließen« – so setzt diese kleine Erzählung ein, und der mit Lenz'scher Ironie nicht vertraute Leser mag darüber stutzen, von welch schrecklicher Unbill der Autor berichten möchte. Nachbarschaftsstreit? Liebesschmerzen? Politischer Disput? Mord und Totschlag?

Nein, es geht – und darin liegt die Pointe des bei Lenz-Lesern so beliebten Stücks – um ein vermeintliches Vergnügen, um die Einladung zum dänischen Kaffeeplausch unter einander freundlich gesinnten Nachbarn. Durch die Grundlage eines reichhaltigen Abendessens gefestigt, machen sich der Ich-Erzähler und seine Frau auf, um an einer Kaffeetafel teilzunehmen, an einem Ereignis, unter dem sich beide anfänglich allenfalls »Gesundheitskaffee und knochentrockene Plätzchen« vorzustellen vermochten. Der

detailreiche Bericht ist, so Lenz, durchaus von pädagogi-
scher Absicht getragen und soll von derartigen Einladungen Heimgesuchten eine Vorstellung des zu Erwartenden
geben. Die anfängliche Freude der deutschen Gäste schlägt
alsbald in Überraschung und in Entsetzen um. Was sich
dort unter den wachen Blicken der fürsorglichen Hausfrau
abspielt, wird zum Hochleistungssport, zur Erprobung dessen, was ein Mensch im besten Alter zu später Uhrzeit an
Süßem zu konsumieren vermag. Starker, nein, stärkster
Kaffee begleitet die Abfolge von gebutterten Rundstücken,
blätterteigartigem Kranzkuchen, Großtorten, Napoleon-
schnitten, Nusstorten mit Buttercreme und Kleingebäck.

Siegfried Lenz macht aus dieser (Nach-)Speisenfolge eine
Tortur, gegen die der höfliche Gast keinerlei Einwände vor-
zubringen vermag. Duldsam erträgt man das Gereichte
und sieht sich – um die Hausfrau nicht zu verdrießen – genötigt, allem kräftig zuzusprechen. Zudem sind die Aus-
maße der Kuchen und Torten gewaltig: Mal erreichen sie
die Dicke von Tolstois *Krieg und Frieden*, mal die Breite
schwerer Plätteisen. Das körperliche Unwohlsein der tapferen Esser ist zwischen jedem Gang und zwischen jedem
Absatz zu spüren. Mit »zur Decke gerichtetem, ergebenem
Kälberblick« beantwortet der Erzähler das mühsame Aus-
atmen seiner Frau, unfähig und bald auch nicht willens, an
den heftigen, vom Kalorienschub ausgelösten Diskussio-
nen der sonst eher schweigsamen Jütländer teilzunehmen.
Es besteht kein Bedarf, über die dänische EG-Mitglied-
schaft oder die Grenzen des Sozialstaates zu debattieren; es
geht allein ums Wesentliche, es geht darum, die Mast ertragen und irgendwie den Heimweg antreten zu können.

Nach der siebten oder achten Tasse Kaffee wird man ent-
lassen, nicht ohne mit Resten versorgt zu werden – »für
den Fall, dass wir in der Nacht Lust bekämen, etwas zu
knabbern«. Die äußere Gestalt der Leidgeprüften hat sich
derart verändert, dass der Hund sich außerstande sieht,

Herrchen und Frauchen wiederzuerkennen. In sitzender Haltung schließlich gelingt es ihnen, die Nacht im Bett zu überleben, ohne Koliken und Übelkeitsanfälle und in der Gewissheit, sich künftig bei Süßigkeiten eher zurückzuhalten, zumindest bis zur nächsten jütländischen Kaffeetafel.

Siegfried Lenz ist mit diesem Text ein kleines Bravourstück gelungen. Pointiert setzt er Adjektiv auf Adjektiv und versteht es, den Schrecken Schritt für Schritt zu steigern. Ganz nebenbei geht es in dieser kummervollen Geschichte auch um Vorurteile, um fremde Sitten und Gebräuche und um die Möglichkeiten, als Gast Vorschläge zur Verbesserung dieser schwerverdaulichen »Nachbarschaftspraxis« zu machen. So leidvoll die Blätterteigorgie auch war: Der Abgefütterte bleibt bis zum Ende ein freundlicher Gast und regt lediglich an, einen ersten Schritt zu tun und, eventuell, auf das nicht wirklich erforderliche Kleingebäck zu verzichten.

Ob die Jütländer diesen Vorschlag ihres Freundes beherzigt haben, weiß ich nicht. Auf jeden Fall ist *Kummer mit jütländischen Kaffeetafeln* ein Gleichnis mit abschreckender Wirkung. Selbst der gestählteste Leser wird, nachdem er von diesen Gebräuchen gehört hat, nicht in der Lage sein, sich wahllos Sachertorten, Plunderstücke oder Marzipanhörnchen einzuverleiben. Es gibt Literatur, die der Volksgesundheit dient.

🐾 SIEGFRIED LENZ' Geschichte *Kummer mit jütländischen Kaffeetafeln* erschien zuerst 1981 im Merian-Heft »Jütland«. 2004 wurde sie in den Erzählband *Zaungast*, Hoffmann und Campe Verlag, aufgenommen. 2006 erschienen illustrierte Einzelausgaben bei Hoffmann und Campe und im Svato Verlag, Hamburg.

Wer dem Verzehr von Geflügel feindlich gegenübersteht, lese:

BURKHARD SPINNEN, *Langer Samstag*

Nicht immer geht es um Leben und Tod, um Glück und Unglück. Es ist das gute Recht der Literatur, sich auch ums Kleine und Unscheinbare zu bekümmern, und letztlich müssen Autoren ohnehin damit rechnen, dass es nicht immer ihre hehren Absichten sind, die die nachhaltigsten Wirkungen hervorrufen. Worauf Leser anspringen, was sie anrührt und bewegt, das lässt sich selten strategisch planen – und wo es versucht wird, entsteht meist Literatur von der Stange. Diese Unberechenbarkeit der Leserreaktionen bringt es mit sich, dass sich von manchen Texten Kleinigkeiten einprägen, winzige Szenen, die dem Autor vielleicht gar nicht wichtig waren und an denen andere Leser achtlos vorbeieilen.

Die Sinnenreize, die Speis und Trank auslösen, spielen oftmals eine wichtige Rolle. Die Art und Weise, wie Menüfolgen in Romanen beschrieben werden, verlockt zur Nachahmung oder ruft anhaltenden Ekel hervor, der Leser zeitlebens vom Genuss des Beschriebenen abhält. Ein Truthahn à la Morton Thompson, wie wir ihn in Audrey Niffeneggers *Die Frau des Zeitreisenden* vorgesetzt bekommen, zwingt nachgerade dazu, dieses Gericht für den häuslichen Speiseplan zu übernehmen, während die tristen Imbissbuden, wie sie sich durch Heinrich Bölls Geschichten ziehen, nicht wirklich Appetit auf Currywurst oder Schaschlik machen.

In Burkhard Spinnens (* 1956) Roman *Langer Samstag*
geht es nicht vorrangig um die Aufnahme von Speisen und
Getränken, wiewohl seine Initialzündung zwischen den
Lebensmittelregalen eines Supermarkts erfolgt. Der Jurist
Ulrich Lofart (37) erspäht zwischen Haushalts- und Droge-
rieartikeln eine attraktive junge Frau, deren Bekanntschaft
er machen möchte. Seine ungelenke Schüchternheit über-
windend, spricht er sie kurzerhand an und zettelt einen
Dialog über Fertiggerichte, Mikrowellen und Aromatisie-
rung durch Bohnenkrautzugabe an. Die Pinnwand des
Einkaufszentrums ermöglicht es Lofart, den Kontakt zu
konkretisieren, und schon bald kommt er seiner Super-
marktentdeckung, der Unternehmensberaterin Dorothee,
entscheidend näher.

Lofart ist ein sympathischer Zeitgenosse, der die üblichen, Neurosen fördernden Begleiterscheinungen eines
Singlelebens würdevoll erträgt und im Berufsleben en-
gagiert Pläne zur Umstrukturierung des Unternehmens
vorantreibt. Als bedächtiger Mensch versucht er mit den
Anforderungen des modernen Lebens angemessen umzugehen und seine Psyche nicht zu überfordern. Denn an
schwierigen Entscheidungen mangelt es im Leben eines
alleinstehenden Mannes ja wirklich nicht: »Lofart war gerade aus der Dusche gekommen, ein Badetuch um die Hüf-
ten gewickelt. Ich muss mir jetzt ein Deodorant kau-
fen, hatte er gedacht. Im Grunde nicht auszudenken! Er
müsste es aussuchen, unter wer weiß wie vielen. Und da
gäbe es Vorzüge und Nachteile, die ihn persönlich beträ-
fen! Auf der Rückseite würden die längeren Texte stehen,
vorne nur der Name. Und wenn er jetzt Werbung dafür
sähe, im Fernsehen oder in einer Zeitschrift, dann wäre er
gemeint. Wohin sollte das noch führen?«

Auch im Umgang mit Dorothee ist Ulrich nicht frei von
Bedenken: Als es zum ersten Beilager kommt, erkennt er
mit der ihm eigenen Bedächtigkeit, dass sich dadurch et-

was verändert hat: »Das war jetzt ohne Zweifel eine Entscheidung, dachte er. Bei ihrem nächsten Treffen würden sie immerhin zwei sein, die einmal miteinander geschlafen hatten.« Überhaupt ist es die erotisch recht ungezügelte Dorothee, die ihrem Partner manches abverlangt. Ulrich zeigt sich mitunter überfordert von dem, was da an Neuem auf ihn einstürzt. In einer Schlüsselszene – meiner Lieblingsstelle – unternehmen die Frischverliebten eine Radtour und kehren in der Gartenwirtschaft »Fuchsbau« ein. Brathähnchen werden geordert, und während Lofart sich umständlich anschickt, von seiner zehn Jahre zurückliegenden Verlobung zu erzählen (»Ich dachte, ich sollte das einmal sagen«), vertieft sich Dorothee mit einer Heftigkeit in ihr Huhn, die ihre Impulsivität aufs Schönste zeigt: »Dann nahm sie ihre Serviette, riss sie mittendurch, fasste damit ihr Hähnchen an zwei Seiten und bog es auseinander. Eine Dampfwolke stieg auf. ›Irre, nicht wahr.‹«

Über mehrere Seiten hinweg wird der gewaltsame Geflügelverzehr detailliert beschrieben, sieht man dieser sinnlichen Frau zu, wie sie Hähnchenflügel abreißt, mit »hochgezogener Oberlippe« daran kaut, Fleischstreifen mit einer Gabel herunterzieht und diese »mit einem schmatzenden Geräusch« verschlingt. Lofart hingegen bringt keinen Bissen herunter und kann nur dem zustimmen, was Dorothee als Fazit ihres gemeinsamen Mahls formuliert: »›Gartenwirtschaften lassen einen verwildern‹, sagte sie mit vollem Mund.«

Burkhard Spinnen vermag es glänzend, banale Alltagsvorgänge komisch und genau zu beschreiben und deren kleine, aber emotional oft aufwühlende Widrigkeiten festzuhalten. Wie er die Hühnchenliebhaberin Dorothee beschreibt, macht – ohne dass Erklärungen nötig wären – deutlich, dass ihre Beziehung zu Ulrich einiges auszuhalten hat und dass sich Gegensätze, hier der zögerliche Nicht-Esser, da die urwüchsige Vertilgerin krosser Hähnchenhaut, die, geht es ums sinnliche Vergnügen, keine Zurückhaltung kennt, unweigerlich anziehen – eine Zeitlang zumindest.

Vielleicht ergeht es auch anderen so wie mir: Seit der Lektüre von *Langer Samstag* muss ich Menschen – vor allem Frauen – unwillkürlich (und unauffällig, versteht sich) zusehen, wie sie Brathähnchen verzehren. In Zeiten von Vogelgrippe und Fleischskandalen ist deren Zahl leider zurückgegangen, doch ich bin mir sicher: Sage mir, wie sich eine Frau beim Verzehr von knusprig gegrilltem oder frittiertem Geflügel benimmt, und ich weiß, wer sie ist. Auch da hilft die schöne Literatur weiter als Benimmführer oder Fachbücher wie *Hähnchengerichte aus aller Welt*.

✂ BURKHARD SPINNENS Roman *Langer Samstag* erschien 1995 im Schöffling Verlag, Frankfurt am Main.

**Wer dem Verzehr von Geflügel
aufgeschlossen gegenübersteht, lese:**

WOLF HAAS, *Der Knochenmann*

Zwischen Wolf Haas' *Der Knochenmann* und Burkhard
Spinnens *Langer Samstag* gibt es nicht allzu viele Paral-
lelen, doch wenn es um gegrillte Hühner geht, berühren
sich die beiden Romane auf wundersame Weise. Literaturwissenschaftler nennen das Intertextualität. Wo Spinnen
– siehe das vorangegangene Kapitel – die männliche Scheu
vor einer Frau beschreibt, die sich mit sinnlichem Furor
über Geflügelbeine hermacht, werden wir auch bei Wolf
Haas gleich zu Anfang mit einem erschreckenden Beispiel
weiblicher Hühnergier konfrontiert. Haas' Held, der Ermittler Simon Brenner, nimmt in der Grillstation Löschenkohl, wo Hendl jeder Art die Spezialität sind, Platz und
wird angesichts der schmatzenden Besuchermeute von
wehmütigen Erinnerungen an seine Verlobte – zwölf Jahre
ist es her – heimgesucht: »Sondern immer wenn der Brenner ein Hendl gegessen hat, hat er automatisch an die Fini
denken müssen. Die hat eigentlich Josefine geheißen, haben natürlich alle Fini zu ihr gesagt. Und einen Menschen,
der so gern Hendl isst wie die Fini, wirst du nicht leicht
finden. Weil die hat jede Woche zwei oder drei Hendl gegessen, praktisch süchtig. Und der Fini beim Knochen-
abnagen zuschauen, das ist ein Genuss gewesen. Kannibale
nichts dagegen. (...) Aber jetzt ist der Brenner unterbrochen
worden und hat nicht länger an die Fini denken können.

Und was hätte er auch noch denken sollen, weil du darfst eines nicht vergessen: nur zwei Wochen verlobt gewesen. Und da hat er sich nicht mehr an viel erinnert, außer an ihre dauernde Hendlesserei, und natürlich, dass sie so einen riesigen Busen gehabt hat. Die Fini hat gesagt, das kommt davon, weil sie den Hendln so viele Hormone füttern.«

Man ahnt es schon an dieser Stelle: *Der Knochenmann* ist kein Roman, der sich – Fini hin, Fini her – als Werbemittel für Grillbratereien oder Legebatterien eignet. Denn was Detektiv Brenner in der Grillstation aufzuklären hat, ist nichts für sensible Gemüter. Das Etablissement des alten Löschenkohl hat sich zu einem beliebten Ausflugsziel für die halbe Steiermark herausgemacht. Permanent wird vergrößert und angebaut; der Hendlverzehr steigt ins Unermessliche, und so treten alsbald Entsorgungsprobleme auf. Wohin mit all dem Abgenagten, wohin mit den Abfallbergen? Eine Knochenmehlmaschine muss her, die brav verarbeitet, was die Löschenkohl-Gäste zurücklassen – und nicht nur das. Ein übler Mensch nutzt das hohe Knochenaufkommen aus und schleust menschliche Überreste in den Entsorgungskeller ein. Die nicht geflügeltypischen Oberschenkelknochenreste werden entdeckt, und Simon Brenner hat einen weiteren ungewöhnlichen Fall zu lösen.

Achtmal hat Wolf Haas (* 1960) Brenner, den ehemaligen Polizisten, bislang ins Rennen geschickt, von *Auferstehung der Toten* (1996) bis *Brennerova* (2014), und vom ersten Satz an merkt man, dass dies keine Krimis aus der Retorte sind. Nicht nur weil Simon Brenner ein mehr als kauziger Vertreter seiner Zunft ist, einer, der schwitzt, Genüssen verschiedenster Art wohlgesonnen gegenübersteht und rein gar nichts von jenem glamourösen Ermittler hat, der Fälle sofort durchschaut. Nein, die Brenner-Romane leben zuerst vom grandiosen Stilgefühl ihres Autors. Unvollendete Halbsätze, grammatikalische Kühnheiten, Aus-

triazismen, Einschübe, Verrenkungen ... Wolf Haas' Satz-
gefüge sind kunstvoll ineinander verschränkt und passen
sich dem melancholischen Gedankensalat an, der sich in
Brenners Kopf (und in dem des ihn beobachtenden Ich-Er-
zählers) breitmacht.

Gewiss, es geht auch in *Der Knochenmann* um Todes-
fälle, die nach Aufklärung schreien, doch Haas' Haupt-
augenmerk gilt nicht der peniblen Deduktion eines Verbre-
chens. Brenner kreist die Verdächtigen ein, versucht sie
in Gespräche zu verstricken, registriert weibliche Reize,
wo sie sich aufdrängen, und hat keine Scheu, sich unschönen Angelegenheiten zu widmen. Denn es bleibt nicht bei
menschlichen Wadenbeinen in der Löschenkohl-Unterwelt;
wenig später findet sich am ortsansässigen Sportplatz, in
einem Ballnetz versteckt, der vom Restkörper mutwillig
getrennte Kopf des Stürmers Ortovic – auch dies kein ap-
petitlicher Vorgang.

Simon Brenner lässt sich von den steirischen und den
aus Alt-Jugoslawien eingewanderten Reichen und Schönen nicht beeindrucken. Unbeirrbar löst er seinen komplizierten Fall und räsoniert zwischen seinen Gesprächs- und
Untersuchungsterminen über Gott und die Welt. Letztere
mit Brenners Augen zu sehen ist ein hohes Vergnügen,
denn hinter der gutmütig-brummigen Fassade des Nicht-
Vorzeige-Detektivs schlummert ein sehr österreichischer
Alltagsphilosoph, der Gesellschaftskritik – ja, so nannte
man das früher – geschickt in eine Suada des Schimpfens
und Mäkelns verpackt. Kein Thema ist vor Simon Brenner sicher, auch nicht die Schlafgepflogenheiten des Menschen: »Und ich muss ganz ehrlich sagen, heute haben die
Menschen oft ein unglaubliches Getue mit dem Schlafen,
das beste Bett muss es sein, alles mit dem Bio, und abso-
lute Ruhe natürlich, und das Zimmer ausgependelt, weil
die Wasseradern sollten am besten sofort einen Bogen machen, nur weil die Herrschaften ihren Arsch irgendwo hin-

legen. Aber natürlich: so fest, wie der Brenner in dieser Nacht mit der halben Grillstation im Bauch geschlafen hat, davon können sie nicht einmal träumen.«

Da sich der knochenharte Löschenkohl-Fall auch um einen verschwundenen und dann im Kellnerinnengewand wieder auftauchenden Künstler dreht, kommt Brenner nicht umhin, sich über die Wandlungen in diesem Metier Gedanken zu machen: »Und siehst du, diese Metzgertische hat der Horvath zusammengekauft und hat die Hügelland-schaften zu seinen Kunstwerken erklärt. Weil das ist heute in der Kunst erlaubt, dass einer mit etwas Gefundenem hergeht, früher hätte das vielleicht nicht gegolten, aber heute überall Reformen, Kirche Reformen, Kunst auch Re-formen.« Und weil es überall Reformen gibt, kommt auch der Detektivroman nicht ungeschoren davon, und es er-scheinen so schön gegen den Strich gebürstete Stücke wie *Der Knochenmann*, die früher sicher »nicht gegolten« hät-ten. Ob es sinnvoll ist, viele oder wenige Grillhendl zu ver-speisen, das muss jeder selbst entscheiden, auch nach der Burkhard-Spinnen- oder Wolf-Haas-Lektüre.

❦ WOLF HAAS' *Der Knochenmann* erschien 1997 im Rowohlt Verlag, Reinbek.

Wer Sorgen mit Likör bekämpft, lese:

WILHELM BUSCH, *Die fromme Helene*

Schön wäre es, wenn die Literatur sich für moralische Handlungsanweisungen eignete und ihre Lektüre aus bösen Menschen über Nacht gute machen würde. Ganz so einfach ist es freilich nicht, und so bleibt es der simpel gestrickten Unterhaltungsliteratur vorbehalten, eine unmittelbar läuternde Wirkung von Geschriebenem zu behaupten. Der Glaube, dass ein rührendes Happy End und die Darstellung ungemein edler Charaktere ausreichten, um sittlich schwankende Leserinnen und Leser zur Einkehr zu bewegen, ist meist eine Erfindung jener, die Literatur als Hilfsmittel in eigener Sache missbrauchen. Und so ist längst nicht ausgemacht, ob die vielen Schurken, Ganoven und Gauner, die die Weltliteratur bevölkern, zur Abschreckung taugen oder ob sie es dem schaudernden Publikum nicht vielmehr erlauben, versteckte Wollüste und Abgründe wenigstens lesend auszuleben.

Wie verschwimmend die Grenzen zwischen Moralität, Verwerflichkeit, Sittsamkeit und Frömmelei sind, hat kaum einer so genau durchschaut und so boshaft zu Papier gebracht wie der Maler und Dichter Wilhelm Busch (1832–1908), dessen Bildergeschichten lange Zeit zum selbstverständlichen Lesekanon auch bildungsferner Haushalte gehörten. Buschs Figuren wurden Volksgut, allen voran die bösen Buben Max und Moritz, die gedemütigte Witwe Bolte, deren Ratschläge zum Kohlverzehr bis heute gültig sind (»... wofür sie besonders schwärmt, wenn er wieder aufgewärmt«), der Unglücksrabe Hans Huckebein, der nicht recht reüssierende Dichter Balduin Bählamm ... und nicht zuletzt die fromme Helene, deren Leben von Anfang an in Schieflage gerät.

Wilhelm Buschs Popularität ist nicht leicht zu erklären, denn seine so gewitzt einherkommenden Verse und seine Physiognomien präzise erfassenden Zeichnungen sind nicht von possierlicher Anmut. Derb und brutal geht es in diesen Geschichten zu, und das Ende der moralisch nicht immer gefestigten Figuren ist oft von einer Grausamkeit, die weit über das hinausgeht, was die Gesetzbücher an Sanktionen vorsahen – man denke zum Beispiel an den Tod der »Bösewichter« Max und Moritz, die, fein geschrotet, eine willkommene Zwischenmahlzeit für das anfänglich so lustvoll verzehrte Federvieh abgeben und den Kreislauf des Irdischen prägnant illustrieren. Ohne Beschönigung zeichnet Busch die Neigung der Menschen, Grausamkeiten zu begehen, Tiere zu quälen oder sich allerlei Suchtmitteln zuzuwenden. Ob das aus seiner eigenen Lebensgeschichte herrührt – einer Geschichte, die ihn lapidar bittere Verse schreiben ließ wie »Wer einsam ist, der hat es gut, weil keiner da, der ihm was tut« –, sei dahingestellt. In jedem Fall sind die für Schadenfrohe so reichhaltigen Busch-Bilderfolgen ein Musterbeispiel dafür, dass es kein leichtes Ding ist, auf die Belehrung durch Literatur zu vertrauen.

Helenes Schicksal steht unter keinem glücklichen Stern. Bis zu ihrem tristen Ende verkehren sich alle Maßnahmen, die Gutes verheißen, in ihr Gegenteil. Um den »Lasterfreuden« der Großstadt – ein im 19. Jahrhundert sich rasch verbreitender Topos – zu entkommen, beschließt man, das Kind aufs moralisch einwandfreie Land zu verschicken, dorthin, »wo sanfte Schafe und die frommen Lämmer sind«, zu vorbildlichen Menschen, die Helenes Weg mit guten Ratschlägen pflastern: »Da ist Onkel, da ist Tante, / Da ist

Tugend und Verstand, / Da sind deine Anverwandte! / So kam Lenchen auf das Land.«

Die guten Absichten fruchten nicht, und als Helene Nachthemden zunäht, Frösche in Tabaksdosen setzt und des Onkels Zeh mit einem Angelhaken durchbohrt, ist es mit dem erbaulichen Landaufenthalt vorbei. Ein kurzes eheliches Glück mit Herrn Schmöck folgt, dessen Genusssucht einerseits schöne Champagnerverse hervorbringt (»Wie lieb und luftig perlt die Blase / Der Witwe Klicko in dem Glase«) und andererseits zum frühzeitigen Tod durch Ersticken an Fischgräten führt. Und als Helene hofft, ihr Schicksal gemeinsam mit dem – sieht man von seinem nicht zu bremsenden Hang zum Küchenpersonal ab – sehr fromm gewordenen Vetter Franz zu tragen, wird dieser während eines Eifersuchtshändels von einer Magnumflasche erschlagen: »Und – Kracks! – Es dringt der scharfe Schlag / Bis tief in das Gedankenfach.«

Vergeblich bemüht sich Helene darum, ihrem Leben eine Kehrtwende zu geben und sich als »schlanke Büßerin« von allen irdischen Verführungen abzuwenden. Ein Feind jedoch ist stärker als sie, der Alkohol: »Es ist ein Brauch von alters her: / Wer Sorgen hat, hat auch Likör!« Im sechzehnten Kapitel zeigt Wilhelm Busch in großartigen Bildern, wie die verzweifelt im Gebetbuch Halt suchende Helene der Anziehungskraft der Flasche erliegt. Gierig leert sie diese, stößt die Petroleumlampe um und findet ein jähes, unschönes Ende: »Und hilflos und mit Angstgewimmer / Verkohlt dies fromme Frauenzimmer.«

Was lehrt uns diese gruselige Geschichte, deren Schlussbilder Helene im Kochtopf des Fegefeuers, Seit' an Seit' mit Vetter Franz, schmurgeln lassen? Natürlich dass der Alkohol kein wahrhafter Trostspender ist und den Menschen ins Verderben stürzt. Und dass einer zur Schau getragenen Gottesfürchtigkeit nicht zu trauen ist. Doch letzten Endes ist *Die fromme Helene* kein moralbitterer Traktat, dessen

Autor mit erhobenem Zeigefinger vor uns steht. Von Anfang an ist offensichtlich, dass Helene dem Schlechten zuneigt und sich mit Bosheit und Falschheit bequem durchs Leben schlagen will. Wo immer in dieser Vita des Leidens gewissenhafte Widerparts aufzutauchen scheinen, ist auf diese Säulen der Gesellschaft kein Verlass: Die Pilger, denen sich die anfangs kinderlose Helene anschließt, erweisen sich als rauf- und trinklustige Kumpane, die mit dem Stadtgericht Bekanntschaft machen. Und wenn im Epilog Helenes Onkel vom Lande die Moral von der Geschicht' resümiert – »Das Gute – dieser Satz steht fest – / Ist stets das Böse, was man lässt! / Ei ja! – Da bin ich wirklich froh! / Denn, Gott sei Dank! Ich bin nicht so!!« –, dann verraten die scheinheiligen Gesichtszüge, die Zeichner Busch dem Onkel mitgibt, dass mit dieser spießbürgerlichen Doppelmoral kein Staat zu machen ist.

So bleibt es dabei: Wir haben Mitleid, wenn auch nur ein bisschen, mit der sündigen Helene, werden unseren Umgang mit Drogen jedweder Art künftig genau bedenken und müssen über Gut und Böse ganz allein entscheiden. Ach, und dann sind da noch Helenes Zwillinge, die – da die Vaterschaft nicht ganz eindeutig ist – vom Klapperstorch gebracht werden und nach Dahinscheiden des Gatten Schmöck so schnell aus der Geschichte verschwinden, wie sie in diese gelangten. Auch das ein Erzählstrang, den Wilhelm Busch moralisch in der Schwebe lässt.

❦ Die Erstausgabe von WILHELM BUSCHS *Die fromme Helene* erschien 1872 im Bassermann Verlag.

Das Leben bestehen,
im Kleinen wie im Großen

**Wer die Wirklichkeit nicht gegen
Träume ausspielen will, lese:**

ALAIN-FOURNIER, *Der große Meaulnes*

Wer jung ist, sagt man, darf sich den Träumen hingeben
und sich Utopien von einem schönen, besseren Leben aus-
malen. Je älter die Träumer würden, sagt man, desto einsichtiger werde ihnen, dass man im »richtigen« Leben nur
mit Wachheit bestehen könne, nur mit dem Vermögen,
zwischen bunten Träumen und der »harten« Realität zu
unterscheiden. »Träume sind Schäume«, diese Redens-
art versinnbildlicht das Realitätsprinzip und fordert die
Spintisierer auf, eine Hierarchie von Erfahrungen anzuerkennen.

Die Literatur hat damit nichts am Hut. Ihr Privileg ist es,
den Einfluss von Träumen und Visionen, von Zauber und
Magie zu beschreiben – und nicht, der Realität ein süßes
Korrektiv an die Hand zu geben, das vor allzu krudem
Wirklichkeitsbezug schützt. Nein, die Literatur entsteht
selbst in Wachträumen, und viele Schriftsteller, die ihre
Aufgabe nicht vorrangig darin sehen, die Außenwelt realistisch im 1:1-Maßstab abzubilden, haben geschildert, wie
ihr Schreiben sich dem rationalen Verstand entzog und fiktive Figuren Aktivität entfalteten, den Autoren gleichsam
den Fortgang der Geschichte diktierend.

Die Träume kommen auf unterschiedlichsten Wegen in
die Bücher. Mal als surrealistisches oder magisches Konstrukt, mal als Traumerzählung und mal als merkwür-

dige Verknüpfung von realistischen Details, die in ihrer Summe plötzlich nichts mehr mit ihrem fasslichen Ausgangspunkt zu tun haben. Am kunstvollsten wirken solche Erzählstreiche, wenn die Leser am Ende unwillkürlich spüren, wie Realität und Traum ineinander übergehen, wie es unmöglich ist, die Ebenen auseinanderzuhalten – so verwirrend dies für realitätsgesättigte Zeitgenossen auch sein mag.

Der im Ersten Weltkrieg gefallene Franzose Henri-Alban Fournier (1886–1914), der sich als Autor Alain-Fournier nannte, hat mit *Der große Meaulnes* ein solch wirkmächtiges Buch geschrieben, das bis heute als Schlüsseltext des frühen 20. Jahrhunderts gilt. Der Text setzt so ein, als wolle auch er das seinerzeit so beliebte Schul- und Internatsmilieu ein weiteres Mal veranschaulichen. Ein Neuankömmling, der 17-jährige Augustin Meaulnes, tritt in den Cours supérieur eines Provinzinternats ein. Seinen Mitschülern an Alter und Reife überlegen, erlangt er bald eine herausgehobene Stellung, vor allem als er – wie die erinnernde Perspektive des Freundes und Erzählers François Seurel festhält – durch einen Zufall in ein rätselhaftes Abenteuer verstrickt wird. Eine Kutschfahrt bringt den »großen Meaulnes« zu einem Schloss, das irgendwo zwischen Traum- und realer Landschaft lokalisiert ist. Eine Hochzeit soll hier stattfinden zwischen dem Hausherrn Frantz de Galais und seiner Braut Valentine, die dem Fest fernbleibt. Augustin macht dort die Bekanntschaft von Frantz' Schwester Yvonne und verfällt ihrem Reiz.

Als Augustin in das Internat zurückkehrt, kommt er von diesen irisierenden Eindrücken nicht mehr los, doch über seine Erinnerung senkt sich ein Nebel, der Augustin den Weg zurück ins Schloss verwehrt. Im Bild des Festes und seiner Geliebten Yvonne kulminiert für ihn das Glück; das »Land ohne Namen« (so einer der ursprünglich ins Auge gefassten Romantitel) bleibt jedoch unerreichbar, sosehr sich Meaulnes und Seurel bemühen, ins Traumreich zu gelangen.

Als es Meaulnes gelingt, Yvonne wiederzufinden, heiraten die beiden – ein Glück von extrem kurzer Dauer: Noch in der Hochzeitsnacht muss Meaulnes sein Versprechen halten und macht sich mit Frantz auf die Suche nach dessen entschwundener Braut Valentine. Yvonne ist schwanger von Augustin, bekommt eine Tochter und stirbt bald darauf, ohne ihren Mann je wiederzusehen. Der Schluss führt Augustin zu seinem Schulfreund Seurel zurück, der sich zwischenzeitlich um die Waise gekümmert hat. Mit dem Aufbruch der letzten Szene wird offenbar, dass die Reise des großen Meaulnes noch nicht zu Ende ist: »Ein wenig enttäuscht und doch bezaubert begriff ich, dass das kleine Mädchen hier endlich den Gefährten gefunden hatte, auf den es insgeheim wartete ... Der große Meaulnes, ich fühlte es genau, war zurückgekommen, mir die einzige Freude, die er mir gelassen hatte, zu nehmen. Und schon sah ich ihn, in der Nacht, seine Tochter in einen Mantel hüllen und mit ihr davonziehen zu neuen Abenteuern.«

Der große Meaulnes nährt sich aus romantischen Elementen, die mit dezenter symbolistischer Bildlichkeit unterfüttert sind. Die Szenerie eines Internats ist gut geeignet, um jugendliche Sehnsüchte und Visionen von großer Liebe und großem Abenteuer einzufangen. Es verwundert folglich nicht, dass dieser Roman gerade dadurch eine nachhaltige Wirkung hatte und hat; der Held in Paul Ingendaays 2006 erschienenem Roman *Warum du mich verlassen hast*, der in einem niederrheinischen Klosterinternat spielt, ist ein begeisterter Leser Alain-Fourniers. Das magische Ineinandergreifen der Wirklichkeits- und Traumebenen trifft das Gefühlsleben von Heranwachsenden, und in diesen psychologisch-surrealen Momenten nimmt *Der große Meaulnes* etliche Romane vorweg, die in den nachfolgenden Jahrzehnten erschienen. Und das Älterwerden der Protagonisten führt nicht dazu, dass das »Land ohne Namen« verraten wird. Die Träume der Jugend werden nicht verspottet.

Romane, die mit surrealen Elementen spielen, neigen oft dazu, zu formalen Abstraktionen zu werden, die die Leser emotional nicht mehr berühren. Auch dem entgeht dieses Buch: Seine Suche nach dem fernen Schloss, der fernen Frau ist in Bilder gepackt, die nichts Steriles an sich haben – etwa in jener Szene, als François gezwungen ist, den Leichnam der toten Yvonne durch das Treppenhaus zu tragen: »... mit Hilfe des Arztes und einer Frau, den einen Arm unter dem Rücken der ausgestreckt daliegenden Toten, den anderen unter ihren Beinen, hebe ich sie an meine Brust. Auf meinem linken Arm sitzend, die Schultern gegen meinen rechten Arm gestützt, ihren zurückfallenden Kopf unter mein Kinn gepresst, lastet sie furchtbar auf meinem Herzen. Langsam, Stufe für Stufe, steige ich die hohe steile Treppe hinab, während unten alles bereitsteht. Bald schmerzen meine Arme vor Erschöpfung. Mit dem Gewicht auf der Brust, bin ich bei jeder Stufe ein wenig mehr außer Atem. Den leblosen, starren Körper umklammernd, beuge ich den Kopf über den Kopf von der, die ich forttrage, ich atme schwer, und ihre blonden Haare geraten mir dabei in den Mund – tote Haare, mit einem erdigen Geschmack. Dieser Geschmack von Erde und Tod, dieses Gewicht auf meinem Herzen, das ist alles, was mir von dem großen Abenteuer bleibt und von dir, Yvonne de Galais, junge Frau, so sehr gesucht – so sehr geliebt ...« – was für ein Bild!

🐾 ALAIN-FOURNIERS *Der große Meaulnes* erschien 1913 im französischen Original (unter dem Titel: *Le Grand Meaulnes*). 1930 folgte die erste deutsche Übersetzung von Arthur Seiffhart, die wohl aufgrund der für Nicht-Frankophile nicht eben eingängigen Aussprache des Titelhelden *Der große Kamerad* hieß. Weit verbreitet war lange Zeit auch Walter Widmers Übertragung von 1944, ehe Cornelia Hasting und Otfried Schulze das Werk 1990 für den Manholt Verlag, Bremen, und Christiane Landgrebe 2014 für den Thiele Verlag, München, neu übersetzten.

Wer von der Allmacht der Bücher noch nicht ganz überzeugt ist, lese:

HELENE HANFF, *84, Charing Cross Road*

Bücherbesessene lesen gerne Bücher, die von Bücherbesessenen handeln. Die in angenehmen Worten vom Glück des Lesens und den Wohltaten der Entführung in die Fiktion berichten. Umgeben von irrsinnig erfolgreichen Macht- und Tatmenschen, erfreuen sich die Lesefreaks (wie Bürgermeister sagen, die eine Ansprache an jugendliche Leser halten müssen), wenn aus ihrer eigentümlichen Welt erzählt wird und sie in ihrer Überzeugung gestärkt werden, dass ohne Bücher kein würdiges Leben möglich sei. Ich glaube das auch, und allein deshalb schätze ich – wie viele Leserinnen und Leser – die New Yorkerin Helene Hanff (1917–1997) so sehr.

Ein Werk im engeren Sinne hat diese außergewöhnliche Dame nicht vorgelegt. In Philadelphia geboren, kam sie bald nach Manhattan und schlug sich, in bescheidenen Verhältnissen lebend, als Autorin von Stücken, Kinderbüchern und Features durch. Zu Ruhm gelangte sie auf Umwegen, und in Deutschland gar erst nach ihrem Tod. 1949 war die Bücherliebhaberin Helene Hanff auf der Suche nach seltenen Ausgaben, die in ganz New York City nicht aufzutreiben waren. Eine Zeitungsannonce des Londoner Antiquariats Marks & Co. verhieß Rettung. Sie schrieb an die in der Charing Cross Road 84 gelegene Buchhandlung und gab eine ganz normale Bestellung auf …

Auf diese Weise setzte ein Briefwechsel ein, der sich über zwanzig Jahre erstreckte und der nach und nach seinen Charakter veränderte. Was als nüchterne Geschäftskorrespondenz begann, entwickelte sich zum Wechselspiel der Gedanken und Empfindungen zwischen Menschen, die sich nie begegnet waren und die dennoch zu Freunden wurden. Natürlich tauschten sich Helene Hanff und ihr Gegenüber, der findige Antiquar Frank Doel, zuerst über Bücher aus: über das Gefühl, seltene Editionen anfassen, die Seiten als Erster aufschneiden oder eine brillante Goldprägung bewundern zu dürfen.

Die Büchernärrin Hanff weiß mit den Schätzen umzugehen, die ihr Frank Doel und seine Mitarbeiterinnen ans Herz legen. Sie ist eine kritische Leserin, weist mit Empörung hässliche Ausgaben oder missratene Übersetzungen zurück und kann schon im nächsten Augenblick ihre Begeisterung über ein exquisites Fundstück aus den unerschöpflichen Beständen der Charing Cross Road kaum zähmen. Und sie legt Ungeduld an den Tag, sobald im alten England zu langsam gearbeitet wird: »Frank Doel, was *tun* Sie eigentlich da drüben?? Sie tun gar *nichts*, Sie sitzen nur *herum*! Wo bleibt Leigh Hunt? Und wo die Oxford Gedicht-Anthologie? Wo bleibt die Vulgata und wo der liebe vertrottelte John Henry? All das wäre eine so aufbauende Lektüre für die Fastenzeit gewesen ... und Sie schicken mir absolut nichts! Sie lassen mich hier sitzen und lange Randbemerkungen in Bibliotheksbücher schreiben, die mir nicht gehören. Eines Tages wird das herauskommen, und sie werden mir den Bibliotheksausweis wegnehmen. (...) Also, sitzen Sie nicht nur herum! Spüren Sie es auf! Es ist mir wirklich ein Rätsel, wie dieser Laden existieren kann.«

Um Bücher geht es, wie gesagt, um ihre Anziehungskraft, ihre Inhalte und ihre Gestaltung. Je vertrauter der Briefton wird, desto stärker die Anteilnahme am Leben des anderen. Die Amerikanerin Helene Hanff ist empört, als sie von den Lebensmittelrationierungen im England der Nachkriegszeit erfährt, und sinnt, obwohl ihr Geldbeutel wenig Spielraum lässt, sofort auf Abhilfe: Über eine dänische Firma lässt sie Pakete mit Eiern, Schinken und Konserven nach London fliegen und stabilisiert die intellektuelle Lust an Büchern höchst pragmatisch mit kulinarischen Köstlichkeiten, die im Antiquar Begeisterung und Dankbarkeit hervorrufen.

An Themen mangelt es Helene Hanff und Frank Doel nicht. Mal gilt die Aufmerksamkeit einer teuren Zahnbehandlung, mal den Präsidentschaftswahlen, mal der Thronbesteigung Elisabeths II. oder den sportlichen Aussichten der Brooklyn Dodgers und der Tottenham Hotspurs, der Zubereitung eines klassischen Yorkshire-Puddings oder dem ersten Auto, das sich Familie Doel zulegt. Immer wieder steigt aus diesen Briefen ein Lebensmut empor, der die Widrigkeiten des Alltags wahrnimmt und sie dennoch nie obsiegen lässt. Nach und nach erwächst in der England-Begeisterten Helene Hanff der Wunsch, ihr Sehnsuchtsland und vor allem die nahen und doch fernen Freunde in der Charing Cross Road persönlich kennenzulernen. Jahr für Jahr werden Reisepläne geschmiedet, und in gleicher Regelmäßigkeit tun sich Hindernisse auf, die die Verwirklichung des Traums vereiteln. Vielleicht schreckte Helene Hanff insgeheim davor zurück, ihren Freunden real zu begegnen, aus der Angst heraus, dass die Realität mit der herrlichen Leichtigkeit der Korrespondenz nicht mithalten könnte.

1969 endet dieser einzigartige Briefwechsel abrupt. Frank Doel stirbt nach kurzem Krankenhausaufenthalt, ohne seine ferne Freundin in New York je gesehen zu haben. Diese ist konsterniert und entschließt sich, die Briefe zu ordnen und einer Zeitschrift zum Druck anzubieten. Eine Schicksalsfügung bringt es mit sich, dass sich ein Buchverlag für das schmale Konvolut interessiert, und so erscheint 1970 in New York die erste Ausgabe von *84, Charing Cross Road*. Ein Jahr später folgt das englische Pendant; Helene Hanff reist, um das Buch zu präsentieren, erstmals nach London (wo ihre geliebte Buchhandlung inzwischen nicht mehr existiert) und lernt, endlich, Franks Familie kennen. Ihre England-Reise hat Helene Hanff in einem nicht minder reizvollen Buch, den Aufzeichnungen *Die Herzogin der Bloomsbury Street*, festgehalten.

In dem Jahr, als Helene Hanff 1997 in New York starb, stand sie dem Erfolg ihres Büchleins – darunter eine Verfilmung mit Anne Bancroft und Anthony Hopkins in den Hauptrollen – mit aufrichtigem Staunen gegenüber: »Wer hätte sich einen Film über Geschäftsbriefe vorstellen können!« Es ist ein Zauber, der von diesen Briefen ausgeht, und er hat damit zu tun, dass sich Helene Hanff immer für die Lebensweise und die Lebensumstände von Menschen interessiert hat. Biografien und Memoiren weckten ihre Neugier, wohingegen sie Romanen (wenn sie nicht von Jane Austen stammten) mit Argwohn gegenüberstand: »Ich kann mich nicht für Dinge interessieren, die Leuten, die nie gelebt haben, nicht zugestoßen sind.« Womöglich ist es diese Neugier auf das Reale, die Helene Hanffs Briefen einen so warmen und liebenswürdigen Ton verleiht; sie kommt Menschen nahe und findet dafür eine eigene – mal gewitzte, mal leidenschaftliche – Sprache, die einen unmittelbaren Zugang zum Geschilderten eröffnet. Oder, mit den Worten von Anne Bancroft, die Helene Hanff auf der Leinwand verkörperte: »Aber sobald wir Helene kennengelernt haben, sehen wir, dass all die Bücher, die da angefordert, aufgespürt, verschickt und empfangen werden, glücklicherweise weit mehr vermitteln: Gespräch, Freundschaft, Zuneigung, Großzügigkeit, Witz – mit anderen Worten: die besten Dinge, die das Leben uns schenken kann.«

❦. HELENE HANFFS *84, Charing Cross Road* erschien 1970 im amerikanischen Original. Es dauerte lange, bis zum Jahr 2002, ehe die von mir übersetzte deutsche Ausgabe bei Hoffmann und Campe erschien.

Wer dazu neigt, die gleichen Fehler wieder und wieder zu begehen, lese:

PATRICK HAMILTON, *Hangover Square*

Aus Fehlern zu lernen, heißt es, sei eine der wichtigsten Fähigkeiten des Menschen. Nur zu gerne möchten wir glauben, dass sich mit zunehmender Lebenserfahrung eine Art weiser Erkenntnis einstellt, die uns befähigt, nicht permanent in die gleichen Torheiten zu verfallen. Das sagt sich leicht und ist schwer umzusetzen, vor allem wenn es um Entscheidungen geht, die sich nicht allein von der Vernunft steuern lassen. Vielleicht ist es ja so – erfahrene Ehepartner wissen das –, dass die Fähigkeit des Menschen, sein Verhalten zu ändern, begrenzt ist und er (oder sie) allzu gerne in vertraute Muster verfällt, obschon einen die Vergangenheit eigentlich eines Besseren belehren müsste.

Was des einen Fluch, ist des anderen Segen. Die Literatur profitiert von diesen Schwächen und kennt viele (Anti-)Helden, die sich beständig ganz vergeblich bemühen, sich aus dem Sumpf zu ziehen und unerfreuliche Lebensetappen geläutert hinter sich zu lassen. Das Scheitern, das Untergehen, das Verrecken – das sind oft Sternstunden der Literatur, weil sich in ihnen der Kampf des Individuums mit übermächtigen Gegnern (und sei es mit dem eigenen schwachen Ich) in satten Farben darstellen lässt. Der Engländer Patrick Hamilton (1904–1962) hat mit *Hangover Square* eine solche Elendsgeschichte verfasst, die von Anfang an keinen Zweifel daran lässt, dass ihre Hauptfiguren nur selten in der Lage sind, zu neuen Ufern aufzubrechen. Der Roman spielt Ende der dreißiger Jahre im Londoner Stadtteil Earl's Court und endet mit dem Ausbruch des Zweiten Weltkrieges. Earl's Court war damals kein Platz für Licht- und Leuchtgestalten; hier versammeln sich die Underdogs der Gesellschaft, deren Lebensinhalt ums Immergleiche, um Whisky, Bier und Gin kreist.

Hamilton stellt geschickt einen Charakter, George Harvey Bone, in den Mittelpunkt, dessen Schwäche mit Händen zu greifen ist und der dennoch das Mitleid der Leser unweigerlich auf sich zieht. George ist mit einem besonderen Leiden geschlagen, das gleich in der Auftaktszene vorgeführt wird: »Klick! ... Da war es wieder! Er ging auf dem Kliff von Hunstanton spazieren, und es war wieder passiert ... Klick! ... Oder beschrieb man es besser als Riss oder Knacks? Es war ein Geräusch im Kopf – und doch kein Geräusch. Es war ein Laut, den ein Geräusch hinterlässt, wenn es abrupt aufhört: von dem man kurzzeitig taub wird. So als hätte er sich zu heftig geschnäuzt, und die Außenwelt wäre auf einmal dumpf und tot. Dabei war er nicht körperlich taub; doch nur so konnte er begreifen, was in seinem Kopf passierte.«

Seit längerem peinigen George derartige Aussetzer, solche »bekloppten« Momente, ihn, einen Mann von Mitte dreißig, der in einem schäbigen Hotelzimmer wohnt, mit ganzem Herzblut an einer Katze hängt und den Lockrufen des Alkohols nicht widerstehen kann. Hamilton erzählt dies früh gescheiterte Leben in kraftvollen Dialogen und in einem sozialkritisch-realistischen Ton, dem nichts Larmoyantes anhaftet. Es ist ein ewiger Kreislauf, der sich hier in Londons Elendsecke abspielt, ein Kreislauf von Erniedrigungen, Illusionen und Hoffnungslosigkeit.

Als Georges Verhängnis erweist sich seine verblendete Liebe zu der Möchtegernschauspielerin Netta Longdon, die sich gemeinsam mit ihrem auf kriminellem Sektor einschlägig ausgewiesenen Freund Peter einen Spaß daraus macht, den Liebestrunkenen zum Narren zu halten. Wo George all seine bunt-kitschigen Erwartungen auf die verschlagene Netta setzt, denkt diese gar nicht daran, ihren tumben Verehrer zu erhören, und versucht aus allem Profit zu schlagen. Auf diese Weise entsteht, wenn man will, ein negativer Spannungsbogen: Man ahnt früh, dass sich George hoffnungslos in dieser Schwärmerei verlieren und sein Elend von Tag zu Tag wachsen wird. Unaufhaltsam, wie an der Schnur gezogen, läuft dieses Leben auf ein Desaster zu, und wäre es nicht so sinnlos, möchte man dem auf sein Unglück Zusteuernden zurufen: »Hör auf damit! Lass die Frau sausen, sie ist dein Untergang!«

Vermutlich wären auch diese Appelle umsonst gewesen, wenn sich für einen Gedemütigten vermeintlich die Chance auftut, ins Helle, in die schöne Welt der Reichen und Verliebten zu gelangen, nützt alle Gegenrede nichts. Mit entsetzlicher Konsequenz schmiedet George sein eigenes Unglück und bleibt unbelehrbar: Am verhängnisvollsten zeigt sich das, als er sich ausmalt, gemeinsam mit Netta ein »romantisches« Wochenende zu verbringen – vor passender Kulisse, versteht sich, im eleganten Seebad Brighton: »Einige Tage lang hatte er Netta – Netta Longdon, die stolze, begehrte Schönheit – für sich allein. Allein und fern von ihnen allen. Er hatte sie für sich und konnte mit ihr reden, ihr zuhören, sie betrachten, mit ihr spazieren gehen, sich mit ihr sehen lassen, am glitzernden Meer ruhig oder gar ausgelassen mit ihr zusammen sein. Vielleicht könnte er sie sogar berühren, sie im Dunkeln zum Rauschen des Meeres küssen – sie wie ein Mann besitzen; alles war möglich.«

Nein, natürlich ist nichts möglich. Zweimal macht sich George mit Netta ins Seebad auf, und zweimal erfüllt sich nichts von dem, was er sich an trauter Zweisamkeit vorgestellt hat. Eine Enttäuschung ist nicht genug, eine kostspielige Brighton-Reise reicht nicht aus, um George zu zeigen, welcher Falschheit er aufsitzt. Schlau wird er in diesem Leben, in diesem Roman nicht werden, und was in Brighton misslingt, kündigt ein Ende an, das kaum schlimmer sein könnte.

Und was machen die Leser mit dem, was Patrick Hamilton ihnen da zumutet? Sind sie nach der Lektüre vor Irrtümern und Irrwegen dieser Art gefeit? Werden sie in Liebesdingen den Verstand einsetzen und sich das Leben nicht schönreden? Gut wäre es, doch der Nutzeffekt der Literatur ist leider selten klar zu taxieren. Vielleicht hilft es ja ein bisschen, mit George mitgelitten zu haben, knapp vierhundert Seiten lang.

❧ PATRICK HAMILTONS *Hangover Square* erschien – auch im englischen Original mit diesem Titel – 1941. Die deutsche Übersetzung (mit dem Untertitel »Eine Geschichte aus dem finstersten Earl's Court«) von Miriam Mandelkow folgte erst 64 Jahre später, im Zürcher Dörlemann Verlag.

Wer es nicht für möglich hält, was ein altes Gemälde auszulösen vermag, lese:
DONNA TARTT, *Der Distelfink*

Was ist Zufall, was Schicksal? Warum befinden wir uns zu einem bestimmten Zeitpunkt an einer bestimmten Straßenecke, in einem bestimmten Café oder Museum? Und was lösen die Ereignisse aus, die solche Zufälle in Gang bringen? Die Literatur, sofern sie realistisch einherkommt, lebt von solchen Handlungsketten, und die Meisterschaft von Autoren besteht darin, uns vorzumachen, dass Geschehnisse nur so und nicht anders ablaufen konnten, wir in einen Sog des Erzählten geraten und uns am Ende wundern, was mit uns da beim Lesen geschehen ist.

Donna Tartt (* 1963) versteht sich perfekt darauf, mit wenigen Andeutungen einen Spannungsbogen aufzubauen und Geschichten so miteinander zu verweben, dass kein Faden verlorengeht und kein Leser gelangweilt oder verwirrt auf der Strecke bleibt. Da sie sich Zeit lässt – rund zehn Jahre –, bis sie einen Roman abschließt, und sich wenig um die Usancen des nach neuen Publikationen lechzenden Literaturmarktes schert, verschwindet sie immer wieder aus dessen Gesichtsfeld. Nach *Die geheime Geschichte* (1992) und *Der kleine Freund* (2002) hat sie 2014 ihren dritten Roman *Der Distelfink* vorgelegt, eine, so Stephen King, »Rarität«, wie sie einem nur alle paar Jahre begegne.

Ein Amerikaner, Mitte zwanzig, verschanzt sich in einem

Amsterdamer Hotelzimmer. Auf den Straßen erledigen die Menschen ihre letzten Weihnachtsbesorgungen, doch dem jungen Mann, Theo Decker, ist nicht festlich zumute. Er wurde in eine Schießerei mit tödlichem Ausgang verwickelt und weiß nicht, wie er sich – ohne Reisepass – aus dem Staub machen kann. Wie aber ist er in diese ausweglos scheinende Situation gelangt? Welchen Lebensweg hat er zurückgelegt?

Um Theo Deckers Geschichte zu erzählen und um wieder in jenem Amsterdamer Hotel zu landen, benötigt Donna Tartt gut 1000 Seiten. Vierzehn Jahre zuvor begann das Verhängnis, an einem Apriltag in New York City. Damals befanden sich Theo und seine aus Kansas stammende Mutter Audrey auf dem Weg zu einer Schulkonferenz, die Aufschluss über Theos Suspendierung geben sollte. Beide sind früh dran, nutzen die Zeit, um im Metropolitan Museum eine Gemäldeausstellung des Goldenen Zeitalters zu besuchen. Audrey, eine Kunstenthusiastin, stürzt sich auf die großen Werke des 17. Jahrhunderts und eilt von Raum zu Raum. Kurzzeitig ist sie von ihrem dreizehnjährigen Sohn getrennt, als eine Bombe explodiert und das ehrwürdige Museum in einen Ort der Verwüstung verwandelt. Decken stürzen ein, der Boden tut sich auf, Flammen steigen hoch – Theo überlebt das terroristische Attentat trotz alledem und hat inmitten der Zerstörung eine Begegnung, die sein Leben von Grund auf verändern wird: Er sieht ein junges, rothaariges Mädchen, Pippa, das die Liebe seines Lebens werden wird, und einen alten Mann, der diesen Tag nicht überleben wird und Theo mit letzter Kraft einen wertvollen Ring in die Hand drückt. Und ohne dass sich Theo über sein Tun klar wird, nimmt er ein von den Wänden gefallenes Bild an sich, das einen kleinen gelben Vogel in Gefangenschaft zeigt. Es handelt sich um Carel Fabritius' kleines Meisterwerk *Der Distelfink*, 1654 gemalt. Im gleichen Jahr, in dem der niederländische Künstler, ein Rembrandt-

Schüler, ums Leben kam, nachdem eine Pulvermühle in der Nähe seines Ateliers in die Luft gegangen war.

Mit zwei Explosionen setzt Donna Tartts Roman somit ein. Vierzehn Jahre lang wird Theo dieses unschätzbar wertvolle Bild mit sich führen, es in Bettlaken und Schließfächern vor aller Welt (und auch vor der Kunstszene, die anfangs vermutet, dass Fabritius' Vogelgemälde der New Yorker Detonation zum Opfer fiel) verstecken. Theo gelingt es, durch einen Hinterausgang des Museums ins Freie zu flüchten. Er schleppt sich und sein kostbares Gut nach Hause, wartet dort auf die Rückkehr seiner Mutter. Es gehört zu den vielen herausragenden literarischen Fertigkeiten Donna Tartts, die Erzählzeit je nach Bedarf zu raffen oder endlos auszudehnen. Wie Theo scheinbar gelassen auf die Mailbox seiner Mutter spricht, wie er ihr etwas zu essen im Kühlschrank zurücklässt oder eine seit ewigen Zeiten defekte Schublade repariert, wie er – immer verzweifelter – auf ein Überlebenszeichen seiner Mutter wartet, das ist ein erzählerisches Kunststück par excellence. Und natürlich geschieht, was der Leser bei jeder von Theos zittrigen Handbewegungen vermutet hat: Audrey lebt nicht mehr, sie wurde von einem Balken erschlagen.

Von diesem Moment an beginnt Theos Odyssee durch die »Jauchegrube« des Lebens. Sozialarbeiter nehmen ihn unter seine Fittiche, ehe er bei der Familie eines Schulfreunds, den Barbours, in der noblen Park Avenue unterschlüpft. Nach und nach kommt er zur Ruhe, ohne seine Mutter je vergessen zu können. Als es ihm glückt, den Ring seinem rechtmäßigen Besitzer James Hobart, Hobie genannt, zurückzugeben, und er in dessen herrlich altmodischem Antiquitätenladen in Downtown Manhattan Pippa wiederfindet, scheint er allmählich auf die Füße zu kommen.

Lange freilich währt dieses fragile Glück nicht. Denn wie aus dem Nichts taucht Theos Vater, ein halbseidener

Hasardeur, auf und nimmt seinen Sohn mit nach Las Vegas, begleitet von seiner nicht minder eigenwilligen Lebensgefährtin Xandra. Mit im Gepäck hat Theo natürlich den »Distelfinken«, für dessen Rückgabe er den richtigen Zeitpunkt längst verpasst hat. Wie er im verruchten Las Vegas einen jungen, mit allen Drogen und einigen Sexualpraktiken vertrauten Ukrainer namens Boris kennenlernt, wie sein volltrunkener Vater, der sich heillos verschuldet, mit dem Auto tödlich verunglückt, wie er nach New York zu den Barbours und zu Hobie zurückkehrt, sich dank seiner »Gabe der mysteriösen Verschleierung« mit illegalen Mitteln im Kunst- und Möbelhandel behauptet, wie er in Gangstermachenschaften gerät, wie er Pippa an einen anderen und auch sein Gemälde schließlich verliert – das alles kann und darf hier nicht nacherzählt werden. Es ist durch und durch staunens- und bewundernswert, wie mühelos Donna Tartt alle Details miteinander verschränkt und wie sie die unterschiedlichsten Milieus einfängt. Sie hat, wie die niederländischen und flämischen Meister, die in *Der Distelfink* eine so zentrale Rolle einnehmen, die Fähigkeit, Kleinigkeiten mit Bedeutung aufzuladen, sie auszukosten, unvergessliche Charaktere zu skizzieren (wozu selbst Hunde zählen) und ohne falsches Pathos existenzielle Themen – Liebe, Freundschaft, Tod – erzählerisch zu beglaubigen.

Donna Tartt ist keine Avantgardistin. Sie tritt nicht an, um die Formen des Romans radikal zu erneuern. Der Realismus des 19. Jahrhunderts ist ihr Leitbild, die russischen Autoren und allen voran Charles Dickens. Auf ihn wird in *Der Distelfink* mehrfach angespielt, und der Name Pippa erweist sich – durch seine Kontraktion der Namen Pip und Estella – als Hommage an die *Großen Erwartungen* des englischen Altmeisters. Dennoch ist Donna Tartt nichts weniger als eine Epigonin. Wie etliche ihrer Kollegen der amerikanischen Literatur glaubt sie daran, dass es auch im

21. Jahrhundert reichlich Bedarf an fulminanten Erzähl-stoffen gibt, die, richtig aufbereitet, über die *condition humaine* mehr verraten als jede andere menschliche Äußerung.

War es Zufall, Schicksal, war es ein göttlicher Eingriff, der Theo und seine Mutter eine Ausstellung besuchen ließ? Was ist es, was unser Leben ausmacht, was gibt uns die Kraft zu überleben, und was vermag die Kunst, um diese Fügungen in Stillleben oder in umfangreichen Romanen festzuhalten? Es ist eine sehr lange Geschichte, die Theo am Ende seinem Ziehvater Hobie zu erzählen hat. Und als er den weihnachtlichen Showdown hinter sich weiß, setzen er und seine Autorin zu klugen Reflexionen über die Lehren der Kunst an. Mit Bedacht wird die berühmte Stelle aus Prousts *Auf der Suche nach der verlorenen Zeit* zitiert, als Charles Swann sich in Odette verliebt, weil sie einer Figur aus einem Botticelli-Fresko gleicht. Wie es Proust gelang, »dieses Bild neu zu träumen und die Wirklichkeit neu zu formen«, so entwickelt sich Fabritius' einsamer, zahmer Vogel zu einem unaufdringlichen Symbol. Würdevoll und verwundbar erscheint das angekettete Tier. Und zugleich hält es entschlossen seine Stellung, »weigert sich, vor der Welt zurückzuweichen«. Wie Donna Tartts verletzter und so standhafter Held Theo Decker. Fabritius' *Distelfink* hängt übrigens im Den Haager Mauritshuis.

❦ DONNA TARTTS *Der Distelfink* erschien unter dem Titel *The Goldfinch* 2013 in den USA und ein Jahr später im Goldmann Verlag in der deutschen Übersetzung von Rainer Schmidt und Kristian Lutze.

Wer das Telefon als menschenunwürdiges Kommunikationsmittel ablehnt, lese:

KARL VALENTIN, *Buchbinder Wanninger*

Moderne Formen der Kommunikation rufen zwangsläufig Misstrauen hervor. Was immer sich erfinderische
Geister ausdenken und was immer die Industrie als neue
Beglückung präsentiert, erregt Abwehr und nährt die Überzeugung, dass all dieses neumodische Zeugs die Welt ihrem verdienten Untergang näher bringen werde. Natürlich
ist das fast immer wohlfeiler Kulturpessimismus, und alle
düsteren Prognosen, die Eisenbahn, Telefon, Radio, Fernsehen oder Internet wie auf Knopfdruck auslösten, verflüch-
tigten sich im Lauf der Jahre und rufen im Nachhinein
Amüsement hervor. Dennoch kann nicht schlankweg ab-
gestritten werden, dass moderne Technik auch eine Qual
ist und menschlichen Grundtugenden nicht förderlich.
Wenn sich Literaten, die nicht selten zu kulturskeptischen
Katastrophenahnungen neigen und sich im Gegenzug im
politischen Alltagsgeschäft oft durch Unbedarftheit her-
vortun, mit den Segnungen der Moderne befassen, fallen
ihre Urteile nicht immer differenziert aus. Manchmal freilich gelingen ihnen wunderbare Texte, die über die Jahre
hinweg sogar an Aktualität gewinnen.

Karl Valentin (1882–1948) hat mit dem Stück vom
Buchbinder Wanninger so etwas zustande gebracht. 1940,
als er es schrieb, war das Telefon, der Fernsprecher, zwar
keine zu bestaunende Kuriosität mehr, doch noch kein

Gebrauchsgegenstand, der allen Bevölkerungskreisen selbstverständlich war. Der richtige Umgang mit dem Telefon – auch das gilt für alle Technologien, die nach und nach den Alltag erobern – trennt Klassen und Schichten, zeigt an, dass technisches Know-how Zeit und Geld spart.

Worum geht es im *Buchbinder Wanninger*? Karl Valentin hat die einfache Grundkonstellation seines Dialogs selbst beschrieben: »Der Buchbindermeister Wanninger hat auf Bestellung der Baufirma Meisel & Co. 12 Bücher frisch eingebunden, und bevor er dieselben liefert, frägt er telefonisch an, wohin er die Bücher bringen soll und ob und wann er die Rechnung einkassieren darf. Er geht in seiner Werkstätte ans Telefon und wählt eine Nummer, wobei man das Geräusch der Wählscheibe hört.« Ein simpler Vorgang – und einer, der sich zur sinnlosen Irrfahrt ausweitet, die, ganz im Sinne moderner Literatur, ergebnislos im frustrierenden Fiasko endet.

Portier, Sekretariat, Direktion, Verwaltung, Nebenstelle 33, Ingenieur Plaschek, Architekt Klotz, Direktor Hartmann, Abteilung III, Buchhaltung – das sind die schrecklichen Etappen, die der zunehmend gepeinigte Wanninger in nur sechs Minuten zu absolvieren hat. Wieder und wieder muss er einen neuen Anlauf nehmen, sein Ansinnen vorzutragen. Je länger das Leiden währt, desto verworrener kommen die Sätze Wanningers hervor. Das Sprachchaos lässt den wackeren Handwerksmeister schließlich an seiner eigenen Identität zweifeln (»Ja, hier ist die Bau-, hier ist der – wer ist dort? Hier ist der Buchbinder Wanninger«), zumal sich bei ihm nicht das Gefühl einstellt, seinem Ziel wirklich näher zu kommen.

Seine Gesprächspartner meinen es nicht einmal böse mit der armen Seele Wanninger. Sie tun ihre Pflicht, sind unzuständig oder unwissend, froh darüber, den Fragesteller rasch wieder loszuwerden. Am Ende, als Wanninger bei einer resoluten (auf Tonaufnahmen von Valentins ebenso

resoluter Partnerin Liesl Karlstadt verkörperten) Buchhal-
terin am Ziel angekommen scheint – »So, sind die Bücher
nun endlich fertig« –, tötet die Firmensirene den Hoff-
nungskeim sofort ab: »... ach, rufen Sie doch morgen wieder an, wir haben jetzt Büroschluss.«

Wanningers Reaktion, die das Stück beschließt, fasst
zusammen, was diesen geschundenen Mann zu zerreißen
droht – da die unterwürfige Absicht, es sich mit seinem
Auftraggeber ja nicht zu verscherzen, hier der gerechte
Zorn auf die bürokratische Schlangengrube –: »Wos? Ja-
wohl, ja so, danke – entschuldigen S' vielmals! *Er hängt
ein.* Saubande, dreckade!« Noch bewahrt der Buchbindermeister Contenance und stößt seine Flüche erst hervor, als
der Hörer auf der Gabel liegt. Doch was wird am nächsten
Tag geschehen? Wird er es nochmals auf sich nehmen, die
Firma Meisel & Co. anzurufen? Oder wird er den Auftrag
abschreiben und die zwölf Bücher dem Orkus übergeben?
Oder läuft er Amok, bis dieses Unternehmen in Schutt und
Asche liegt?

Karl Valentins Kunst besteht darin, die sprachliche Not
seines unsicheren Helden in immer neuen Variationen darzustellen. Man möchte diesem beispringen, möchte die
seelenlose Hierarchie der elenden Baufirma pulverisieren
und jene mysteriösen Bücher ihrem rechtmäßigen Adres-
saten zuführen. Ja, was mögen es überhaupt für merkwürdig heimatlose Bücher sein, die der gute Wanninger zu
binden hatte? Einfache Buchführungsbücher? Und warum
gerade magische zwölf an der Zahl?

Man hat Valentins Telefon-Odyssee mit Franz Kafkas
Prosa-Szenarien verglichen, und in der Tat strahlt dieses
Bauunternehmen eine furchteinflößende Kälte aus. Ans
Ziel zu gelangen scheint unmöglich, und die Erwiderung
des (selbstverständlich tief preußisch sprechenden) un-
gehaltenen Direktors Hartmann – »Ich kümmere mich
nicht um diese Sachen. Vielleicht weiß die Abteilung drei

Bescheid« – hat im Jahr 1940 nicht nur aus heutiger Sicht Unheilvolles.

Der Mensch als Spielball der Technik, das ist nur eine Seite dieses Dramoletts. Darüber hinaus entlarvt *Buchbinder Wanninger* auf grausame Weise, wie sinnlos Lebenszeit mitunter verstreicht, wie sinnlos Wiederholungen sind und wie stumpfsinnig es sein kann, sich telefonisch mit jemandem zu verständigen. Ein nicht geführtes Telefonat ist nicht selten ein beglückendes Erlebnis. Ach ja, und die prognostische Kraft von *Buchbinder Wanninger* zeigt sich darin, dass die Firma Meisel & Co. nur ein Vorläufer dessen war, was uns heute in Call-Centern zugemutet wird. Versuchen Sie einmal, bei American Express anzurufen und sich mit Tastendruck oder Spracheingabe zur richtigen Auskunft vorzuarbeiten. Sie werden das Telefon zu hassen beginnen, wie der Buchbinder Wanninger.

❦. KARL VALENTINS *Buchbinder Wanninger* entstand 1940 und wurde im November des Jahres für die Reichs-Rundfunk-Gesellschaft aufgenommen. Der Text findet sich in vielen Valentin-Ausgaben und zum Beispiel auf CD 4 der Valentin-Gesamtausgabe der Edition Trikont.

Wer der Welterkenntnis beim Spazierengehen auf die Schliche kommt, lese:

GERHARD MEIER, *Land der Winde*

Wie lernt man die Welt kennen? Wie schafft man es, sich selbst zu begreifen? Muss man hinausgehen, Expeditionen unternehmen, sich in gefahrvolle Lagen bringen und mit Kulturen zusammenstoßen, die der eigenen ganz fremd sind? Oder genügt es, im stillen Winkel tief in sich hineinzuhorchen, zu versuchen, Gedanken und Gefühle zu entwickeln, ohne aus direkter Anschauung zu erfassen, was die Welt zu bieten hat?

Die Literatur beantwortet diese Fragen nicht eindeutig; sie kennt Autoren, die ihr heimatliches Terrain nie verließen und dennoch Weltläufiges schrieben, und sie umfasst Werke, die nur entstehen konnten, weil ihre Verfasser mit dem Vertrauten brachen und sich auf Gedeih und Verderb dem Fremden zuwandten. (Und damit ist nichts über die Qualität dessen gesagt, was am Ende dieser beiden Wege steht. Es gibt genug Provinzautoren, die in der Provinz blieben und nur Provinzielles hervorbrachten ... und Weltenbummler, deren Kenntnis fremder Bräuche und Währungen nicht dazu führte, dass ihre Bücher diesen Geist atmeten.) Jeder Leser hat seine Präferenzen oder wechselt seine Vorlieben nach Stimmungslagen. Manchmal tut es gut, sich Schriftstellern anzuvertrauen, die unscheinbarste Alltagsdinge Funken schlagen lassen und dem Begrenzten im Flug der Phantasie alle Grenzen nehmen.

Der Schweizer Gerhard Meier (1917–2008) zählt zu diesen Raum- und Zeitverwandlungskünstlern. Erst spät fand der gelernte Lampendesigner zum Schreiben. Nach kleineren Prosa- und lyrischen Arbeiten begann er 1977, sich einen fiktiven Kosmos zu schaffen, als er seinen Wohnort Niederbipp in »Amrain« umbenannte und sich ein unverwechselbares Reich schuf, das die Welt in den Südjura holt. Kaspar Baur und Rudolf Bindschädler heißen seine Hauptfiguren, die in vier schmalen Büchern so zum Leben erweckt werden, dass man sie nicht für erfundene Gestalten halten möchte. Zwischen 1979 und 1990 ließ Meier sie in vier zusammengehörigen Romanen auftreten, in *Toteninsel*, *Borodino*, *Ballade vom Schneien* und dem Schlussstein *Land der Winde*, in Büchern, in denen an Äußerlichem herzlich wenig geschieht und die dennoch einen weltumarmenden Bogen spannen.

Baur und Bindschädler, zwei Herren fortgeschrittenen Alters, spazieren gemeinsam durch Olten, erzählen und erinnern dies und jenes, lassen sich von Assoziationen und Eingebungen leiten. In der *Ballade vom Schneien* wacht Bindschädler zuletzt an der Seite des sterbenden Baur, und das schien das Ende der Romanfolge zu bedeuten. Doch *Land der Winde* greift das beharrlich-intensive Gespräch der beiden Männer wieder auf. An einem Novembertag des Jahres 1988 findet sich Bindschädler, der schweigsame Zuhörer, erstmals in Amrain, im »Zentrum der Welt«, ein, um das Grab seines einstigen Weggefährten aufzusuchen. Der Text setzt ein, als der Tote eine Ansprache an die Überlebenden richtet. Sieben Druckseiten lediglich, auf denen gleichermaßen über Kunst, Pferde, Herbstblätter und frühere Schulkameraden räsoniert wird – und der Kern des Buches. Denn Baurs Rede durchzieht alle folgenden Erzählstücke, zum Beispiel als Bindschädler sich ins Haus der Baur'schen Witwe begibt und die nun in den Konjunktiv transponierten Worte aus dem Grabe für sie wiederholt.

Und nachdem die beiden – in der für Meier so typischen Gelassenheit – gegessen und getrunken haben, greift die Frau das Gesagte noch einmal auf und lässt es so ein drittes Mal am Leser vorbeiziehen.

Die »Kunst der Wiederholung« (Peter Handke) hat in Gerhard Meier einen ihrer großartigsten Fürsprecher gefunden, und wer Wiederholung mit Langeweile gleichsetzt, verfehlt (diese) Literatur – und vielleicht das Leben. Noch über den Tod hinaus bereden sich Baur und Bindschädler, gehen die Straßen und Wege entlang, bleiben an Häusern stehen, befragen ihre Erinnerungen und grübeln über deren Sinn nach. Was sich beide zu sagen haben, schließt die Welt nicht aus: Das Leben und Sterben der Amrainer (daneben aber auch zum Beispiel die Entwicklung der sowjetischen Perestrojka) geht in diesen Kreis ein, begleitet von den Gerüchen und Geräuschen, die die Welt Baurs ausmach(t)en, eines Mannes, der selbst »nicht unbedingt zum Leben geschaffen« war und sich als Schriftsteller fühlte, »wenn auch als einer, der seine Werke in den Wind schrieb«.

Am Ende dieses Novembertages kehrt Bindschädler Amrain den Rücken, doch der Freund bleibt gegenwärtig. Ein Brief, den Baur einst von der Insel Rügen schrieb, fächert die Erinnerung nochmals auf, zum Beispiel an den geliebten Caspar David Friedrich oder an Kosegarten, »der Pfarrer gewesen sei in Altenkirchen auf Wittow: dem Land der Winde«. Einige Stunden sind verstrichen, knapp einhundertvierzig Romanseiten, und doch meint man, weite Räume durchschritten zu haben.

In *Toteninsel* hatte Baur, der verhinderte Autor, versucht, seine Vorstellung vom Schreiben festzuhalten – und damit das poetologische Prinzip Gerhard Meiers ausgebreitet: »Ohne dich mit meinem Literaturverständnis quälen zu wollen, muss ich doch sagen, dass für mich der Roman einem Teppich vergleichbar ist, einem handgewobenen, bei

dessen Herstellung besonders auf die Farben, Motive acht-
gegeben wird, die sich wiederholen, abgewandelt natürlich, eben handwerklich gefertigt, beinahe mit einer gewissen Schwerfälligkeit behaftet, und der einen an ein Mädchen aus der Schulzeit erinnert und an eine Blumenmatte
mit Kirschbäumen darauf, die gerade blühen; wobei man
über diese Blumenmatte schreiten möchte, zumindest noch
einmal und natürlich nicht allein.«

2005 hat Gerhard Meier einen kleinen Text nachgescho-
ben, den Monolog *Ob die Granatbäume blühen*. Auslöser
war der Tod seiner Ehefrau Dora, genannt Dorli, die nach
sechzig Ehejahren einer tückischen Nervenkrankheit er-
lag: »Dorli und ich machten noch kleine Spaziergänge. Die
Herbstzeitlosen stellten sich ein, die Schwalben zogen
davon. Die Novembersonne leuchtete hier einen Kirsch-
baum an, dort zwei, drei Birken. Dann kam der Schnee.
Einmal blieb Dorli an ihrem Wägelchen stehn, schaute
zum Berg hinauf, zur Lehnfluh, hinüber zum Gehöft. Am
Morgen danach – es war der 17. Januar 1997 – rief ich Dorli
bei ihrem Namen und – alles blieb still.«

Gerhard Meier versucht diesen Verlust einzukreisen.
Sein Loblied auf das geliebte Dorli erinnert gemeinsame
Spaziergänge, Lektüren oder Familienzusammenkünfte und
trifft jenen ganz eigenen Erzählton, der die Suggestivkraft
der Baur-und-Bindschädler-Romane ausmacht. Ohne zwischen Fiktion – den »Windfiguren« – und Fakten zu unterscheiden, gerinnen Gerhard Meiers Wahrnehmungen zu
einem dichten Konzentrat, das Sinneseindrücke jedweder
Herkunft überblendet und die Welt der Kunst von der Welt
der Natur nicht gewaltsam scheidet.

So entsteht auf diesen wenigen Seiten ein farbenpräch-
tiges Gewebe, schattiert von einer schwebenden Melancholie, die durch ein »Geltenlassen der Dinge« besänftigt
werden soll. Gerhard Meier spricht die Tote direkt an, berichtet ihr – als säße sie weiterhin neben ihm, im Haus am

Südjurafuß – von dem, was sich zwischenzeitlich ereignet hat, signiert wie selbstverständlich ein Buch für sie und sinniert ohne pathetischen Überschwang darüber, wie es sein wird, wenn er und Dorli wieder zusammenkommen werden: »Wenn du mich jemals wieder bei meinem Namen rufst, Dorli, gehen wir den Rosen nach im Garten des Palazzos, den Lilien, dem Rittersporn ...«

Zwischen dem Erinnerten und dem Gegenwärtigen, zwischen den Toten und den Lebenden und zwischen dem Ausgedachten und dem Realen klafft in Gerhard Meiers poetisch durchdrungener Gedankenwelt kein Abgrund. Dorli ist präsent wie einst, fast so greifbar wie ihre alten Gartenschuhe, die allenfalls ein wenig zur Seite gerückt werden ... und um die Ecke werden gleich, so scheint es, Baur und Bindschädler biegen und sich mit ihrem Verfasser ein weiteres Mal aufmachen, Amrain zu durchqueren: »Und wenn ich durch Amrain gehe, habe ich manchmal ein Gefühl, als schritte ich durch meine Schreibe. Höre den Baur reden, den Bindschädler. Und der Jura hat eine blaue Schärpe um.«

Manchmal genügt es, vor die Tür zu treten, sich den Wind um die Nase wehen zu lassen und spazieren zu gehen. Mit Meier, Baur, Bindschädler und Dorli an der Seite.

❧ GERHARD MEIERS *Land der Winde* und *Ob die Granatbäume blühen* erschienen 1990 und 2005 im Suhrkamp Verlag. Die ersten drei Bände der Baur-und-Bindschädler-Tetralogie wurden von 1979 bis 1985 im Zytglogge Verlag vorgelegt.

Wer ein Entkommen aus dem Berufsleben sucht, lese:

HERMAN MELVILLE, *Bartleby*

Solange man Geld verdienen muss, muss man sich beleidigen lassen«, heißt es in Martin Walsers Aufzeichnungen *Meßmers Reisen*, und keiner, der schon in einem Abhängigkeitsverhältnis seine täglichen Brötchen verdienen musste, wird sich dieser Erkenntnis entziehen können. Wer auf die Gunst eines Chefs oder einer Chefin angewiesen ist, hat Tag für Tag abzuwägen, welche Wahrheiten er seinen Vorgesetzten an den Kopf schleudert und wo Diplomatie oder Heuchelei gefragt sind. Gewiss, auch ökonomische Unabhängigkeit verschafft nicht zwangsläufig ein sorgenfreies Dasein, doch meistens nimmt die Lebensqualität zu, je weniger Rechtfertigungen gegenüber nicht automatisch kompetenten Abteilungsleitern oder Geschäftsführern erforderlich sind. Und gäbe es nicht die allmonatlichen Leasing-Raten fürs neue Automobil, den horrenden Mietzins, die Mehrwertsteuererhöhung, die nur mit Nike-Schuhen in die Schule gehen wollenden Kinder ... dann würde man so gern den Bettel hinschmeißen und ein Mal, nur ein einziges Mal, diesen Idioten da oben gehörig die Meinung blasen, demonstrativ den Schreibtisch verlassen und die Tür mit einem krähenden »Ich kündige! Machen Sie Ihren Mist doch allein!« zuschlagen.

Wer es subtiler und nicht ganz so filmreif haben möchte, kann sich an der kleinen Erzählung *Bartleby* des Amerikaners Herman Melville (1819–1891), Autor des berühmten *Moby Dick*, orientieren. Nirgendwo in der Literatur ist das (philosophisch des Öfteren beschriebene) Abhängigkeitsverhältnis von Herr und Knecht, von Chef und Angestelltem so feinsinnig festgehalten worden. Nirgendwo lässt sich so wirkungsvoll nachlesen, wie soziale Gepflogenheiten mit einem Schlag ausgehebelt werden und das Räderwerk des Berufsalltags stillsteht. Die Absurdität dieser Geschichte hat dazu geführt, dass man *Bartleby* als Vorboten moderner Literatur, etwa von Kafka, verstanden hat – ein Eindruck, der umso erstaunlicher ist, wenn man bedenkt, dass der Text 1853 erstveröffentlicht wurde.

Melvilles Ich-Erzähler, ein erfahrener Anwalt mit Sitz in der New Yorker Wall Street, berichtet von einer Begegnung, wie sie ihm in seinem ganzen Berufsleben nie zuvor widerfuhr. Seine eingeführte Kanzlei beschäftigt mehrere Kopisten, die mit der ermüdenden Arbeit befasst sind, juristische Schriftstücke akribisch abzuschreiben. Diese Tätigkeit scheint besondere Charaktere hervorzubringen, die mit passenden Spitznamen bedacht werden. Da ist zum Beispiel »Puter«, der alle Nachmittage zu höchster Erregung aufläuft und zu keiner sinnvollen Tätigkeit mehr zu gebrauchen ist. Oder »Beißzange«, ein deutlich jüngerer, ehrgeiziger Kollege, der unter markanten Verdauungsstörungen leidet und erst, im Ausgleich zu »Puter«, am Nachmittag zur Ruhe kommt.

Als die Kanzlei expandiert, sieht sich der Eigner veranlasst, einen weiteren Kopisten anzustellen, den unauffälligen Bartleby, der mit seinem gesetzten Auftreten die nervösen Kollegen gut zu ergänzen scheint. Anfänglich harmoniert alles aufs Beste, und Bartleby erledigt klaglos größte Mengen an Schreibarbeiten. Kurze Zeit später bricht das Gefüge der Kanzlei in sich zusammen: Als es darum geht, Schriftstücke auf ihre Richtigkeit hin abzugleichen, und alle Kollegen gemeinsam die Sache angehen wollen, gibt Bartleby »mit seltsam sanfter, fester Stimme« eine verblüffende Antwort: »Ich möchte lieber nicht.«

Dieses »I would prefer not to« (das von Übersetzern auch bewusst steifer mit »Ich möchte bevorzugtermaßen nicht« wiedergegeben wurde) stellt die gewohnten Arbeitsabläufe auf den Kopf und bringt Bartlebys Vorgesetzten in die Bredouille. Dieser – ein Menschenfreund – neigt nicht zu cholerischen Ausbrüchen und versucht seinem widerspenstigen Mitarbeiter Verständnis entgegenzubringen, zumal die Arbeitsverweigerung in freundlichstem Tone vorgetragen wird. Was immer der Erzähler in den kommenden Wochen und Monaten in die Wege leitet, um Bartleby von seiner Haltung abzubringen, misslingt. Überredungskünste, Wutausbrüche, Vernunftappelle, Ultimaten – nichts fruchtet. Bartleby, der sich mittlerweile häuslich in der Kanzlei eingerichtet hat, ist durch nichts und niemanden von seinem passiven Widerstand – woher dieser auch rühren mag – abzubringen. Er bleibt – sein »Ich möchte lieber nicht« gebetsmühlenartig wiederholend – im Büro und erregt nach und nach das Misstrauen der erstaunten Kundschaft, die nicht nachvollziehen kann, wieso sich eine renommierte Sozietät einen untätigen Mitarbeiter leistet.

Der Erzähler weiß sich nicht mehr zu helfen und entschließt sich zu einer unkonventionellen Lösung: Will Bartleby partout die Kanzlei nicht verlassen, so muss die Kanzlei ihre Zelte eben woanders aufschlagen. Man zieht um und lässt das Unikum zurück. Alle Hoffnung des verzweifelten Erzählers, endlich zur Ruhe zu kommen, ist trügerisch: Nachmieter und Hausverwaltung sehen sich gezwungen, den wie ein Gespenst durch das Gebäude geisternden Schreiber in eine Anstalt überführen zu lassen. Dort besucht ihn sein vom schlechten Gewissen gepeinigter Ex-Chef und erntet nur Verachtung: »›Ich kenne Sie‹, sagte er, ohne sich umzublicken, ›und ich habe Ihnen nichts zu sagen.‹« Auch die Versuche, ihm seinen neuen

Aufenthaltsort schmackhaft zu machen, werden kurz und bündig zurückgewiesen: »›Ich weiß, wo ich bin‹, erwiderte er.« Am Ende stirbt Bartleby, einsam.

Bartleby berichtet von einem Menschen, der sein Geheimnis mit ins Grab nimmt. Selbst ein noch so einfühlsamer Vorgesetzter ist nicht in der Lage, die Beweggründe für Bartlebys Handeln zu erfassen, und so wird dieser einfache Schreiber zu einem immensen Störfaktor. Er setzt die Gesetze des Geschäfts- und Arbeitslebens außer Kraft und schwächt seinen Dienstherrn dadurch nachhaltiger, als wenn er sich in offener Revolte auflehnen würde. Sein »Ich möchte lieber nicht« gibt ihm, dem Rädchen im Betrieb, Autonomie zurück – um den Preis der Vereinsamung. Bartleby ist ein moderner Verweigerer, über dessen Herkunft und Vorgeschichte kaum etwas bekannt ist. Gerüchte besagen, er habe sich vor seiner unglückseligen Kopistentätigkeit als Amtsschreiber um unzustellbare Briefe gekümmert – ein Bild, das zu diesem traurig-anrührenden Verweigerer passt.

%. HERMAN MELVILLES Erzählung *Bartleby* erschien 1853 unter dem Titel *Bartleby, the Scrivener. A Story of Wall-street* im Magazin »Putnam's Monthly« und drei Jahre später in Melvilles Sammlung *The Piazza Tales*. Es folgten zahlreiche deutsche Übertragungen (als *Der Schreiber Bartleby, Bartleby, der Schreiber, Bartleby, der Schreibgehilfe*), unter anderem von W. E. Süskind, Elisabeth Schnack, Karlernst Ziem, Jürgen Krug oder Peter und John von Düffel.

Wer nicht glaubt, dass traurige (Lese-)Erfahrungen glücklich machen können, lese:

WILLIAM TREVOR, *Turgenjews Schatten*

Wer davon berichten möchte, warum es so schön und erfüllend sein kann, Bücher zu lesen, kommt oftmals nicht umhin, das schillernde Wort »Glück« anzuführen. Lesen, so heißt es, ermögliche Erfahrungen von Glück, die anderswo nicht zu bekommen seien. Das Schöne an diesen Lobreden besteht darin, dass sie es Leserinnen und Lesern erlauben, sich ein ganz persönliches Bild vom Glück auszumalen – so wie Philosophen seit Platons und Aristoteles' Zeiten stark abweichende Definitionen vom Glück gaben.

Warum fühlen sich Menschen glücklich, nachdem sie einen Roman gelesen haben, der den Alltag eines – sagen wir – provenzalischen Ziegenhirten nahebringt, oder eine Erzählung, die – sagen wir – die Phantasien eines Wiener Kutschers zu Kaiser Franz Josephs Zeiten widerspiegelt? Lesen enthebt aus dem Hier und Jetzt und schenkt die Hoffnung, dass die Beschränkungen des täglichen Einerleis nicht die Beschränkungen des Lebens bilden. Diese Erfahrung lässt uns freier atmen – ein Glücksgefühl, das unabhängig von den Inhalten des Gelesenen aufkommt. Mit anderen Worten: Wir müssen nicht von reichen, schönen und glücklichen Menschen erzählt bekommen, um zum glücklichen Leser zu werden. Die Verwandlungsmagie der Literatur vermag es, auch aus der Darstellung von elenden Existenzen – und davon wissen Schriftsteller oft mehr zu erzählen als von paradiesischen Zuständen – Funken zu schlagen und Tränen, die der Handlungsverlauf eines Romans hervorruft, in beseligende Gefühle umzuformen.

Bücher, die von simplen Frohnaturen bevölkert werden und die zielstrebig auf ein noch so kitschiges Happy End zusteuern, sind keine Glücksgaranten. Die leicht-seichte Kost, die die platte Unterhaltungsliteratur anbietet, mag kurzfristiges Wohlgefühl erzeugen; auf Dauer sättigt sie Menschen, die ihr Leben nicht als Moppel-Ich zum Mondscheintarif verbringen möchten, nicht. Deshalb lohnt es, sich auf Romane einzulassen, die vom Unglück erzählen und dazu nötigen, über die Ursachen dieser Unglücksverstrickungen nachzudenken.

Der Ire William Trevor (* 1928) ist ein Meister solcher Erzählarrangements. In zahllosen Kurzgeschichten ist es ihm gelungen, sich Menschen unterschiedlichster Couleur und Herkunft anzunähern. Er verfolgt ihre oft unspektakulären Biografien, lässt ihre vagen Hoffnungen auf ein besseres Leben vorbeiziehen und schafft die für jeden Leser so beruhigende Illusion, als gehörten diese erfundenen Helden des Alltags zur eigenen Familie. In Trevors vielleicht schönstem Roman *Turgenjews Schatten* taucht man nach wenigen Seiten in die irische Provinz ein, genauer: in die Gedankenwelt der Mary Louise Dallon, einer Frau, die uns in zwei weit auseinanderliegenden Lebensphasen begegnet: als Endfünfzigerin, die seit über drei Jahrzehnten in einer psychiatrischen Klinik lebt, und als junge Frau, die das karge Dasein auf dem elterlichen Hof aufgibt und die Gattin des wohlhabenden, deutlich älteren Textilhändlers Elmer Quarry wird.

Mary Louise war ein stilles Mädchen, das den scheuen Avancen des ungelenken, nicht eben gutaussehenden Spezialisten für Garne und Stoffe nachgibt, ohne sich über die Folgen dieses Schrittes groß Gedanken zu machen. Nach angemessener Werbung heiraten die beiden und unternehmen eine Hochzeitsreise ans Meer, deren erster Abend dank der nachhaltigen Wirkung von Whiskey und Cherry Brandy feuchtfröhlich endet. Mary Louise zieht zu ihrem Mann und dessen eifersüchtigen, intriganten Schwestern in die nahe Kleinstadt und versucht, ein »normales« Leben als Ehefrau zu führen.

William Trevor schildert Mary Louises Untergang so, als würden sich die Wegmarken des Unglücks unweigerlich bedingen. Es gibt keine offensichtlichen Katastrophen in dieser Ehe, und doch könnte das Leiden der jungen Frau nicht grausamer sein. Bald schon haben sich die Eheleute außer Floskeln nichts mehr zu sagen; bald wirkt ihr Sexualleben, als habe es nie stattgefunden, und bald gerät Mary in die Giftküche der Schwestern, die nicht verstehen wollen, weshalb der Bruder sich nicht mit ihrer Gesellschaft begnügen wollte.

Vom ersten Kapitel an weiß man, wie Marys Leben enden wird, und folgt der Erzählung dennoch atemlos. Elmer beginnt, auf seinen Ruf als Geschäftsmann bedacht, heimlich zu trinken, während sich Mary auf dem Dachboden des Hauses verschanzt und nach und nach die Kontakte zu ihrer Familie abbricht. Einmal noch glimmt Hoffnung auf, als sie ihren Cousin Robert besucht, einen kränklichen jungen Mann, der mit Zinnsoldaten Schlachten nachstellt und zum einzigen Vertrauten Marys wird. Gemeinsam verbringen sie Sonntagnachmittage auf einem verlassenen Friedhof – mit den Büchern Iwan Turgenjews, die Robert seiner Cousine vorliest. Turgenjews *Väter und Söhne* übt einen magischen Reiz auf Mary aus, wiewohl sie kaum nachvollziehen kann, dass auch dieser Roman von einer Liebe erzählt, die keine Erfüllung findet.

Als Robert stirbt, brechen alle Dämme: Mary formt sich ihr eigenes Phantasiereich, ausstaffiert mit den alten Möbeln und Spielsachen des geliebten Cousins. In der engen kleinstädtischen Welt ist dafür kein Platz. Als Elmers

Schwestern beginnen, alle gegen Mary aufzuhetzen, und ihr unterstellen, das Abendessen mit Rattengift vergiftet zu haben, kann der hilflos schwitzende Ehemann nicht anders, als seine Frau in eine Anstalt einliefern zu lassen. Dort ist Mary Louise ganz bei sich und ihren Träumen, die von der Liebe zu ihrem Cousin handeln. Als das Heim, in den 1980er Jahren, seine Tore schließen muss, kehrt Mary als ferner Geist in die Stadt zurück – sich danach sehnend, in einem gemeinsamen Grab mit Robert vereint zu werden – und ist die einzige Kirchgängerin der Stadt: »›Ich muss jetzt gehen‹, sagt der Geistliche, hört ihr aber noch zu, als sie von Turgenjews Fischern erzählt. Die Werbung ihres Cousins hatte darin bestanden, sie in die Welt eines Romanciers einzuladen, das war alles, was ihm möglich war, war das, was sie akzeptieren konnte. Und doch stellten sich am Ende, wie eine Erfüllung, leidenschaftliche Gefühle ein. Einunddreißig Jahre lang hatte sie sich an eine Zufluchtsstätte geklammert, in der ihr Liebesverhältnis sich ausbreiten konnte, ein sicheres Haus, das ihr Schutz bot. Einunddreißig Jahre lang galt sie als verrückt und lebte in Frieden.«

In einfachen Sätzen, mit beiläufig formulierten und doch betörend genauen Beobachtungen für noch so nichtig scheinende Details kommt *Turgenjews Schatten* einher. William Trevors melancholische Kunst gibt dem Ehe- und Lebensunglück seiner traurigen Heldin Mary Louise alle Würde zurück. Wie sie in Iwan Turgenjews Erzählungen geheimnisvollen Trost fand, so gehen wir als Leser merkwürdig gestärkt – und vielleicht glücklich – aus William Trevors Meisterwerk hervor.

✂. WILLIAM TREVORS Roman erschien 1991 im englischen Original – als *Reading Turgenev* – und zwei Jahre später in Thomas Gunkels Übersetzung im Hitzeroth Verlag, Marburg, die wiederum in durchgesehener Fassung 2011 bei Hoffmann und Campe neu aufgelegt wurde.

Wer Ruhe sucht und alle Dinge
ernst nimmt, lese:
ADALBERT STIFTER, *Der Nachsommer*

Sich über unsere Gegenwart zu erregen ist nicht schwer. Leben wir nicht in einer kalten, egoistischen, ungerechten, schnelllebigen, materialistischen und geistlosen Welt, die sich in immer schnelleren Schüben ihrem unweigerlichen Untergang zuwendet? Früher, so die kulturpessimistischen Leierkastenspieler, waren die Menschen und die Welt im Reinen miteinander; früher war die Luft klarer, der Apfel wohlschmeckender und die eigene Jugend deutlicher wahrzunehmen ...

Um sich von solchen Niedergangsbetrachtungen zu befreien, tut es gut, historisch ein wenig in die Tiefe zu gehen und zu sehen, dass Gegenwart nicht erst heute als Zumutung empfunden wird. Verfall und Krise sind ein Dauerthema der kritischen Kulturbetrachtung – ein Umstand, der Tröstliches an sich hat, signalisiert er doch, dass der endgültige Untergang des Abendlandes dankenswerterweise immer noch auf sich warten lässt und manche seiner Propheten gewohnheitsmäßig jede Veränderung als Menetekel des Abstiegs interpretieren.

Adalbert Stifter (1805–1868), der österreichische Schulrat zum Beispiel, hat in Aufsätzen und Briefen häufig über den Zustand von Gesellschaft und Staat geklagt und in seinen erzählerischen Arbeiten konsequent wie kaum ein Zweiter gegen diese verhassten Strömungen angeschrieben. Seine großen Romane *Der Nachsommer* und *Witiko* gehören so zu den eigenwilligsten Projekten des 19. Jahrhunderts und rufen bis heute gleichermaßen glühende Bewunderung und tiefe Abneigung hervor. Für den *Nachsommer* müsse man, wie ältere Herrschaften gern sagen, »reif« sein; in jungen Jahren könne man den statuarischen Reiz dieses irrweglosen Bildungsromans schwerlich nachvollziehen. Nun, es geht auch anders: Ich selbst habe – mit der oftmals fruchtbaren Neugier auf Werke, die nicht en vogue waren und die sich fortschrittlich gebende Germanisten seinerzeit auf der Müllhalde der Weltliteratur entsorgen wollten – Stifters *Nachsommer* gelesen, als ich Anfang zwanzig war, im Vorgarten einer Ferienwohnung im Tessiner Maggiatal.

Die Freude an diesem Roman ist seitdem nicht geringer geworden – wohl auch deshalb, weil er so eigensinnig ist und mit dem bürgerlichen oder poetischen Realismus seiner Entstehungszeit nur vordergründig zu tun hat. *Der Nachsommer* verbirgt, wie es der Literaturwissenschaftler Walter Muschg genannt hat, seine »Herkunft aus dem Schmerz« nicht. Stifter, der zeitlebens mit seinem Berufs- wie Liebesleben haderte, als Liebhaber opulentester Mahlzeiten zu den massigsten Autoren der Weltliteratur zählt und sich zum Leidwesen seiner konservativen Gemeinde am Ende ein Rasiermesser durch den Hals zog, ging es in diesem Roman darum, eine ideale Welt, eine Utopie zu schaffen, die mit den Gemeinheiten der Zeit nichts zu tun haben wollte.

Stifter schreibt konsequent gegen das Aktuelle an und entwirft einen Lebenslauf, der pädagogisch angeleitet wird und zu immer höheren Bildungsstufen führt. Heinrich Drendorf, der jugendliche Held, dessen Name so nebensächlich ist, dass er erst ganz spät enthüllt wird, durchläuft einen idealtypischen Weg, der kaum Individualität aufweist und die Familie als Basis des Staates verherrlicht.

Der Kaufmannssohn Heinrich soll dem Wunsch seiner Eltern gemäß eine Universalausbildung als Wissenschaftler erlangen und gelangt bei einer seiner naturkundlichen Wanderungen zu einem rosenbekränzten Anwesen, dessen Besitzer, Freiherr von Risach, zu seinem wichtigsten Lehrmeister wird.

Die Kapitelüberschriften im *Nachsommer* lauten »Die Mitteilung«, »Die Häuslichkeit« oder »Die Einkehr« und lassen keinen Zweifel daran, dass hier von allgemeingültigen, überzeitlichen Dingen gehandelt werden soll. Typisch dafür ist Heinrichs Ankunft im Risach'schen Rosenhaus: Heinrich sieht ein Gewitter nahen und bittet um Unterschlupf. Es entspinnt sich ein kurzer Disput mit dem Besitzer, der auf seine Lebenserfahrung verweist und ein Gewitter für ausgeschlossen hält. Während Risach seinen Besitz vorführt, bleiben die Gewitterwolken gleichsam über den Romanfiguren stehen, und erst Seiten später bewahrheitet sich, was der alte Risach prophezeite: Das Gewitter bleibt aus – und man geht nicht fehl, wenn man dieses Fehlen von Blitz und Donner auf den ganzen Roman bezieht.

Nach und nach erweitert sich Heinrichs Horizont: Er wird mit naturwissenschaftlichen Erkenntnissen vertraut gemacht, lernt die Reichtümer von Kunst und Literatur schätzen und weiß bald jedes Detail aus Fauna und Flora zu würdigen. Und wie es sich gehört, findet Heinrich schließlich auch ein weibliches Wesen, Natalie, das sich nahtlos in dieses Gemälde des Schönen einpasst.

Die Harmonie, die der *Nachsommer* auf Gedeih und Verderb ausstrahlen will, basiert auf leidvollen Erfahrungen. Risachs Leben, so souverän und abgeklärt es im Alter wirkt, kennt den Schmerz, kennt die Nicht-Erfüllung. Im Rückblick erläutert er seinem Zögling, dass Natalies Mutter Mathilde, mit der Risach nun in vertrautestem Einvernehmen ist, seine Jugendliebe war, die er seinerzeit nicht ehelichen durfte. Beide leben nun in »Glück und Stetigkeit gleichsam einen Nachsommer ohne vorhergegangenen Sommer« – ein Bild voll leichter Bitterkeit, denn so schön dieser spätsommerlich-herbstliche Frieden sein mag, es ist doch ein Nachsommer, der – so Stifter in einem Brief – anzeigt, »welch ein Sommer hätte sein können, wenn einer gewesen wäre«. Die ideale Welt des Rosenhofs entsteht erst durch eine Leiderfahrung, die nie gänzlich zu kompensieren ist.

Stifters Roman ist, offen gesagt, nichts für Leser, die auf Spannung und Action setzen. Es geht langsam und behäbig zu; kein Blütenblatt ist zu gering, als dass es nicht in den Stifter'schen Beschreibungsrausch geraten könnte. Der Erzähler und seine Musterschüler Risach & Co. wollen ernst nehmen, »was die Dinge nur für sich forderten«, und die Augen dafür öffnen. Das alles wird in einer epischen Breite vorgeführt, die vom Leser ein Sich-Einlassen erfordert. Hier kann nichts quergelesen werden, hier sollte nicht geblättert werden, hier müssen die steifen, majestätisch einherschreitenden Sätze mit ihren vielen Substantiven aufgesogen werden, und hier ist es notwendig, an den Sinn von Wiederholungen und von Widerspruchsfreiheit zu glauben.

Ein Beispiel: So wie seitenlang auf die – ausbleibende – Ankunft eines Gewitters gewartet wird, so unaufgeregt schickt sich Ich-Erzähler Heinrich Drendorf an, seine Beschreibungen zu überdenken und immer genauer zu formulieren: »Wenn ich sage, das Haus sei über und über mit Rosen bedeckt gewesen, so ist das nicht wortgetreu zu nehmen. Das Haus hatte zwei ziemlich hohe Geschosse. Die Wand des Erdgeschosses war bis zu den Fenstern des oberen Geschosses mit den Rosen bedeckt. Der übrige Teil bis zu dem Dache war frei, und er war das leuchtende weiße Band, welches in die Landschaft hinausschaut und mich gewissermaßen heraufgelockt hatte. Die Rosen waren an einem Gitterwerke, das sich vor der Wand des Hauses befand, befestigt. Sie bestanden aus lauter Bäumchen. Es waren winzige darunter, deren Blätter gleich über der Erde begannen, dann höhere, deren Stämmchen über die ersten emporragten, und so fort, bis die letzten mit ihren Zweigen in die Fenster des oberen Geschosses hineinsahen. Die Pflanzen waren so verteilt und gehegt, dass nirgends eine Lücke entstand und dass die Wand des Hauses, so weit sie reichten, vollkommen von ihnen bedeckt war.« Noch Fragen?

Der Nachsommer ist ein ideales Vademekum, eine Fibel der Gelassenheit – vor allem für diejenigen, die dem Hektischen und Turbulenten etwas entgegensetzen wollen. Es ist müßig, die konservative Ideologie des Romans zu geißeln – geschenkt, möchte man ausrufen. Es geht um eine sprachliche Gegenwelt, die sich in nichts und durch nichts beirren lassen will. Und wer Stifters Roman einmal gelesen hat, wird ihn wieder lesen, denn es gibt viel in ihm zu entdecken.

✥ ADALBERT STIFTERS *Der Nachsommer* erschien, »Erzählung« genannt, 1857 im Verlag Gustav Heckenast, Pest.

Wer in Erwägung zieht, ein Häuschen vor der Stadt zu beziehen, lese:

RICHARD YATES, *Zeiten des Aufruhrs*

Es zu etwas bringen, es den anderen zeigen, sich selbst in kühnen Träumen zu gesellschaftlicher Anerkennung, zu Ruhm und Reichtum aufschwingen – das sind die Vorstellungen derer, die im Leben, aus welchen Gründen auch immer, zu kurz kommen oder meinen, zu kurz gekommen zu sein. Wer seinen Alltag so sieht, versucht ihn hinter sich zu lassen und will die nächsten Etappenziele erreichen, die das soziale Ranking vorsieht. Irgendwann erahnen die Aufstiegswütigen freilich, dass ihre Phantasien vom aufregenden, glanzvollen Leben nicht zu realisieren sind, und es setzt das mühsame Ringen darum ein, wer die Oberhand behalten wird: die Einsicht ins Sich-bescheiden-Müssen und ins Zurechtkommen mit sich selbst oder die Wut über die Welt, der, so scheint es, alle Schuld am Scheitern zuzusprechen ist.

Die Literatur ist voll von solchen grausamen Aufsteiger- und Absteigergeschichten, vom hochstapelnden Felix Krull oder vom Gotthelf'schen Knecht Uli, der als Pächter nicht recht reüssiert. Der Amerikaner Richard Yates (1926–1992) ist ein Spezialist darin, das Auseinanderklaffen von Realität und Einbildung zu beschreiben. Yates ist ein Erzähler, der von Kollegen wie Richard Ford oder Joyce Carol Oates in höchsten Tönen gelobt wurde und der – nicht nur im deutschsprachigen Raum – lange nicht auf breite Resonanz stieß. *Zeiten des Aufruhrs*, sein vielleicht bester Roman, spielt in den 1950er Jahren an der amerikanischen Ostküste, in West-Connecticut. Sosehr das Buch an diese Zeit und an diesen Ort gebunden ist, so weit reicht sein Gehalt über diesen Rahmen hinaus. *Zeiten des Aufruhrs* ist ein Lehrstück über Menschen, die von sich selbst ein falsches Bild malen und unaufhaltsam in den Abgrund rutschen.

April und Frank Wheeler, die Hauptfiguren, sind beide um die dreißig und arbeiten am gesellschaftlichen Aufstieg. April träumt von einer Karriere als Schauspielerin, während Frank tagtäglich einem Bürojob in New York City nachgeht, den er weit unter seiner Würde sieht. Beide haben sich ein Häuschen in der Neubausiedlung auf dem Revolutionary Hill in Connecticut gemietet, mit Garten und mit Nachbarn, die es – nach außen hin – an Rechtschaffenheit mit jedem anderen anständigen US-Bürger aufnehmen könnten.

Gleich zu Beginn zeigt sich, auf welch schwachem Fundament die Wheeler'schen Ambitionen gebaut sind. Die schöne April hat sich einer Laienschauspielgruppe angeschlossen, die Aufführung des *Versteinerten Waldes* soll sie aus dem grauen Einerlei reißen und ihr Talent aller Welt zeigen. In bewusster Langsamkeit enthüllt Yates jeden Schwachpunkt der Inszenierung und stellt April als klägliche Bühnenversagerin bloß. Jeder Moment des Misslingens wird schonungslos ausgebreitet, und nach wenigen Seiten ist klar, dass die Schauspiellaufbahn der April Wheeler ad acta gelegt werden kann.

Ihr Mann Frank versucht sie zu trösten, doch schon die nächtliche Heimfahrt endet in Beschimpfungen und körperlichen Ausbrüchen, die einem das Blut in den Adern gefrieren lassen. Yates kennt kein Mitleid mit seinen Figuren; wie in den Eingangspassagen schlägt die Stimmung in diesem Roman oft binnen weniger Momente um. Da maßregelt der gerade noch fürsorgliche Familienvater seine Kinder plötzlich über Gebühr, und da bricht der Hass, den die Eheleute insgeheim füreinander empfinden, unvermittelt hervor.

Die Wheelers leben in einer Siedlung, die aufstrebenden Wohlstand symbolisiert und den Glauben daran, dass jeder seines Glückes Schmied sei. Friedlich wirken diese Häuschen; man besucht sich gegenseitig, bepflanzt den Vorgarten unspektakulär und trinkt sein Quantum Alkohol hinter zugezogenen Gardinen. Frank und April sind auf dem besten Wege, sich in einem spießbürgerlichen Scheinidyll einzurichten, doch ihre Tragik besteht darin, dass sie sich jenseits dieser dürftigen Lebenspraxis wähnen. Die kleinkarierten Genügsamen, die visionslosen Arbeitsbienen – das sind immer die anderen, und genüsslich breitet Yates die Gespräche aus, die die Wheelers mit den Campbells, ihren Nachbarn, führen. Der vermeintliche Antibourgeois Frank läuft zur Hochform auf, wenn er die Defizite seiner Mitmenschen bloßzustellen meint: »Es geht ja nicht nur um die Donaldsons – es geht auch um die Cramers und wie sie alle heißen, um die Wingates und um Millionen andere. Es geht um die ganzen Idioten, mit denen ich täglich im Zug sitze. Es geht um eine Krankheit. Keiner denkt oder fühlt oder interessiert sich mehr für irgendwas; keiner begeistert sich mehr oder glaubt noch an irgendwas außer an seine eigene gottverdammte bequeme Mittelmäßigkeit.«

Erhaben fühlt man sich – und ist völlig unfähig, sich selbst zu dieser anmaßenden Schelte in Beziehung zu setzen. Die Katastrophen im Wheeler'schen Leben folgen aufeinander, als ließe sich ein anderer Fortgang der Geschichte gar nicht denken. Frank verachtet seinen Job bei »Knox Business Machines«, sucht Selbstbestätigung in einer Affäre mit einer Arbeitskollegin und kehrt Abend für Abend zurück in jene Vorstadtsiedlung, deren Enge beim Leser klaustrophobische Zustände hervorruft. Nur einmal flackert Hoffnung auf, als April jählings ein Zeichen setzt und damit wieder einen der typischen Stimmungsumschwünge auslöst. Frank, so ihr Wille, möge seine wahre Berufung erkennen, sich auf seine geistigen, womöglich schriftstellerischen Interessen besinnen – und das in Paris, wohin die Wheelers aufbrechen wollen. Der kühne Plan nimmt rasch Formen an, und dennoch ist zwischen den Zeilen zu spüren, dass auch dieser Befreiungsschlag zu nichts führen wird. April wird schwanger, und Frank tut alles, um sie von einer – mit barbarischen Methoden geplanten – Abtreibung abzuhalten, nicht aus Liebe zu seiner Frau, sondern um den Umzug nach Europa abzuwenden.

Yates' nachgeborener Kollege Stewart O'Nan hat das Besondere dieser Katastrophenanordnung genau beschrieben: »Das Unverwechselbare an *Zeiten des Aufruhrs* ist nicht allein die Kälte seiner Vision, sondern dass diese Vision nicht mit Krieg oder anderen Schreckensbildern zusammenhängt, vielmehr mit den Hoffnungen der Durchschnittsamerikaner. Wir teilen die Träume und Ängste dieser Leute – Liebe und Erfolg in einer Balance mit Einsamkeit und Missgeschick –, und meistens ist das Leben weniger nett zu uns, als die glänzenden Beispiele aus der Werbung und aus den Pop-Songs es uns weismachen wollen.«

Mit dem Beharren auf dem Revolutionary Hill ist die Tragödie nicht mehr aufzuhalten. Noch einmal zeigt Yates, was diese so harmlos wirkenden Zeitgenossen umtreibt. Bei einem Besuch in der Stadt gibt Shep Campbell seinem sorgsam gehüteten Begehren Aprils freien Lauf; diese hat mit sich und ihrem Leben abgeschlossen und lässt sich von Shep auf einem Parkplatz teilnahmslos vögeln. Das Vorstadtidyll bricht zusammen, und mit Fassungslosigkeit reagieren deren Vertreter auf das blutreiche Ende, auf Aprils Tod: »Die Revolutionary-Hill-Siedlung war zu einer Tragödie innerhalb ihrer Mauern nicht geschaffen. Selbst abends gab es dort, als stünde eine Absicht dahinter, keine düsteren Schatten oder fahlen Umrisse. Es herrschte eine durch nichts zu erschütternde Fröhlichkeit in dieser Siedlung, diesem Spielzeugland mit seinen weißen und pastellfarbenen Häusern, deren hell erleuchtete, gardinenlose Fenster sanft durch das bunte Gewirr des grünen und gelben Laubs hindurchschimmerten.«

Der Schein täuscht: Es gibt das Leben nicht als bloßes Spiel, nirgendwo. Richard Yates enthüllt diesen trügerischen Frieden erbarmungslos; er denunziert seine schwachen, wirklichkeitsblinden Figuren nicht und zeigt zugleich keine Nachsicht, wenn er ihre Wolkenkuckucksheime zertrümmert. Auch die nachbarschaftliche Zuwendung erweist sich als vorübergehend. Die Maklerin Helen Givings, die die Wheelers in die Siedlung holte, tut am Ende so, als sei ihr diese Familie immer suspekt gewesen ... obgleich sie selbst kaum Ordnung in ihr Leben bringt: Ihr Sohn, ein einst hoffnungsvoller Mathematiker, verbringt seine Tage in einer psychiatrischen Anstalt, und ihr Mann hat längst aufgegeben, dem manischen Redefluss seiner Frau Beachtung zu schenken. »Er hatte sein Hörgerät ausgeschaltet«, lautet folglich der pointierte letzte Satz dieses Romans.

Und wir Leser – warum rücken uns die Wheelers so nahe? Weil ihre Lebensattrappen von den unsrigen gar nicht so weit entfernt sind?

&. RICHARD YATES' *Zeiten des Aufruhrs* erschien 1961 im englischen Original (Titel: *Revolutionary Road*). Eine erste deutsche Übersetzung – *Das Jahr der leeren Träume* – wurde 1975 bei Volk und Welt in der DDR veröffentlicht. 2002 wurde der Roman von Hans Wolf neu übertragen und erschien als *Zeiten des Aufruhrs* in der Deutschen Verlags-Anstalt.

Sich an fremde Orte begeben

Wer die Heimat nicht vergessen will, lese:

MARIA BEIG, *Rabenkrächzen*

Warum schreibt man auf, was früher war? Warum sich seiner Vorfahren, seiner Kindheitsstätten erinnern und sich mühsam altes Leid und Glück vergegenwärtigen? Weil man sich ohne diesen Kraftakt bodenlos fühlen würde, weil es – um im Gegenwärtigen zu bestehen – der Rückversicherung bedarf, Teil einer Ahnenkette zu sein und sich zu Orten und Menschen zugehörig zu wissen. »Heimat« ist so ein Grenzbegriff, den Philosophen, Literaten oder Soziologen in bestimmten Zeiten links liegenlassen und ihn als altmodisches, ideologisch besetztes Konstrukt abtun – bis sie merken, dass dieser Urvokabel ein Zauber innewohnt, ohne den die wenigsten auskämen und der, wie der Philosoph Ernst Bloch schrieb, etwas andeutet, »das allen in die Kindheit scheint und worin noch niemand war«.

Als Maria Beig (* 1920) mit Ende fünfzig nicht mehr als Handarbeitslehrerin arbeiten wollte und sich einen langgehegten Wunsch, das Schreiben, erfüllte, dachte sie anfangs nicht daran, Geschichten und Gestalten zu erfinden, die mit ihrem familiären Kosmos nicht in direkter Verbindung stünden. *Rabenkrächzen*, ihr Debüt, trägt so den Untertitel »Eine Chronik aus Oberschwaben«, und diese sich allen literarischen Verkleidungen widersetzende Gattungsbezeichnung trifft genau, was sich Maria Beig vorgenommen hatte: Sieben Schwestern kommen in der Eingangsszene zusammen, um ihren Onkel, einen »uralten Mann«, zu Grabe zu tragen. Eine von ihnen lässt sich von dieser Zusammenkunft anspornen, das Epos dieser Familie aufzuschreiben. Festgehalten werden soll, was war, in nüchternem Ton, ohne erzählerisches Ornament.

»Wer solch eine Heimat hat, mit den Erinnerungen an die Kindheit, an den Schulweg, an die Erlebnisse in Wald und Feld, an schöne und traurige Tage, der kann sie nicht ohne weiteres vergessen. Sie lässt mich nicht mehr los. Sie erfüllt und beschäftigt mich zeit meines Lebens« – so hat Maria Beig die Verbundenheit mit ihrer oberschwäbischen Herkunft, dem »Paradies«, wie die Einheimischen das »Land vor dem See« nennen, beschrieben. *Rabenkrächzen* versucht zu begreifen, was nicht »loslässt«, zu skizzieren, wie sich die Lebensläufe einer vielköpfigen Familie miteinander verschränken und wie sich die Einzelnen abmühen, sich gegen Einflüsse von außen zu schützen. Das Schicksal von vier Höfen – Hang-, Berg-, Weiher- und Bachhof – wird nachgezeichnet, quer durch das 20. Jahrhundert, beginnend mit der ältesten Generation (»von der wusste man noch«) bis hin zum jetzigen Zustand, der erahnen lässt, wie anders es vor hundert Jahren auch in diesem Landstrich zuging.

Es ist, wie die erzählende Schwester erläutert, eine einfache »Bauerngeschichte mit Familienereignissen«, in der »eine Spur zu viel geboren, gestritten, gestorben und geweint« werde. Vergleichbares mag sich überall ereignet haben, im Hunsrück, im Alten Land oder auf der Schwäbischen Alb, doch »es wäre schade«, wenn diese Geschichte »der Vergessenheit anheimfiele«. Maria Beig will berichten, was geschah, und sie tut dies, ohne kunstvolle Rahmenhandlungen aufzubauen oder ihre Figuren bis in psychologische Tiefen hinein auszuleuchten. So entsteht ein sonderbarer Ton, der Naturkatastrophen, Unglücksfälle, Fehlwirtschaft, Kriegstote und Missgeburten so aneinanderreiht, als sei Geschichte eine unausweichliche Abfolge von Schicksalsschlägen, denen es standzuhalten gelte.

Als Chronikstil, als Testamentarstil hat man Maria Beigs Schreiben bezeichnet. »Gottes eigenartige Zeitrechnung« will sie nicht erklären; stattdessen beobachtet sie mit unterschwelliger Ironie, wie sich die Menschen gebärden und wie sie ihr Fähnlein nach dem Wind richten: »Nach dem Krieg war die Mutter fromm geworden, so ausschließlich fromm, wie sie vormals ausschließlich für den Hitler war. Früher war es der Vater, der für Gottesfurcht in der Familie sorgte. Die Mutter hörte man sogar manchmal sagen, dies oder jenes könne sie nicht glauben. Nun glaubte sie mehr, als sie musste.«

Die Schwestern, Brüder, Onkel und Toten sind nicht die Herren ihres Schicksals. *Rabenkrächzen* benennt die charakterlichen Verfehlungen und weiß, wann Missgunst, Habgier oder Dummheit in das oberschwäbische Leben eingriffen und mittaten, »diese kleine Welt zu verunstalten«. Eindeutige Urteile werden trotzdem nicht verkündet; »schuld aber«, heißt es fast hilflos, »war die Zeit gewesen«. Gegen diese scheint kein Kraut gewachsen, und das gibt *Rabenkrächzen* eine Zwangsläufigkeit, die beklommen macht und die den Individuen gleichzeitig etwas von ihrer Hilflosigkeit nimmt.

Man kann dieses eigentümlich einnehmende Buch als Warnung vor ökologischen Verheerungen, vor dem Raubbau am »Paradies« verstehen, und als es Anfang der achtziger Jahre erschien und mit Preisen bedacht wurde, scheute man sich nicht, es als »Buch für ›Alternative‹ und ›Grüne‹« anzupreisen. Gewiss hat diese Lesart etwas für sich, wenn man sieht, wie aus Bauernhöfen Autohöfe werden, wie die Landschaft zersiedelt wird und Ferienwohnungen entstehen, deren Dekorum mit »Wagenrädern und Blumen« ein bäuerliches Idyll suggeriert, das es nicht mehr gibt (und wohl nie eines war).

Das Bewegende an *Rabenkrächzen* liegt anderswo, dort, wo keine Appelle fruchten und keine Anklagen gegen Industrialisierung und Umweltzerstörung geführt werden. Wenn es über ein »reiches Mädchen«, das den missgestalteten Sohn des Weiherbauern heiratet, in unnachahmlicher Verknappung heißt: »Leider bekam sie statt Kinder nur ein böses Hüftleiden«, so scheint hier die Erinnerung an magische Zusammenhänge auf, an das Unerklärliche, das festgehalten werden muss, auch wenn es sich nicht begreifen lässt.

Martin Walser, der frühe Förderer Maria Beigs, pries sie als eine, deren Prosa »auf der Wiese gewachsen sei« – im Unterschied zu ihren vermeintlich professionelleren Kollegen, die die Wurzeln der freien Natur verloren hätten und nur im umzäunten Gehege eines Gartens schreiben könnten. Das sei ein Unterschied wie zwischen Gartenakelei und Wiesenakelei, wie zwischen Gartensalbei und Wiesensalbei.

Letzterer wirkt aufgrund seiner ätherischen Öle übrigens konservierend.

🐌 MARIA BEIGS Chronik *Rabenkrächzen* erschien 1982 im Thorbecke Verlag, Sigmaringen.

Wer vom guten Leben
in der Provinz träumt, lese:

EGON GRAMER, *Gezeichnet: Franz Klett*

Gegen heftige nostalgische Anwandlungen hilft die Lektüre von Büchern, die das Leben und Sterben früherer Generationen ungeschminkt zeigen und davon berichten, dass sich vielleicht nicht alles auf dieser Welt zum Schlechten gewendet habe. Bücher, die die eilig aufgestellten Gegensätze in Frage stellen und die nicht von vornherein ganz genau wissen, dass das Internet Teufelswerk sei, das Fernsehprogramm von Woche zu Woche schlechter werde, in den Großstädten das blanke Übel regiere und auf dem von guter Luft durchwehten Lande allenthalben uneigennützige Nachbarschaftshilfe gepflegt werde. Mit der heilen, von edlen Förstern, scheuen Rehen und engagierten Landärzten bevölkerten Welt der Heimatschnulzen (gesungener, gefilmter oder geschriebener Art) hat Literatur, die diesen Namen verdient, nichts im Sinn; sie schaut hinter die Fachwerkattrappen.

So wie der Roman *Gezeichnet: Franz Klett* des Tübinger Pädagogen Egon Gramer (1936–2014), der es wagte, als knapp 70-Jähriger die literarische Bühne zu betreten – getrieben vom Verlangen, einen »authentischen« Fall aus der schwäbischen Provinz zum Roman zu formen. Allerheiligen auf dem Dorf, genauer: im nicht namentlich genannten und doch unschwer auszumachenden (Rottenburg-) Dettingen. Damit setzt sein Text ein, und vom ersten

Moment an ist klar, dass Egon Gramer ein genaues Auge für die Veränderungen, für die zivilisatorischen Verletzungen und Nivellierungen des einst bäuerlichen Lebens hat. Auch Gramers Flecken wurde durch eine unvermeidliche Fußgängerzone »verschönert«, und wo die Dörfler einst zwanglos auf der Straße zusammenkamen, spreizen sich längst die Mittelklassewagen: »So kam man rasch vorwärts und noch rascher aneinander vorbei.«

Helmut, der als Egon Gramers Held fungiert, ist es, der diese Verschiebungen beobachtet, bei seinen abendlichen »Fleckenrunden«. Einmal im Jahr kommt er in sein Dorf zurück, geht auf den Friedhof, wo jetzt sogar »fremde Tote« liegen, und kehrt im Wirtshaus ein, wo im Herrgottswinkel der Fernseher thront und er mit gedämpfter Lust auf die bierseligen Gefährten von früher trifft. Einer aus ihrer alten Runde – Franz Klett – ist seit vielen Jahren tot und dennoch auf unheimliche Weise präsent: »Er hat dazugehört, aber er hat nicht dazugehören wollen.«

Als Kletts Sohn plötzlich auftaucht, beginnt Helmut seine Erinnerungen zu sortieren. Er erzählt von den Machtkämpfen der Jugendlichen, vom Steigenlassen der Maikäfer, vom stinkenden Bock des »Oazächten« Wendelin, vom »Schnatzegallen«, dem Abschießen ungeliebter Vögel, und von den Kaufgeschäften (»breite Nudeln« und »Bauerndank«) im Kolonialwarenladen. Und er versucht sich ein Bild von Franz Klett zu machen, der als blitzgescheit galt und Schritt für Schritt zum sozial Geächteten wurde, bis er als 45-Jähriger elend starb.

Egon Gramer verzichtet auf sentimentale Reminiszenzen. Natürlich kristallisiert sich heraus, wie die zweite Hälfte des 20. Jahrhunderts die ursprüngliche Dorfkultur im Zeitraffer vernichtete, doch nicht minder offensichtlich sind die unbarmherzigen Mechanismen einer Gemeinschaft, die sich von störenden Elementen brüsk abwendet. Gramer und seinem – so will es scheinen – Alter

Ego Helmut geht es vor allem darum, zu verstehen, was diesen Sonderling Klett ausmachte und wie es zum Absturz kam: »Alle wussten über Klett Bescheid. Alle wussten alles. Und doch war nichts erzählbar, weil jedes Detail nur die Vorgeschichte abgab für das Ende der Geschichte, ein Beweisstück für das, was dann gekommen war. (...) Von Klett konnte man eigentlich nicht erzählen, weil sein Leben so zu Ende gegangen war.«

Davon unbeirrt verfolgt Helmut Kletts Fährte, und als ihm dessen Tagebücher aus den letzten Lebensjahren in die Hände fallen, wertet er diesen Schatz aus – gegen den pragmatisch klaren Rat seiner Mutter: »Hätte er ein rechtes Leben geführt, hätte er keine Tagebücher schreiben müssen.« Helmut tippt die schlampigen, orthografisch eigentümlichen Notate des armseligen Bauern Klett in wochenlanger Kleinarbeit ab, strukturiert sie und beginnt sein eigenes Leben von dem seines ehemaligen Schulkameraden abzusetzen: »Klett aber fiel und fiel. Und Kletts Fallen war in keinem Fall Helmuts Fall.«

Der Roman baut Kletts Aufzeichnungen gleichsam als Dokumente ein, und je besessener Helmut seiner Abschreib- und Deutungspflicht nachgeht, desto schonungsloser tritt das Leid des Tagebuchschreibers hervor. »Leben ist das nicht mehr, nur noch vegetieren«, diese Formel bestimmt Kletts eintönigen Tagesablauf, den er – ein Rettungsanker – für sich zu fixieren sucht. Ungeschminkt schreibt er über seine Geldnöte, Bordellbesuche in Stuttgart, steten Alkoholkonsum, den Weggang seiner Frau, den Tod der Mutter, über Fernsehberieselungen, die sarkastische Selbstkommentare hervorrufen (»Lembke, ›Was bin ich?‹ ein Seckel???«), sein Bettnässen oder den Verkauf der letzten verbliebenen Äcker und bezeugt in allem die Ausdauer, die »Kuttel«, eines Erniedrigten, der sich chancenlos gegen den Untergang wehrt.

Egon Gramer findet für diese quälende Leidensgeschichte

das, worum sich seine Figur Helmut einst in Schulaufsätzen bemühte, eine »eigene Melodie«, eine »eigene Farbe«. Er spürt dem Untergründigen nach und findet es nicht selten in den rarer gewordenen Vokabeln des Schwäbischen: »Hälinge«, »Latschare«, »einumsandremal«. »Nach gut gelösten Rechenaufgaben ist man zufrieden«, erinnert sich Helmut, »nach einem guten Aufsatz glücklich.« Wie nach der Lektüre dieses schön elegischen Romans, der – so das Schlussbild – die betonierte Vergangenheit hörbar macht, wie den inzwischen in Dolen gefassten Dorfbach: »Helmut, auf den Boden zeigend und mit der Schuhspitze leicht auf den Makadam tippend, stieß den jungen Klett sachte in die Rippen. ›Hörst du ihn?‹ ›Im Grunde ja‹, sagte der junge Klett.«

Dieses Bild vor Augen, weiß man letztlich nicht, was man von alldem halten soll. Ist es ratsam, sich zurückzuwünschen in diese zwischen Religiosität und Scheinheiligkeit schwankende Dörflerwelt? In diese Gemeinschaft, die keine Extravaganzen und Extratouren duldet, die Störenfriede wie Franz Klett erbarmungslos beiseiteschiebt und das schlechte Gewissen im Wirtshaus beruhigt? Und wie war das damals im Abseitigen hinter Tübingen, als Franz Klett ein vielversprechender Bub war und als der Makadam noch nicht für globalisierungsfähige Einförmigkeit sorgte? *Gezeichnet: Franz Klett* gibt darauf keine eindeutige Antwort, und das ist die einzig passende.

🦋 EGON GRAMERS Roman *Gezeichnet: Franz Klett* erschien 2005 im Piper Verlag, München.

Wer Belgien unterschätzt, lese:

BRIGITTE KRONAUER, *Verlangen nach Musik und Gebirge*

Es gibt Länder und Landstriche, die es von Natur aus leicht haben und die mit Vorschusslorbeeren jeder Art bedacht werden. Wer wollte nicht gern in die Toskana reisen, die kanadischen Wälder durchstreifen, die Schären vor Stockholm durchkreuzen oder auf einer Südtiroler Bergwiese sitzen? Andernorts fällt es den Tourismusverantwortlichen schwerer, Zustimmung zu erlangen und die jeweiligen Attraktionen gebührend herauszustellen. Belgien zum Beispiel ist ein schwieriger Fall. Was um alles in der Welt mag uns an diesem Land reizen, wo wir doch gleich nach Frankreich oder Amsterdam fahren könnten? Vor allem in jüngster Zeit haben die Belgier es sich und anderen nicht leicht gemacht. Belgien, das war das Land der Kinderschänder der – wenn ich mich recht entsinne – Cola-Vergifter und der Terroristenzellen, und wenn man an Brüssel und seine europäischen Institutionen denkt, tun sich nicht sofort Gedanken auf, die von der Sinnhaftigkeit der Welt zeugen. Ja selbst die auch nächtens so schön beleuchteten belgischen Autobahnen vermitteln nicht mehr als verhaltenen Charme.

Da loben wir uns (und die Belgier tun das sicher auch) Bücher, die diesem kleinen Land offen gegenüberstehen und seine geheimen Vorzüge preisen. Brigitte Kronauer (* 1940) etwa, eine Belgien-Kennerin, ließ es sich nicht nehmen, ihren Roman *Verlangen nach Musik und Gebirge* im Seebad Oostende spielen zu lassen – eine Entscheidung, die zeigt, dass bedeutende Autoren oft Mut zum Unpopulären beweisen.

»Wie stets bleibt die Umgebung schärfer im Gedächtnis als der Liebesheld selbst«, heißt es an einer Stelle des Romans, die nicht nur ein Erinnerungs-, sondern auch ein Schreibprinzip verrät. Mit lustvoller Weitschweifigkeit widmet sich der Text Naturansichten, Straßenzügen, Restaurants oder Interieurs, die in der Erinnerung »scharf« geblieben sind, und versucht der Organisation jeder Wahrnehmung nachzuspüren. *Verlangen nach Musik und Gebirge* greift im Titel ein Zitat aus Friedrich Nietzsches *Morgenröte* auf, genauer: aus einer »Erleben und Erdichten« überschriebenen Passage, die von der Unersättlichkeit unserer Triebe handelt und von der Wahllosigkeit ihrer »Ernährung«.

Brigitte Kronauers Roman spielt mit diesem Gedanken: Vor die Kulisse des belgischen Seebads Oostende stellt sie eine überschaubare Gruppe von Figuren, die allesamt Stoff für ihre Triebe suchen und die Begegnungen eines langen Wochenendes dazu nutzen, ihren nicht immer definierten Zielen näher zu kommen. Der Zufall hat sie in einem Hotel an der Promenade zusammengeführt, und die außergewöhnlichen Umstände einer Ferienreise formen sie zu einer Gemeinschaft, die den verblichenen Charme der Stadt aufnimmt.

Da sind der Parfümerist Willaert aus Antwerpen, das italienische Paar Sonia und Maurizio, der Bohemien de Rouckl, der seine besten Tage hinter sich hat, die alte Frau Quapp mit ihrem Enkel Roy, der mal als Jurist und mal als Stuntman firmiert … und zuletzt ist da Frau Fesch, die merkwürdige Erzählinstanz des Buches. Aus ihrer Perspektive, die sich hinter einer »man«-Form verschanzt, wird alles wahrgenommen; ihr Blickfeld bildet den Rahmen:

»Es ist ja nicht so, dass man das Ohr an der Zwischenwand hätte, vielmehr sind drüben und hier die Fenster der Loggia geöffnet.«

Frau Fesch, die »neutrale Beobachterin«, verfolgt scheinbar kaum beteiligt, wie sich die Konstellationen unter den Beteiligten nach wenigen Stunden verschieben. Roy verliebt sich haltlos in Sonia, deren Gefährte wiederum Avancen des Parfümfachmanns erhält. Die Aufenthalte im Hotel und die Spaziergänge durch Oostende arrangieren die Gemeinschaft permanent um, und jede noch so kleine Gefühlsbewegung wird genau nachgezeichnet. Hoffnung und Enttäuschung wechseln sich in schnellen Folgen ab, ohne dass es den Figuren gestattet wäre, ihre Leidenschaften offen auszusprechen. Die Anlässe für ihre Wechselbäder sind meist unbedeutend – eine Erkenntnis, die wiederum die Detaillust der Autorin stützt: »Wie gut, dass so viele Gefühle hervorgeholt wurden von lauter Nichtigkeiten.«

Je weiter dieses sonderbare Wochenende voranschreitet, desto deutlicher zeigt sich, dass das größte Feuer dort lodert, wo Gleichgültigkeit vorgegeben wurde: Frau Fesch, die sich als neugierige Menschenfeindin sieht, bleibt mit den Hotelgästen, ihren »zeitweiligen Tischgenossen«, zusammen, um sich »Ablenkungen« zu verschaffen und die Zeit totzuschlagen. Ihre Tage in Oostende haben indes nur einen Fixpunkt: die Ankunft eines Komponisten, der ein von ihr verfasstes, auf einer Erzählung Joseph Conrads basierendes Libretto vertonen soll und dem – wie das grandiose Romanfinale schlagartig zeigt – ihre ganze Liebe gilt.

Conrad ist der literarische Kronzeuge dieses Romans, der Maler James Ensor, der fast sein ganzes Leben in Oostende verbrachte, der künstlerische. Wie es sich für bildungswillige Touristen gehört, macht sich das Häufchen auf, die verbliebenen Ensor-Stätten aufzusuchen. Erläutert vom kunsthistorisch bewanderten Willaert (der dem Maler überdies ähnlich sieht), bilden Ensors eigenwillige, grelle

Gemälde voller Masken und Skelette die Folie, vor der Frau Fesch und ihre Kompagnons auftreten. Brigitte Kronauers Figuren sind Ensors prä-expressionistischem Schreckenskabinett nicht direkt entsprungen, doch auch sie demonstrieren, wie sich realitätsgesättigte Vorbilder so verfremden lassen, dass ein literarisches Ensemble entsteht, das kein Abbild von Wirklichkeit sein will, sondern deren Neuerschaffung. So entpuppt sich die Reisegruppe von Oostende als Ansammlung skurriler Persönlichkeiten, die außerhalb der Zeit agieren: Wo der eine – de Rouckl – sich in zahllose Pullover hüllt, gleicht die andere – Sonia – einer Antilope, deren Züge als eine Art Leitmotiv wieder und wieder beschworen werden.

Oostende und Ensor sind gute Botschafter Belgiens. Der Reiz der auf den ersten Blick nicht sehr reizvollen Stadt (die sich zudem um ihren bedeutenden Malersohn herzlich wenig kümmerte) springt vor allem am Ende des Buchs ins Auge, als Frau Fesch ihrem Librettisten voll »sehr großer Freude« entgegen- und an den Fassaden Oostendes vorbeieilt.

Brigitte Kronauer zu lesen ist nicht einfach. Man muss sich an ihren abschweifenden Stil, der vor keinem Wechsel der Tempi und Bildlichkeiten zurückschreckt, gewöhnen, und man muss begreifen, dass hier eine Sprache gesucht wird, die dem Neuen und dem Modernen gewachsen sein will – eine Sprache, die auch Oostende auf ungewöhnliche Weise vergegenwärtigt und uns mit Belgien versöhnt, für eine Weile zumindest.

🦋 BRIGITTE KRONAUERS *Verlangen nach Musik und Gebirge* erschien 2004 im Verlag Klett-Cotta, Stuttgart.

Wer Schafe (und Island) sehr gernhat, lese:

HALLGRÍMUR HELGASON, *Vom zweifelhaften Vergnügen, tot zu sein*

Ehrlich gesagt, kann ich mit Tierdichtung wenig anfangen. Thomas Manns *Herr und Hund* fand ich fad, Franz Kafkas *Die Verwandlung* zu bedeutungsschwer und zu oft interpretiert, die zahllosen Fabeln, die sich Äsop oder La Fontaine ausdachten, zu lehrreich. Katzenkrimis lehne ich rundherum ab, und auch Nobelpreisträger Günter Grass gelang es nicht, mir Butte oder Rättinnen nahezubringen.

Eine Ausnahme will ich gelten lassen: das Schaf. Dieses maßlos unterschätzte Tier hat es in sich und verkörpert, wie die Literaturkritikerin Ursula März schrieb, die »Durchschnittssumme allen organischen Lebens dieser Erde, vom Einzeller bis Condoleezza Rice«. Kein Wunder also, dass Schafe immer mehr das Interesse der Weltliteratur erwecken und inzwischen sogar auf den Spuren Miss Marples wandeln, in Leonie Swanns Schafskrimi *Glennkill*.

Das Schaf gibt es fast überall auf der Welt, doch mancherorts erfreut es sich besonderer Wertschätzung. In Island zum Beispiel, woher der Schriftsteller Hallgrímur Helgason (* 1959) kommt. Dessen Roman *Vom zweifelhaften Vergnügen, tot zu sein* handelt auf so intelligente Weise von Schafen, dass man es nach wenigen Seiten als naturgegeben akzeptiert, fast ausschließlich unter Schafen zu sein. Ja selbst der Romanheld, der Schriftsteller

Einar J. Grímsson, ein Mann, der einen eleganten Dreiteiler und edles englisches Schuhwerk trägt, gewöhnt sich, als er sich urplötzlich – derangiert und sockenlos – auf der Wiese eines isländischen Einödbauern wiederfindet, rasch an diese Situation.

Grímsson ist ohne jede Erinnerung an seine Vergangenheit, als er im isländischen Hochland von einem Jungen aufgelesen wird und in einer Schubkarre zum Hof des eigenbrötlerischen Schafzüchters Hrólfur verbracht wird. Nach und nach lichtet sich das Gedächtnisdunkel, und Grímsson erkennt entsetzt, dass er gegen seinen Willen eine Zeit-und-Raum-Reise angetreten hat: aus einem Pflegeheim des Jahres 2000 hinein in die Ödnis des Jahres 1952. Kaum beginnt sich Grímsson an diesen Umstand und sein offenkundiges Ableben zu gewöhnen, tut sich der nächste Schrecken auf: Er ist in einem seiner eigenen Romane gelandet und hat sich mit einer Personnage herumzuschlagen, die er selbst erfunden hat: »Warum konnte ich keine interessanteren Figuren erschaffen? Jetzt werde ich für diese Dummheit bestraft.«

Helgasons *Vom zweifelhaften Vergnügen, tot zu sein* greift diese Roman-im-Roman-Idee genüsslich auf und nutzt sie zu einem pointensicheren Verwirrspiel der Fiktion. Da leidet Grímsson plötzlich daran, was er seinem bemitleidenswerten Personal alles zugemutet hat – einer Kuh beispielsweise, die stets im Freien verharrt, weil ihr Autor es verabsäumte, »sie in den Stall zu schreiben«. Und selbst nie korrigierte Druckfehler beeinflussen die (Roman-)Realität auf merkwürdige Weise: »›Was ist das für ein Geruch?‹, fragte Eivís. Ich drehte mich zu ihr und zuckte die Achseln. (...) Doch der Gasgeruch verschwand so schnell, wie er gekommen war. Hinter der nächsten Klippe entsann ich mich eines alten Druckfehlers, ein kleiner Buchstabe, der einmal vergessen worden war, sodass aus ›Gras‹ ›Gas‹ wurde.«

Vom zweifelhaften Vergnügen, tot zu sein ist mehr als ein intellektueller Spaß, den isländische Leser zudem auf ihren Halldór Laxness und dessen Roman *Sein eigener Herr* beziehen. Einar Grímsson leidet heftig darunter, nie vergleichbare Ehrungen erhalten zu haben, und sein ganzer Zorn richtet sich gegen ein Jahrhundert, das sich dem ästhetischen Minimalismus der Abstraktion verschrieben habe. Angriffslustig wendet sich der zwischen Borniertheit und Hellsichtigkeit schwankende Grímsson gegen den Nouveau Roman, Dekonstruktion, »écriture automatique«, gegen Ibsen, der humorlos wie alle Norweger sei, Kafka, dessen *Verwandlung* (siehe oben) eines erwachsenen Mannes unwürdig sei, und gegen Alberto Giacometti, dessen Kunstwerke aussähen, »als hätte sie ein Samuel Beckett im Keramikkurs fabriziert«.

Und natürlich gelten Grímssons Brandreden seiner Heimat, diesem »gottverlassenen Land«, das von einem »Winzvolk« mit »Minderwertigkeitskomplex« bewohnt werde. Nichts will dem Weltbürger Grímsson hier genügen; ja selbst simple Wetterphänomene geben sich nicht mit normalen Erklärungen zufrieden: »Oh, dieses gebeutelte Land! Auf Island nennt man es Windstille, wenn zwei Windrichtungen aufeinanderprallen und miteinander ringen, bis eine die Überhand gewinnt.«

Vier Jahre im Leben des toten und sich dabei rasch verjüngenden sockenlosen Nobelpreisaspiranten umfasst dieser Roman, und man täte ihm völlig unrecht, ihn nur als blitzgescheites, komisches Spiel aufzufassen. Hinter seiner schillernden Erzählfassade verbirgt sich zum einen die Geschichte eines verblendeten Schriftstellers, der in jungen Jahren Stalin und seiner Diktatur huldigte, und zum anderen die anrührende Geschichte eines Menschen, der alles verliert, was sein Dasein ausmacht. Schafbauer Hrólfur wird von eifrigen Landwirtschaftsbeauftragten dazu gezwungen, seinen von Krankheit bedrohten Viehbestand töten zu lassen. Nichts bleibt ihm, und als er schließlich mit seiner (vermeintlichen) Tochter schläft und diese schwanger wird, gerät sein Leben außer Rand und Band. Er, der stets die Freiheit der Hochlandeinöde genoss, muss sich als Arbeiter verdingen, dessen einziges Ziel es ist, in seiner ärmlichen Mansarde einen Neuanfang als Schafhalter zu versuchen – eine ergreifende Szene, die einem Mensch und Schaf gleichermaßen nahebringt. Glücklich endet auch diese Episode nicht, und die Schlussbilder des Romans zeigen Hrólfurs alten, zwangsversteigerten Hof als Ausflugsattraktion für beflissene Grímsson-Leser: »›Es sieht tatsächlich genauso aus, wie man es sich vorgestellt hat, als man das Buch las‹, sagte die breit gebaute Frau mit dem kleinen Kopf.«

So lasse ich mir Tierromane gefallen – wenn sie mir das Wesen einer Gattung facettenreich erläutern und zugleich von Dingen erzählen, die über die Enge eines Schafstalls hinausgehen. Wer *Vom zweifelhaften Vergnügen, tot zu sein* liest, wird Schafe fortan mit anderen Augen sehen. Und erwägen, eine Island-Reise zu unternehmen.

&. HALLGRÍMUR HELGASONS Roman *Vom zweifelhaften Vergnügen, tot zu sein* erschien 2001 im isländischen Original (unter dem Titel *Höfundur Íslands*). Die deutsche Übersetzung von Karl-Ludwig Wetzig kam 2005 im Verlag Klett-Cotta heraus.

Wer einen Wüstentrip gebucht hat und damit nicht recht glücklich wird, lese:

KAREN DUVE, *Regenroman*

Sie lesen gerne Bücher, die Sie in ein anderes Leben, andere Länder, andere Beziehungen entführen? Sie nutzen Romane, um dem Alltag zu entfliehen und in Phantasiewelten einzutauchen? Dagegen ist wenig zu sagen, sofern die literarische Traumfabrik ihr Geschäft nicht zu plump betreibt und ihre Konsumenten mit Produkten abspeist, die nur im ersten Moment köstlich munden ... und später unverdaulich im Magen liegen und Sodbrennen erzeugen.

Die meisten Leser suchen in Büchern Erfahrungen, die schöner und erfreulicher sind als die eigenen. Wer in einer Pinneberger Zweizimmerwohnung mit Blick in den aschgrauen Hinterhof wohnt, erfreut sich zwangsläufig daran, wenn er von den sonnendurchfluteten Abenden auf einer mallorquinischen Finca lesen darf, die natürlich fernab der Touristenströme liegt und ein echter Geheimtipp ist. Auch das Gegenteil ist denkbar: Wer zu viel Sonne genossen und genug davon hat, nur mit herrlichen Menschen zusammen zu sein, greift freudig zu Büchern, die Feuchtes und Unappetitliches mit großer Anschaulichkeit zu schildern wissen.

Karen Duve (* 1961) ist eine Erzählerin von erstaunlicher Vielseitigkeit, und mit ihrem ersten Roman – dem *Regenroman* – gelang es ihr auf Anhieb, ein unverwechselbares Lokalkolorit zu schaffen und aus Sonnenanbetern

Freunde des kühlen Nasses zu machen. Der ungewöhnliche Titel, der die Gattung einbezieht, signalisiert, dass das Wetter in dieser Geschichte weit mehr als ein Dekorum ist. Der ständige Niederschlag, der Menschen und Orte in diesem Buch traktiert, ist kein Leitmotiv, sondern Thema im engeren Sinne. Es nieselt, regnet und schüttet unaufhörlich; die Begleiterscheinungen des Feuchten und Modrigen nehmen die Figuren in Beschlag. Nirgendwo scheint Rettung vor der Nässe zu existieren, und so ist nur folgerichtig, dass Leon, eine der Hauptfiguren, sein Leben als Moorleiche beschließt.

Schauplatz dieser nassen Orgie ist eine verfallene Kate irgendwo in der Einsamkeit Mecklenburgs. Der Schriftsteller Leon Ulbricht, Ende dreißig, verlässt Hamburg und zieht sich – um ein Auftragswerk zu vollenden – mit seiner merklich jüngeren Frau Martina dorthin zurück, wo sich niemand gute Nacht sagt. Der Zuhälter und Ex-Boxchampion Benno Pfitzner will sein Leben literarisch adeln und erteilt Leon die Order, seine Autobiografie zu Papier zu bringen. Dieser ist jedoch mehr als die Karikatur eines Schriftstellers. Bislang nur mit Gedichten, »die sich nicht reimten und nicht verkauften«, hervorgetreten, ist er den Anforderungen der Mecklenburger Abgeschiedenheit nicht gewachsen.

Das erworbene Haus entpuppt sich als vom Schimmel befallene Ruine, die in sich zusammenfällt. Aufgrund seines handwerklichen Ungeschicks schafft es Leon nicht, den Verfall aufzuhalten. Seine Frau distanziert sich zunehmend von ihm und wendet sich dem Hund zu, der charmanterweise auf den Namen Noah hört. Ein Hexenschuss macht Leon arbeitsunfähig, und sein Auftraggeber Pfitzner zeigt sich alsbald unzufrieden mit Leons sozial engagierten literarischen Bemühungen und entzieht ihm seine Gunst – zumal Dichter in seinen Augen ohnehin eine abnorme Spezies darstellen: »Ein Schriftsteller ist einer, der nicht scheißen kann, weil er den ganzen Tag vor der Schreibmaschine sitzt und sich nicht von der Stelle rührt. Aber statt dass er nun aufsteht und ein paar Runden um den Block dreht, bleibt er sitzen und schreibt darüber, dass er nicht scheißen kann.«

Karen Duve ist eine Autorin mit famoser Phantasie und offenkundig nicht allein auf Versatzstücke aus der eigenen Biografie angewiesen. Das skurrile Setting des *Regenromans* profitiert davon und wird angereichert durch Nebenfiguren von stupender Originalität: die verhaltensauffälligen Nachbarinnen Kay und Isadora Schlei, der Tierarzt, der es satthat, ständig Kleinvieh zu behandeln, Leons Freund Harry, der seinen Kampfhund der Elbe anvertraut, oder der Krämer Guido Kerbel, der sich gerne zurückzieht, um, in Frauenkleider gewandet, heftig zu masturbieren. Im kraftvoll in Szene gesetzten Showdown des Romans schaffen es die robusten Schlei-Schwestern, Leon und Martina aus den Fängen des Zuhälters zu befreien, und befördern diesen mit Brachialmethoden ins Jenseits. Leon selbst hat davon wenig: Martina verlässt ihn endgültig, und er tritt in geistiger Verwirrung den Weg ins Moor an, das ihn langsam aufnimmt: »Er wühlte sich mit Kopf und Händen hinein. Schlamm drang in seinen Mund und seine Nase. Schlamm füllte seine Gehörgänge und jede Falte seines Körpers. Leon schmatzte und schluckte, füllte seinen Magen mit Schlamm und Dunkelheit. Wie gut es war, Moder unter Moder zu sein. Leon sank zurück in den Schoß seiner wahren Mutter.«

Leons schauriges Ende zeigt, worum es hier geht: Die landschaftliche Weite des Ostens eröffnet einen neuen, ungewöhnlichen Zugang zur Natur, die alles zu verschlingen beginnt. Die Menschen in diesem Roman verlieren ihre Konturen, werden vom Regen hinweggespült, von Unmengen glitschiger Nacktschnecken bedroht und vom Häuserschutt fast begraben; sie versinken im Schlamm und im

Moor und sind, wie Martina, froh, sich ins vergleichsweise trockene Hamburg flüchten zu können. Auch die nicht dezent gehaltene Erotik des *Regenromans* steht unter solchen Vorzeichen: Leons unkonventionelle Paarung mit der fettleibigen Isadora ist eine Orgie des Sich-Verlierens, während derer der zuerst angewiderte Mann nach und nach genussvoll in die Fleischmassen seiner Partnerin eintaucht. Und auch Martinas Neigung, sich den leckenden Liebkosungen des Hundes Noah hinzugeben, überspringt die Grenzen bürgerlicher Wohlanständigkeit. Ausscheidungen jeder Art spielen eine wichtige Rolle; den Zusammenhang von Erotik und Untergang verkörpert die unter Bulimie leidende Martina am deutlichsten: Fress- und Kotzanfälle bestimmen ihren Tagesablauf und rühren, so die Erzählerbehauptung, daher, dass Martina sich in ihrer Jugend versündigt habe, als der Vater sie bei Fellatio-Übungen auf dem Schrottplatz überraschte.

Karen Duves Roman erregt Ekel – auf ungemein komische Weise – und lässt die Vermutung aufkommen, dass Regen ein Wetterphänomen ist, das zu wesentlich aufregenderen Ereignissen führt als jene langweilige Sonne, die in immer gleicher Weise zu irreparablen Hautschäden führt. »Raindrops keep falling on my head ...« – ein feiner Zustand.

🐌 KAREN DUVES *Regenroman* erschien 1999 im Eichborn Verlag, Berlin.

Wer altmodisches Reisen schätzt, lese:
ERHART KÄSTNER, *Ölberge, Weinberge*

Kaum jemand fährt irgendwohin, ohne sich in der Sicherheit eines rasch erworbenen Reiseführers zu wiegen, mal dick, schwer und kulturbeflissen, mal westentaschendünn und auf streng geheime Insidertipps für Shopping und Nightlife spezialisiert. Reisen ist zu einer erschwinglichen Selbstverständlichkeit geworden, und doch scheinen die Touristenscharen, die durch die Kathedralen geschleppt, an den immer gleichen Aussichtspunkten abgesetzt und in die – natürlich verschwiegenen – Gässchen geführt werden, von dem, was die Fremdheit eines fremden Ortes ausmacht, nicht viel mitzubekommen.

Individuell zu reisen sieht auf den ersten Blick beschwerlich aus. Niemand da, der einem die Angst vor unbekannten Sitten, rätselhaften Ticket-Automaten oder eigenwilligen Fischgerichten nimmt. Und dennoch: Wo man sich selbst abseits der ausgetretenen Routen schlägt und sich nicht von den »Musts« eines Reiseführers leiten lässt, tun sich Eindrücke auf, die man nicht alle schon von Postkarten oder Traumschiff-Fernsehfilmen her kennt. So lohnt es sich, auf Reisen Bücher mitzunehmen, die ein paar Jahre auf dem Buckel haben und nicht so tun, als würden sie brandaktuell die neuesten Seiten eines Landes zeigen.

Griechenland und seine Inseln waren bis in die 1960er Jahre hinein ein eher unerschlossenes Reiseland. Einige Hippieströme fanden den Weg nach Kreta, und Studenten mit schmalem Geldbeutel erkannten, dass sich hier als Rucksacktourist viel, und das relativ preiswert, erleben ließ. Das hat sich längst geändert: Griechenland ist touristisch bestens erschlossen, und fast alle größeren Inseln sind inzwischen mit dem Flugzeug zu erreichen. Man muss etwas tun, um sich der attraktiven und exotischen Konkurrenz von Sri Lanka, Madagaskar, den Malediven oder Bali zu erwehren.

Am altmodischsten fährt man nach Griechenland mit Erhart Kästners *Ölberge, Weinberge* im Gepäck. Kaum etwas von dem, was Kästner (1904–1974) hier (und in seinen anderen Griechenland-Büchern) beschreibt, wird einem heute in gleicher Weise begegnen. Der umfassend humanistisch gebildete Kästner, von 1936 bis 1938 Sekretär Gerhart Hauptmanns und nach dem Krieg lange Zeit Direktor der Herzog-August-Bibliothek in Wolfenbüttel, bereiste Griechenland unter einmaligen, die Publikationsgeschichte seines Buches unmittelbar beeinflussenden Umständen. Ohne des Neugriechischen mächtig zu sein, kam der Soldat Kästner 1941 nach Griechenland und erhielt – während die deutschen Truppen in das Land einfielen – die Erlaubnis, auf eigene Faust das griechische Hinterland und die Inseln zu bereisen und darüber ein für die kämpfenden Soldaten gedachtes Buch zu schreiben. Versehen mit Zeichnungen von Helmut Kaulbach, erschien es 1942/43 erstmals unter dem Titel *Griechenland*, das für die 1953 erschienene Nachkriegsausgabe *Ölberge, Weinberge* erheblich überarbeitet und um peinliche Passagen bereinigt wurde, die die deutschen, auf Kreta kämpfenden Soldaten als »›blonde Achaier‹ Homers« feierten.

Trotz dieser Vorgeschichte ist *Ölberge, Weinberge* ein ungewöhnliches Dokument geblieben, ein Seelen- und Trostbuch, das altväterlich einherkommt und ein letztes Mal, so klingt es, versucht, die griechische Antike und ihre Werte in den zivilisatorischen Verformungen des 20. Jahrhunderts aufzuspüren. In kleinen Miniaturen schreitet der Reisende Kästner voran, überzeugt, dass man die Schönheit einer Landschaft allein zu Fuß begreifen kann. Verlassen und einsam trifft er selbst die berühmten Stätten Delphi, Epidaurus oder Mykene an und versucht, »richtig im Leibe der Landschaft« zu sein.

Mit Kästner kehrt man in Tavernen ein, schmeckt das Öl in allen Speisen und lernt letztlich, zu sehen und zu begreifen: »Die Erfahrung hat mich gelehrt: man war an allen Orten nur halb, wo man nur die geheimnislosen Strecken des Tages verbrachte. Es ist nötig, die sich neigenden Abendstunden zu haben, eine schlaflose, prangende Weile der Nacht und den beginnenden Tag. Wenn die Dinge am Abend ihr Müdes und am Morgen ihr Unerfahrenes zeigen, ist es notwendig, da zu sein.«

Immer wieder klinkt sich der Betrachter aus dem Zeitgeschehen aus; es geht um die Suggestion einer Reise, die das Schöne und das Vergangene nicht nur gefiltert erfahren möchte – obschon in allen Zeilen mitschwingt, welche geschichtlichen Ablagerungen sich über alles und jedes schieben. Vermutlich erfährt *Ölberge, Weinberge* seinen zeitlosen Zauber nur, weil sich Erhart Kästners Prosa gar nicht erst bemühte, mit den Kahlschlag- und Stunde-null-Vokabeln jener Zeit mitzuhalten. Nein, die Figuren der Mythologie werden, etwa am Grab Agamemnons, lebendig; ein betörender Duft wilden Majorans umhüllt den Reisenden, und am Ende dieses Ganges steht eine Betrachtung über die Zeit: »Welcher Widerspruch, dass unsere Geburt der sich wiederholenden, kreisenden Zeit zugehört, unser Tod aber der Einmaligkeit. So hat unser Leben Anfang und Ende, und beides ist aus gänzlich verschiedenen Stoffen gemacht. Unser Leben ist aufgehängt an zwei Sorten von Zeit, die nichts Gemeinsames haben.«

Man muss die Probe aufs Exempel machen, mit Kästners *Ölberge, Weinberge* nach Griechenland reisen und sehen, ob es dank dieser widerspenstigen Lektüre auch nach mehr als einem halben Jahrhundert möglich ist, Griechenland, wennschon nicht mit der Seele, dann wenigstens mit offenen, unverblendeten Augen zu suchen. Es könnte die Mühe lohnen: Über den Kamm des Hymettos wandernd, blickt der Einzelgänger Kästner über die Ägäis, über »blaue Tupfen im seidenen Blau«, und macht eine Erfahrung, die die ungeduldigen Reisenden von heute kaum zu kennen scheinen: »Wenn man hier ist, hat man keine Sehnsucht anderswohin. Man ist in der Mitte der Welt. Es gibt wenig Plätze, die so eine Heimatkraft haben.«

ERHART KÄSTNERS *Ölberge, Weinberge. Ein Griechenland-Buch* erschien 1953 im Wiesbadener Insel Verlag. Es ist die stark überarbeitete Neuausgabe von *Griechenland. Ein Buch aus dem Kriege*, das zuerst »im Auftrage des Kommandierenden Generals im Luftgau Südost« in einer »nichtöffentlichen Auflage für die deutschen Truppen im Südosten zu Weihnachten 1942« verlegt wurde, ehe es ein Jahr später im Verlag der Gebrüder Mann, Berlin, herauskam.

Mit anderen Menschen zurechtkommen
(oder auch nicht)

Wer seine Mitmenschen für tolle Typen hält, lese:

SIBYLLE BERG, *Ein paar Leute suchen das Glück und lachen sich tot*

Es ist schön und ethisch wertvoll, wenn man ans Gute und Edle im Menschen und insbesondere im anderen Menschen glaubt. Einfach ist das nicht immer, selbst wenn man nicht alte Soziologen- und Philosophenreden bemüht, die den Menschen als Mängelwesen oder als des anderen Menschen Wolf bezeichnen. Da hilft kein Drumherumreden: Es gibt menschliche Wesen, die nur schwer zu ertragen sind und denen mit allem Gutmenschentum nicht zu helfen ist. Eine andere Frage ist es, ob es sich dabei um selbstverschuldete Widerwärtigkeit handelt oder ob sich übliche Verdächtige (Gesellschaft, Eltern, Globalisierung ...) verantwortlich machen lassen.

Sibylle Berg (* 1962) zählt nicht zu den Autoren, die ihre Texte mit Sympathieträgern bevölkern. Derb, gemein, verroht, unschön, triebhaft ... so geht es bei ihr zu, und bereits in ihrem Debüt *Ein paar Leute suchen das Glück und lachen sich tot* präsentiert sie ein Panoptikum des Schreckens, das zarte Gemüter scheuen werden. Sibylle Berg, die sich früh einen Ruf als unkonventionelle Reporterin und Kolumnistin erwarb, lässt in diesem Episodenroman rund ein Dutzend Figuren aus den 1990er Jahren aufmarschieren. Da sind Frauen, die ihren Geburtstag allein verbringen, Journalistinnen, die den permanent recycelten Dreck für Frauenmagazine zu Papier bringen, verheiratete Barpianisten, die ihr schwules Coming-out feiern, Männer, die in der Wüste unschön krepieren, der Vorsitzende der Liga zur Bekämpfung extraterrestrischer Killertapeten, der ungute Nebenwirkungen von Fototapeten erläutert, eine Mutter, die den Freund ihrer Tochter erobern will und zurückgewiesen wird, ein Mädchen, das nichts mehr essen will …

»›Wieso geht die Zeit schneller, wenn eines einmal 30 geworden ist‹, fragt die eine Frau, und die andere sagt, ›vielleicht weil uns dann klar wird, dass es keinen Probedurchlauf gibt‹« – auf diese schlichte wie wahre Erkenntnis lässt sich die Angst der Berg'schen Figuren zurückführen. Sie kommen mit dem Leben, genauer: mit ihren Erwartungen an das »große« Glück, an die »große« Liebe nicht zurecht. Die Praxis liefert eine Enttäuschung nach der anderen, ohne dass den Beteiligten immer Schuld zuzuweisen wäre.

An unangenehmen Körperflüssigkeiten, schnöder Gewalt und hilflosem Sex mangelt es in diesem Buch nicht, und dennoch ist *Ein paar Leute suchen das Glück und lachen sich tot* mehr als die handelsübliche Ekel- und Fäkalienprosa, die es sich einfach macht und das Elend der Welt literarisch verdoppelt. Sibylle Berg findet eine eigene Sprache für das kümmerliche Dasein ihrer Bettinas, Veras und Helges. Sie baut knappe Sätze, die mitunter so wirken, als seien sie lieblos hingehauen und stünden mit der Grammatik auf Kriegsfuß. Doch genau dieser rotzige Tonfall, der sich den Figurengedanken anschmiegt, macht Berg-Texte so unverkennbar und so treffsicher. Und so komisch, selbst wenn es um misslungenen Geschlechtsverkehr geht: »Tom streift seine Hose ab, und diese Pause ist Nora peinlich, sie gräbt ihr Gesicht an seine Brust so lange, wegen der Peinlichkeit. Tom nimmt ihre Hand und legt sie auf seinen Schwanz. Nora weiß nicht, warum die Hand da liegen soll, und drückt. Tom stöhnt. Nora lässt los. Tom denkt nicht mehr. Er verbringt schnell sein Glied in Nora und beginnt seine Arbeit.«

Sexualität darzustellen gelingt wenigen Autoren, und es lässt sich bis ins Detail gut beobachten, wie Sibylle Berg die Einsamkeit ihrer Elendsgestalten Satz für Satz abbildet. Man kann ihre Sätze komisch finden, weil sie das Klagen der Figuren immer wieder mit einer ungewohnten Wendung anreichert: »Wir sind die Generation der Beschissenen. Ich weiß nicht von wem und um was. Vielleicht weil sie uns die Unschuld genommen haben. Den Glauben an einen Sinn. Vielleicht ist die Wissenschaft schuld oder irgendein Bankangestellter, der in seiner Freizeit Versuche macht.« Bettinas Erklärung des Weltleides ist absurd – und dadurch verliert die Rede von der »Generation der Beschissenen« ihren pauschalen Charakter und entzieht sich dem Klischee.

Wer genau hinschaut, erkennt, dass Sibylle Berg insgeheim eine Moralistin ist, die sich nicht damit abfindet, dass die Welt ist, wie sie ist. Doch sie ist klug genug, ihre Texte fast immer so zu bauen, dass die moralische »Botschaft« zwischen all den Wagenladungen von Ironie und Zynismus nur durchschimmert. In jedem Fall ist *Ein paar Leute suchen das Glück und lachen sich tot* ein schnell wirksames Gegengift für alle, die ein Wochenende bei esoterischer Wellness verbracht haben und es überdrüssig sind, sich an den Händen zu fassen und sich beziehungsweise einander zuzurufen: »Du, ich mag dich!« Nein, man kann nicht alle mögen – warum auch? Sibylle Berg findet dafür reichlich Belege.

🐾 SIBYLLE BERGS *Ein paar Leute suchen das Glück und lachen sich tot* erschien 1997 im Reclam Verlag Leipzig.

Wer weiß, dass nur Freunde das Leben lebenswert machen, lese:

SAMMY DRECHSEL, *Elf Freunde müsst ihr sein*

So notwendig wie die Freundschaft ist nichts im Leben«, hielt schon Aristoteles fest, und bis heute hat sich an der Wertschätzung der Freundschaft wenig geändert. Verlässliche Freunde um sich zu scharen hilft, sich in der verworrenen Welt zurechtzufinden, und so gilt die Fähigkeit zur Freundschaft als Ausweis sozialer Kompetenz, die mit rein materiellen Zwecken nichts zu tun hat. Wo der Kommerz alles durchdringt, tut sich deshalb die – im wahren Sinne – nicht mit Geld zu bezahlende Freundschaft schwer, und es ist kein Wunder, dass sie vor allem dann beschworen wird, wenn eine Gesellschaft sie hintanzustellen beginnt.

»Freundinnen müsste man sein«, singt der Liedermacher Funny van Dannen, ein Mann, der ironisch darauf blickt, dass Frauen offenkundig eine stärkere Begabung haben, freundschaftlich-innige Bindungen einzugehen, als Männer, die es selten zu mehr als kumpelhaft-rüden Bündnissen bringen. Auch im Fußball, dieser einst wichtigsten Nebensache der Welt, macht sich der Verlust an echter Freundschaft bemerkbar. Kein verständiger Betrachter der Champions-League-Spiele käme heutzutage auf den Gedanken, dass diese zweiundzwanzig hochbezahlten Profis aus Spaß an der Freude einem netten Zeitvertreib nachgehen und sich hinterher als gute Freunde das Herz ausschütten.

Früher, so sagt die Legende, war das anders. Früher funktionierte der Mannschaftssport Fußball nur, wenn ein verschworenes Team von elf Freunden auf dem Platz agierte und Egoismen keine Chance hatten. Der unvergessene Weltmeisterschaftstriumph der Deutschen von 1954 beruht auf diesem Glauben an die elf Freunde, von Toni Turek bis Helmut Rahn, die es nie wagten, ihrem autoritärgütigen »Chef« Sepp Herberger zu widersprechen. Ein Jahr später hielten die »elf Freunde« Einzug in einen – so der Untertitel – »Fußballroman für die Jugend«, der vom Erfolg im Berner Wankdorf-Stadion zehrte und sich als unverwüstlicher Klassiker des Genres gehalten hat.

Sammy Drechsel (1926–1985), Sportreporter und Kabarettist, schrieb dieses Berliner Fußballstück, dessen herrlich gestrige Umschlaggestaltung bis heute nicht verändert wurde und die Helden des Buches, die Mannschaft der 5. Volksschule in der Koblenzer Straße, in ihren blauweißen Trikots auf den Platz marschieren lässt. *Elf Freunde müsst ihr sein* spielt im Berlin der 1930er Jahre, dort, wo auch Autor Drechsel aufwuchs. Vom Nationalsozialismus ist in diesem Buch keine Rede; stattdessen geht es um die Ballheroen jener Tage, um Ludwig Goldbrunner, Hanne Sobek, Fritz Szepan, Willy Jürissen oder Raimundo Orsi, der 1934 mit Italien den WM-Titel errang. Wer sich als angehender Fußballer Vorbilder sucht und nicht mit dem Strom schwimmen will, sucht sich extravagante Spieler aus, zu denen er aufblickt. Einen wie Orsi eben, für den Sammy Drechsels Held, Mittelstürmer Heini Kamke, heftig schwärmt.

Kamke (so lautete auch Drechsels bürgerlicher Name) ist der Leitwolf seiner Wilmersdorfer Schule, und der Roman folgt den spannenden Spielen um die Berliner Bezirksmeisterschaft. Viele Rückschläge haben die ballgewandten Jungen zu verdauen: einen Rektor, der Fußball für eine sinnlose Beschäftigung hält, einen dürftigen Finanzetat, der die Anschaffung einer neuen Ausrüstung verhindert, die üble Verletzung eines wichtigen Spielers, das grausame Nachsitzen, weshalb man ein entscheidendes Spiel mit sieben Spielern beginnen muss, eine blamable Niederlage gegen die schwachen Zehlendorfer ... Heini Kamke und seine Mitstreiter lassen sich nicht beirren, und am Ende kommt es, wie es sich jeder Leser wünscht: Das Endspiel um die Schulmeisterschaft, geleitet vom bekannten Unparteiischen Carl Koppehel, gewinnen die Koblenzer gegen das starke Charlottenburg mit 4:3 (1:2) – ein Ergebnis, das zur Bekehrung des fußballabstinenten Rektors Schulz führt.

Sammy Drechsels Buch ist kein Sprachkunstwerk, darum geht es nicht: Es erzählt von den alten Tagen des Fußballs, und natürlich verklärt es den moralischen Zusammenhalt, den das Spiel gibt. Heini und seine »duften Kumpels« glauben an ihren Wahlspruch »Elf Freunde müsst ihr sein, wenn ihr Siege wollt erringen«, an dieses Motto, das den Mannschaftssport zu einer ethisch wichtigen Angelegenheit macht.

Platz genug für vorbildliches Verhalten ist in diesem Roman. Als Heini Kamke, unbemerkt vom Schiedsrichter, ein Tor mit der Hand erzielt, scheut er sich nicht, diese Regelwidrigkeit schweren Herzens zuzugeben und den Sieg seiner Mannschaft zu gefährden: »Heini nestelte an dem Gummiband seiner Turnhose. Sein Blick blieb einen Augenblick auf dem Ball hängen. Dann gab er sich einen Ruck. Er klemmte den Ball unter den Arm, lief damit zum gegnerischen Tor und legte ihn an der Stelle, an der er ihm entgegengesprungen war, auf den Boden. Dann kehrte er zum Schiedsrichter zurück und sagte mit tränenerstickter Stimme: ›Freistoß für die andern!‹«

Mit den torhungrigen Berliner Volksschülern sind Generationen von Nachwuchskickern groß geworden. Ihre Erfolgsgeschichte bestärkte die Hoffnung, man könne es selbst auf dem Rasen weit bringen, und ihr Appell an die Freundschaft ließ kein Bubenherz unbeeindruckt. Auch Friedrich Christian Delius, Jahrgang 1943, hat davon berichtet, wie er Sammy Drechsels Roman seinen Mitschülern als Anschauungsunterricht zu lesen gab und was er selbst daraus lernte: »Aber mehr als zur mentalen Aufrüstung unserer Mannschaft hat Sammy Drechsel dazu beigetragen, meine sozialen Erfahrungen zu erweitern, gruppendynamische Prozesse besser zu begreifen und mich über Motivations-Management aufzuklären.«

Neben diesem – wenn man so will – ideologischen Hauptprogramm weist das Buch eine Fülle von kleinen Szenen auf, die das Faszinosum Fußball beleuchten. Gleich zu Anfang wird eine dröge Mathematikstunde zu einem Lehrbeispiel, wie wertvoll die Betrachtung von Fußballtabellen fürs richtige Leben sein kann. Zu Heini Kamkes Zeit entschied bei Punktgleichheit noch nicht die Tordifferenz über den besseren Tabellenplatz; es bedurfte rechnerischer Akrobatik, um den Torquotienten – geschossene Tore geteilt durch eingefangene Tore – zu ermitteln. Rechenlehrer Peters nutzt die Gunst der Stunde und nimmt seine Schüler plötzlich für die Kunst des Dividierens ein – schließlich geht es darum, den kommenden Berliner Fußballmeister vorherzusagen: »Wenn ich den Nenner eines Bruches erhöhe, wird der Wert kleiner. Das heißt also: ein 4:3-Sieg ist für eure ›Störche‹ viel ungünstiger als 1:0, oder 2:1, oder 3:2, obwohl in all diesen Fällen die Tordifferenz die gleiche, also 1 ist. Bei 4:3 würden die ›Störche‹ nämlich nur ein Gesamt-Torverhältnis von 1,64 erzielen, und wenn Hertha dann mit 1:0 verlieren würde, wäre sie mit einem Verhältnis von 1,66 Berliner Fußballmeister.«

Auch diese komplizierte Mathematiklektion stellt Heini Kamke und seine Freunde nicht vor unlösbare Rätsel. Sie meistern alle Probleme, egal ob es um Quotienten oder Elfmeter geht. Und sie tun dies, weil sie um den Zusammenhalt wissen, den sie als gemeinsam agierende Mannschaft – und nur als Mannschaft – erringen. Das ist schön und tröstlich, und daran wollen wir gerade in Zeiten der unseligen FIFA- und Pay-TV-Regentschaft gerne glauben, zwischen den Spieltagen zumindest.

⚽. SAMMY DRECHSELS Roman *Elf Freunde müsst ihr sein* erschien 1955 im Thienemann Verlag.

Wer sich scheut, mit seinen Kindern zusammenzuleben, lese:

JULIEN GREEN, *Adrienne Mesurat*

Wer sich in Familie begibt, kommt darin um«, lautet ein gern zitiertes Bonmot des österreichischen Romanciers Heimito von Doderer, und da fast alle Menschen zumindest kurzzeitig in Familienverbänden leben, fällt den meisten zum Thema Familie etwas ein. Romane dazu erfreuen sich seit jeher großer Beliebtheit, verknüpft diese Gattung doch Persönliches und Zeitgeschichtliches miteinander und schafft so Identifikationsangebote für Leser, die sich (oder Anverwandte) in dieser und jener Figur wiedererkennen. Familiengeschichten erlauben es, Konflikte zuzuspitzen und gleichzeitig Erzählrahmen zu schaffen, die Übersichtlichkeit herstellen.

Der Franzose Julien Green (1900–1998) hat mit seinem zweiten Roman *Adrienne Mesurat* Doderers Diktum eindrücklich illustriert. Bereits der erste Satz – ein Fanal für jeden Roman – umreißt, welche Enge und Bedrücktheit in diesem Buch walten wird: »Aufrecht, die Hände hinter dem Rücken, stand Adrienne da und betrachtete den *Friedhof*.« Der »Friedhof«, das ist im Wortschatz der Mesurats eine Galerie von zwölf längst verblichenen Vorfahren, die im Esszimmer das Treiben der Gegenwärtigen kritisch betrachten. Furchteinflößend wirken diese Porträts, und mit dem ersten Satz ist klar, worunter die Titelheldin, die 18-jährige Adrienne, zu leiden hat.

Zusammen mit ihrer kränkelnden älteren Schwester Germaine und ihrem cholerischen Vater lebt sie im Städtchen La Tour-l'Evêque, tief in der französischen Provinz. Adriennes Leben ist von beklemmender Monotonie. Nichts geschieht, was ihren Tages- und Wochenrhythmus durcheinanderbrächte; die häuslichen Vorgänge sind bis ins Kleinste vorherbestimmt, und Adrienne, die Gefangene dieses Kreislaufs, kommt nicht umhin, die Rituale des Vaters zu ihren eigenen zu machen: »... und sie glich einer Nonne, die zwar ihren Glauben verloren hat, sich für die Ordensregel jedoch eine Art mürrische Anhänglichkeit bewahrt, weil es nun einmal die Regel ist, für die sie sich einst entschieden hat.«

Julien Green erzählt seinen Roman weitgehend aus der Perspektive seiner Heldin und zeichnet ihre Einbildungen und Träume nach. Adrienne spinnt sich Fluchtphantasien zurecht und scheint am Ziel angelangt, als sie den Arzt Doktor Maurecourt in einer Kutsche vorbeifahren sieht und Liebesglut in sich aufsteigen fühlt. Argwöhnisch beobachten Vater und Schwester, wie sich Adriennes Verhalten verändert: Überall hält sie nach ihrem vermeintlichen Retter Ausschau und scheut sich nicht – um ihn ins Haus zu locken –, mit den Händen eine Fensterscheibe zu durchschlagen und sich absichtlich zu verletzen.

Das Verhängnisvolle an ihrem Verhängnis ist dessen Unausweichlichkeit: Selbst als sich die Konstellation in der Villa des Charmes, so der bitter-ironische Name des Mesurat'schen Hauses, verschiebt und Germaine sich in ein Kloster davonmacht, bedeutet dies keine Befreiung für ihre Schwester. Ja selbst als die Ereignisse am Ende des ersten Romanteils eskalieren und ihr misslauniger Vater sich, mit Adriennes handgreiflicher Unterstützung, zu Tode stürzt, bleibt Adrienne in ihrer Lethargie gefangen und unfähig, sich selbst zu befreien. Ihr Weg – von Green mit schneidender Präzision beschrieben – führt in den Wahnsinn.

Adrienne Mesurat ist staunenswert, nicht nur weil Julien Green das als Mittzwanziger schrieb und man diesem Buch nur Meisterschaft zuschreiben kann. Die Lektüre übt eine Schubkraft aus, die keine kriminalistischen Elemente benötigt. Green verlangsamt das Erzähltempo und bringt Adriennes Seelenleid so nahe, dass man als Leser Beklemmung empfindet und sich im »Kerker« der Mesurat-Villa eingeschlossen fühlt. Hier mit diesem Vater, mit dieser Schwester will niemand leben, und als Adrienne sich jählings entschließt, ihrem Vater den Todesstoß zu versetzen, darf sie damit rechnen, dass mancher Leser sofort zum Mittäter geworden wäre oder sich bei Polizeiverhören dumm gestellt hätte. Früh ahnt man, dass die Hoffnungen, die Adrienne in den bewunderten Arzt oder in die neue Nachbarin Madame Legas setzt, unerfüllt bleiben werden, und doch will man an diesem Schicksal teilhaben, will wissen, wie das Familienjoch zerbricht. Das Geheimnis der Green'schen Kunst (nicht nur in diesem Roman) liegt vielleicht darin, dass es schwerfällt, das Erzählte aus einer einzigen Sicht zu erklären. Gewiss, es ist erlaubt, die Tyrannei, die Vater und Schwester ausüben, psychologisch auszudeuten, doch befriedigend ist diese Lesart letztlich nicht.

Green ist, wenn man so sagen kann, ein metaphysischer Romancier, der die provinzielle Enge und das überschaubare familiäre Setting dazu nutzt, vom generellen Leiden der Menschen zu erzählen. Das Unheil liegt in dieser Welt, und davon schonungslos zu berichten ist Greens Absicht. Da sich Green zur Religion bekannte, hat dies Leser, die Erbauliches zumindest zum Romanende hin erwarteten, oft verstört. Er selbst wusste genau zu unterscheiden: Die Literatur vermittelt keine frohen Botschaften, so gern man diese geliefert bekäme. »Man macht einen Roman aus der Sünde wie einen Tisch aus Holz«, hat Green sein Prinzip kurz und bündig zusammengefasst, und *Adrienne Mesurat* belegt diesen Satz. Weil der Roman daran keine Abstriche macht und Adriennes Geschichte gnadenlos bis zu ihrem bleiernen Schluss erzählt, ist er ein so großartiger Roman. Glauben Sie mir, wer einmal angefangen hat, Julien Green zu lesen, wird damit nicht aufhören können und mit *Leviathan*, *Treibgut* oder *Mont-Cinère* fortfahren müssen.

❦ JULIEN GREENS *Adrienne Mesurat* erschien im französischen Original 1927. Ein Jahr später lag die erste Übersetzung (von Irene Kafka) vor. Eva Rechel-Mertens' spätere Übertragung erschien in vielen Ausgaben, ehe 2000 im Carl Hanser Verlag Elisabeth Edls neue Übersetzung herauskam.

Wer beabsichtigt, dauerhaft mit seiner Mutter zusammenzuleben, lese:

ELFRIEDE JELINEK, *Die Klavierspielerin*

An Vater-Sohn- und Mutter-Tochter-Büchern herrscht kein Mangel. Die literarische Bearbeitung unausgegorener Eltern-Kind-Beziehungen ist ein klassischer Stoff, lassen sich mit diesem doch frühe Prägungen und Verletzungen beschreiben. Das Spektrum reicht von Kafkas *Brief an den Vater* über Walter Hasenclevers Drama *Der Sohn* bis hin zu den vielen Büchern, die die Rolle der Väter während des Nationalsozialismus beleuchten. Die Auseinandersetzung mit den Werten und politischen Vorstellungen der Elterngeneration erlaubt es, sich selbst klar(er) zu werden, mit der Vergangenheit abzurechnen oder Liebe, wie bei Peter Härtling, »nachzutragen«.

Sich lesend auf diese familiären Kämpfe einzulassen hilft manchmal, Verkrustungen im Kopf zu beseitigen – und sei es nur dadurch, dass man erfährt, wie weit verbreitet zwiespältige Gefühle gegenüber den eigenen Eltern sind und wie falsch es ist, sich deswegen zu früh mit Schuldgefühlen zu überhäufen. Anderswo, so die Lehre, geht es viel gruseliger zu – eine gute Gelegenheit, sich in Nachsicht zu üben.

Die Steiermärkerin Elfriede Jelinek (* 1946) ist eine Expertin für die Dekuvrierung (klein)bürgerlicher Machtverhältnisse. Mit einer für die österreichische Literatur nicht untypischen Haltung entwirft sie vor allem in ihren frühen

Arbeiten Figurenkonstellationen, die nicht aus dem Handbuch für gepflegten menschlichen Umgang stammen. Ihr bester Roman *Die Klavierspielerin* handelt von Abhängigkeiten, wie sie nur in der Enge eines Familienverbundes entstehen können. Die Wiener Klavierlehrerin Erika Kohut lebt, obschon Mitte dreißig, immer noch in der Wohnung ihrer Mutter, nachdem es dieser gelungen ist, ihren Mann aus dem Haus zu treiben und in eine Anstalt einzuweisen. Mutter und Tochter verbringen ihre gleichförmigen Tage in einer quälenden Symbiose, die körperliche wie seelische Gewalt selbstverständlich mit einschließt.

Der Wunsch der Mutter, aus ihrer Tochter eine weltberühmte Pianistin zu machen, misslang, und so bescheiden sich alle Beteiligten damit, dass Erika als Musiklehrerin arbeitet, auf den Professorentitel hofft und ihren – meist verstockten und unbegabten – Zöglingen das Einmaleins der Beethoven- und Schubert-Interpretation nahezubringen sucht. Zu Hause erwartet sie das strenge Regiment der Mutter, die ihre Tochter als Besitzstück ansieht und Eigenmächtigkeiten oder abendliche Verspätungen nicht toleriert.

Elfriede Jelinek schildert diesen sich immer wieder in undamenhaften Raufereien entladenden Machtkampf mit einer drastischen Sprache, die – darin liegt der Witz – Sachen und Menschen nicht immer streng unterscheidet. Vor allem wenn es um sexuelle Besitznahme geht, verschwimmen die Grenzen, und Elfriede Jelinek beschreibt Vorgänge mit einem bewusst desillusionierenden Vokabular. Um erotische Begierden geht es in der *Klavierspielerin* nämlich sehr wohl: Die Absicht der Mutter, ihre sich abends vor dem Fernseher mit Gebäck amüsierende Schrumpffamilie dauerhaft zu etablieren und die Tochter vor Übergriffen männlicher Ungeheuer abzuschotten, fruchtet nicht. Was unterdrückt werden soll, entlädt sich andernorts: Erika macht sich nach dem Unterricht in entlegene Bezirke auf, um Peepshows aufzusuchen und Prostituierte in den Praterauen bei der Arbeit zu beobachten – Szenen, verfasst im typisch antistimulierenden Jelinek-Stil: »Er fährt in die Frau hinein, als müsste er in Rekordzeit ein Paar Schuhe besohlen oder eine Autokarosserie zusammenschweißen. Die Frau wird von den Stößen jedes Mal bis auf die Grundmauern erschüttert. (...) Der Türke hat eine unglaubliche Energie und ist in irrsinniger Eile. Er wählt jetzt sogar eine höhere Übersetzung in seinem inneren Getriebe, um in der Zeiteinheit und eventuell auch in der Geldeinheit möglichst viele Stöße placieren zu können.«

Die Verhältnisse im Hause Kohut spitzen sich zu, als Erika in den Bann ihres zehn Jahre jüngeren Schülers Walter Klemmer gerät. Dieser will Erika erobern und versucht ihren Panzer zu durchbrechen. Erika wiederum sieht eine ideale Möglichkeit, mit ihm die ihr innewohnende Dialektik von Unterwerfung und Bestrafung auszuleben. Die Toilette und die Besenkammer des Instituts werden zu den ersten Orten ihrer rüde ausgelebten Sexualität. Den anderen zu erniedrigen und ihn gleichzeitig sexuell herauszufordern, das schafft drastische Momente, in denen alle menschlichen Triebe durcheinandergeworfen werden. Erikas Versuche, Walter ihre Unterwerfungsphantasien in einem Brief zu erläutern, befremden diesen – so hatte er sich das prickelnde Abenteuer mit der ältlichen Jungfer nicht vorgestellt. Zum Showdown kommt es in der Kohut'schen Wohnung, als sich Walter und Erika in deren Zimmer verschanzen, während die verzweifelte Mutter, die ihre Felle davonschwimmen sieht, gegen die Tür trommelt und schließlich Vergessen im Eierlikör sucht. Wieder endet alles in einem Gewaltausbruch, auf den die gedemütigte Tochter wiederum mit Entschuldigungskuss-Arien für die Mutter reagiert.

Die Klavierspielerin ist ein roher Roman, der zarte Gemüter, die an das Gute familiärer Beziehungen und erster Liebeserfahrungen glauben, erschrecken dürfte. Der Prosa Thomas Bernhards in manchem vergleichbar, gelingt es den Jelinek'schen Übertreibungen und Überspitzungen jedoch, eine verschüttete Wahrheit ans Licht zu holen: Ihre psychisch gebrochenen Figuren erhalten die Lizenz, Gewaltvisionen auszuleben; die äußere Handlung wird zur Projektionsfläche eines desolaten Innern. Aus dieser Zuspitzung rührt – wenn man einen Sinn dafür hat – eine (Sprach-)Komik, die viele Jelinek-Sätze zu Zitierklassikern macht. Zum Beispiel wenn es über die Biografien der geliebten Komponisten heißt, dass diese »allzu oft von geschlechtlichen Lüsten und Listen« handeln und so den »irreführenden Anschein« erwecken, »als entwüchse erst dem Komposthaufen der Geschlechtlichkeit das Gurkenbeet des reinen Wohllauts«.

Wer Elfriede Jelineks (Selbst-)Peinigungsorgien, zumindest in ihren unverbiesterten frühen Arbeiten, nur bierernst nimmt, verfehlt den Reiz dieser unsentimentalen Prosa. Ach ja, und mit Mutter zusammenzuleben, das wird man nach der Lektüre der *Klavierspielerin* gewiss nicht mehr wollen.

❦ ELFRIEDE JELINEKS *Die Klavierspielerin* erschien 1983 im Rowohlt Verlag, Reinbek.

Wer es für eine sinnvolle Idee hält, die Eltern jedes Wochenende zu besuchen, lese:

PIERRE BOST, *Ein Sonntag auf dem Lande*

Wie schlimm, wenn es zu spät ist, wenn sich etwas nicht wiedergutmachen lässt. Wenn man es zum Beispiel wochen-, monatelang hinausgeschoben hat, seine Eltern zu besuchen, andere Dinge immer dringlicher schienen, und man erhält plötzlich die Nachricht, dass Vater oder Mutter nicht mehr leben. Der Franzose Pierre Bost (1901–1975) hat einen schmalen Roman darüber geschrieben, dass auch das Gegenteil – die übergroße Fürsorge von Kindern – das nahende Sterben der Eltern nicht leichter erträglich macht. Und darüber, dass Eltern die Liebe zu ihren Kinder nicht immer gerecht verteilen.

Bost veröffentlichte zwischen 1924 und 1945 mehr als ein Dutzend Romane, Erzählbände und Essays und zählte zu den markantesten Literaten und Journalisten der Zwischenkriegszeit. Er kam kurz nach dem Ersten Weltkrieg nach Paris, wo er am Lycée Henri IV zu den Schülern des einflussreichen Philosophen Alain zählte. Sein Schaffen war von großer Produktivität gekennzeichnet. Neben seinen zahlreichen Publikationen – darunter so bemerkenswerte Romane wie *Faillite* (1928), *Le scandale* (1931) und *Porte-Malheur* (1932) – schrieb er Feuilletons und Filmkritiken, fungierte als Chefredakteur der Zeitschrift *Marianne* und arbeitete in den dreißiger Jahren als Lektor des renommierten Verlagshauses Gallimard, das auch etliche seiner Werke herausbrachte. Mehr und mehr wandte er sich in dieser Zeit dem Kino zu. Bis zu seinem Tod wirkte er – meist zusammen mit seinem Freund Jean Aurenche – an über fünfzig Filmen mit und zeichnete für die Dialoge oder Drehbücher verantwortlich.

Ein letztes Mal indes kehrte Pierre Bost zur Literatur zurück. Im Herbst 1945 mit *Ein Sonntag auf dem Lande*. Mit diesem zarten impressionistischen Juwel setzte er, nicht ohne leichte Bitterkeit, einen bewussten Schlusspunkt unter seine literarische Karriere. Die Qualitäten seines Werkes unterschätzend, glaubte Bost, den eigenen Ansprüchen nicht gerecht werden zu können. Er, der die Lektüre Marcel Prousts als »Offenbarung« empfunden hatte und dennoch nie versucht war, dessen Prosa zu imitieren, verabschiedete sich aus der Literatur und baute in *Ein Sonntag auf dem Lande* geschickt eine Begründung für diesen Schritt ein.

Eine Künstlerfigur steht im Mittelpunkt des in den 1920er Jahren spielenden Buches. Der Mittsiebziger Urbain Ladmiral hat sich vor die Tore von Paris zurückgezogen. Er blickt auf eine durchaus erfolgreiche Laufbahn als Maler zurück, die ihm allerlei Auszeichnungen – die Ehrenlegion! – einbrachte, und verzichtet auch im Alter nicht darauf – wenngleich das Repertoire seiner Motive überschaubar ist –, den Tag in seinem Atelier zu verbringen. Gleichzeitig weiß er darum, dass er ungeachtet aller Ehrungen nie zu jenen zählen wird, die die Malerei revolutioniert haben und als Avantgarde in die Geschichtsbücher eingingen. Zu Anfang des Romans wird das in einer Passage deutlich: »›Ich hatte einen Fehler‹, sagte er. ›Mir mangelte es an Mut. Aber davon abgesehen, war es nicht nur meine Schuld, wenn ich nicht bessere Bilder gemalt habe. Was wollt ihr? Ich habe gemalt, wie man zu meiner Zeit gemalt hat, wie man es mir beigebracht hat. Ich habe an meine Lehrmeister geglaubt; man hatte uns dermaßen die Tradition, die Regeln, die Vorfahren und die Werktreue einge-trichtert.‹« Zu wahrer Originalität, so der mit sich ins Gericht gehende Monsieur Ladmiral, sei er nicht vorgesto-ßen, und diese Selbsterkenntnis gibt seinem Lebensabend einen melancholischen Ton, der sich dadurch verstärkt, dass seine allem Modernen gegenüber aufgeschlossene Tochter Irène mit den Bildern des Vaters nichts anzufan-gen weiß. Man geht nicht fehl, wenn man in diesem fin-gierten Monolog des Malers Ladmiral die Stimme des Schriftstellers Bost hört, der sein eigenes Werk damit auf einen – zu kritischen – Prüfstand stellt und der Literatur Lebewohl sagt.

Irène und Gonzague – so heißen die Kinder des Witwers Urbain Ladmiral, Kinder, wie sie nicht unterschiedlicher sein könnten. Während sich der ängstliche Gonzague, den seine Frau nur Edouard nennt, mit seiner Familie in einem etwas langweiligen bürgerlichen Leben etabliert hat, geht die flatterhafte Irène undurchschaubaren, aber offenkundig finanziell lukrativen Geschäften nach und lässt sich, zum Leidwesen von Vater und Bruder, nicht in die Karten ihres Liebeslebens schauen. *Ein Sonntag auf dem Lande* handelt von einem Geflecht von Gefühlen, dessen Hintergründe sich die Protagonisten selten eingestehen. Sorge, Eifer-sucht und ein sich in kleinen verbalen Spitzen äußerndes Ressentiment machen das Untergründige des Textes aus, der an der Oberfläche ein ereignisarmes Ritual beschreibt, Gonzagues allsonntäglichen Besuch bei seinem Vater. Die Abfolge dieser Stunden ist einstudiert und wird von den Beteiligten routiniert absolviert. Darauf bedacht, seine un-ternehmungslustigen Kinder in Schach zu halten und den nach schwerer Mahlzeit unumgänglichen Mittagsschlaf auszukosten, spürt Gonzague jedoch insgeheim Ängste in sich aufsteigen, die Furcht vor dem näherrückenden Tod des geliebten (Über-)Vaters.

Pierre Bosts so unauffällige wie beeindruckende Kunst

besteht darin, seinem Roman jene Langsamkeit zu geben, die das Erzählte, die immergleichen Handgriffe, die immergleichen Dialoge, benötigt. In Zeitlupe bewegt sich der Text und mit ihm seine Akteure, die in der provinziellen Ruhe des Ladmiral'schen Landhauses vor den drohenden Anforderungen der Moderne zurückweichen. Verkörpert werden diese durch Irène, die unangemeldet auftaucht, binnen weniger Sekunden das zementierte Sonntagsgefüge durcheinanderwirbelt und sich zum Leidwesen ihrer Neffen ebenso rasch wieder davonmacht. Irènes fragile Leichtlebigkeit macht allen Beteiligten deutlich, auf welch schwachem Fundament ihr Leben steht, und zwingt zu Rechtfertigungen, die umso lebhafter ausfallen, je klarer den Wortführern ihre Selbsttäuschungen bewusst werden.

Ein Sonntag auf dem Lande ist eine mit leichter und souveräner Hand aufs Papier getupfte Erzählung, die Melancholie und Humor miteinander verwebt. Sie zeigt uns einen Autor, der nicht auftrumpfen und seine Fähigkeiten nicht zur Schau stellen muss. Sie spricht, häufig zwischen den Zeilen, von dem, was Menschen überfordert, und sie spricht vom tagtäglichen Umgang mit diesen Überforderungen. Mit der größten – dem Tod – lässt sich ohnehin nicht umgehen; das wissen alle drei Protagonisten sehr genau.

Dass Pierre Bost bis zu seinem Tod 1975 keine weiteren literarischen Arbeiten vorlegte, trug erheblich dazu bei, dass sein umfangreiches Werk gänzlich aus dem Bewusstsein verschwand. Immerhin führten Bosts Arbeiten für den Film dazu, dass *Ein Sonntag auf dem Lande* ein erfreulicheres Schicksal erfuhr. 1973 hatte Bost am Drehbuch von Bertrand Taverniers Debüt *L'horloger de Saint-Paul* mitgewirkt, und auch für das Drehbuch des ein Jahr nach Bosts Tod in die Kinos gekommenen Tavernier-Films *Le juge et l'assassin* war er mitverantwortlich. Taverniers Film *Un dimanche à la campagne* (1984) ist so eine Hommage an den vielseitigen Schriftsteller Pierre Bost und zugleich eine sehr gelungene Romanadaption. Bis auf wenige Ausnahmen – Urbain und Gonzague tragen leider keine Bärte, und die im Roman unterbleibende Autoausfahrt mit Irène findet statt – hielt sich Tavernier eng an die Vorlage. Wer den berückenden Film sieht, meint flirrende Sommerhitze auf der Haut zu spüren und in ein Auguste-Renoir-Gemälde einzutauchen, untermalt von Gabriel-Fauré-Klängen. Und nicht zuletzt verstehen es Schauspieler wie Louis Ducreux (als Monsieur Ladmiral) und Sabine Azéma (als Irène), das Zittern der familiären Atmosphäre, das Bosts Roman trägt, zu transportieren.

Am 6. Dezember 1975 starb Pierre Bost in Paris, anderthalb Jahre nach seiner Frau. Vierundzwanzig Jahre später erinnerte sich Bertrand Tavernier an diesen außergewöhnlichen Schriftsteller und Cineasten, der für ihn ein Mann hoher moralischer Integrität war: »Das Bild, das ich von Pierre Bost bewahre, ist das eines unglaublich mageren, knochigen Mannes, der kein Gramm Fett besaß. Er ließ mich an einen Weinstock denken: nichts an ihm, was unnütz gewesen wäre.« Und für Bosts letzten Romanhelden, Urbain Ladmiral, hegt Tavernier eine »große Zärtlichkeit«. Zu Recht.

❦ In Frankreich wurde PIERRE BOSTS *Ein Sonntag auf dem Lande* 1945 unter dem Titel *Monsieur Ladmiral va bientôt mourir* veröffentlicht, 2013 dann in meiner Übersetzung im Dörlemann Verlag.

Wer einfach nur angerührt werden möchte, lese:

CARSON MCCULLERS, *Das Herz ist ein einsamer Jäger*

Über Elend und Not zu schreiben ist nicht einfach. Der Romancier läuft Gefahr, sich zu schnell auf die Seite der Elenden und Notleidenden zu schlagen und die Leser mit guten und richtigen Meinungen zu bevormunden. Andererseits wollen wir liebend gern Bücher haben, die einen packen, die ergreifen und nicht nur für den Augenblick bewegen. So wie damals, als wir Harriet Beecher-Stowes *Onkel Toms Hütte* lasen und voll Mitleid verfolgten, was sich auf den Baumwollplantagen der amerikanischen Südstaaten abspielte. Die meisten Autoren scheuen es, sich derart direkt auf die Wirklichkeit einzulassen; viel leichter schreibt es sich da über Beziehungsprobleme oder Schreibnöte – Themen, die selten in den Verdacht geraten, der »engagierten« Literatur zugerechnet zu werden.

Wie eng die Gratwanderung zwischen gut gemeinter und gut gemachter Literatur ist, zeigt der Debütroman der Amerikanerin Carson McCullers (1917–1967), der keinem Risiko aus dem Weg geht und sich mit Leib und Seele auf Menschen, auf gesellschaftliche Außenseiter einlässt. *Das Herz ist ein einsamer Jäger* spielt kurz vor Ausbruch des Zweiten Weltkriegs in einer Kleinstadt im amerikanischen Bundesstaat Georgia. Schon nach wenigen Kapiteln schält sich eine Gruppe von Figuren heraus, die miteinander in Verbindung stehen und auf ganz unterschiedliche Weise versuchen, das Schicksal zu meistern. Zum Brennpunkt dieser Beziehungen wird der taubstumme John Singer, der als Graveur in einem Juweliergeschäft arbeitet. Anfänglich lebt er mit seinem taubstummen Freund, dem fettleibigen Spiros, zusammen, dem Singer allabendlich seinen Tagesablauf erzählt, ohne dass dieser großen Anteil an den Geschichten nähme. Als Spiros erkrankt und in psychische Konfusion verfällt, lässt ihn sein Vetter in eine weit entfernte Anstalt einweisen.

Singer mietet sich daraufhin zur Untermiete bei der vielköpfigen Familie Kelly ein, die nur dank ihrer Pensionsgäste ein halbwegs gesichertes Auskommen hat. Nach und nach wird Singers kleine Behausung zur Anlaufstätte für unterschiedlichste Charaktere: für den brummigen Wirt des »Café New York«, den trinkfreudigen Marxisten Jack Blount, der auf einem Rummelplatz für die Wartung eines Karussells zuständig ist, für den farbigen Arzt Dr. Benedict Copeland, der sich im Dienst seiner Patienten aufreibt, und nicht zuletzt für Vermietertochter Mick, die von einer ruhmvollen Karriere als Erfinderin oder Musikerin träumt. Der sympathisch-zurückhaltende Singer figuriert dabei – ein geschickter Erzählkniff Carson McCullers' – als Projektionsfigur für seine drangsalierten Gäste: »Jeder schilderte den Taubstummen so, wie er ihn sich wünschte. (…) Und warum hatten sich's alle in den Kopf gesetzt, der Taubstumme wäre gerade, wie sie ihn sich wünschten – während das doch ganz offensichtlich auf einem merkwürdigen Trugschluss beruhte.«

Singer, der nur das wenigste von dem mitbekommt, was seine monologisierenden Besucher vor ihm ausschütten, erscheint als Fels in der Brandung, der zwischen Weißen und Farbigen vermittelt und nicht von den Ängsten der anderen befallen ist. Indes, die Leser wissen mehr: Singers einziger Halt ist sein Freund Spiros. Immer wieder richtet Singer – nie beantwortete – Briefe an seinen Freund, und immer wieder nimmt er Urlaub, um diesen in der mühsam zu erreichenden Klinik zu besuchen. Als Spiros stirbt, hat Singer sein Lebenszentrum verloren: Er erschießt sich kurzerhand, und keiner seiner Nachbarn ahnt, was ihn zu diesem Schritt trieb.

McCullers' Figuren kreisen um und in sich selbst. Sie reden aneinander vorbei und bleiben letztlich in ihren Träumen und Visionen allein. Auch auf diese Weise ist *Das Herz ist ein einsamer Jäger* ein ungeschminkter Gesellschaftsroman. Wo einer – wie der Trinker Blount – seine marxistischen Theorien ausbreitet und zur Tat (auch mit Blick auf die faschistischen Tendenzen in Europa) aufruft: »Wir können's doch nicht einfach dabei lassen, dass wir Wissende sind; handeln müssen wir. Manche von uns treibt das zum Wahnsinn«, bleibt die Hohlheit und Folgenlosigkeit der Tiraden offensichtlich. Und auch der hochgeschätzte Arzt Copeland, dessen Mutter noch als Sklavin unterjocht war, zerbricht an der Ausweglosigkeit und ist, obwohl er sich als Freund der Armen und Schwachen aufreibt, in seiner eigenen Familie ein Isolierter, dessen Kinder nichts mit ihm anzufangen wissen.

Nein, *Das Herz ist ein einsamer Jäger* ist auf den ersten Blick kein heiter stimmendes Buch. Düster und hoffnungslos errichtet Carson McCullers das »Irrenhaus« Amerika; seine Bewohner freilich besitzen, so verzweifelt sie auch agieren, allesamt Eigenschaften, die auf ein besseres Leben hindeuten. Verschüttet ist, was sie an Menschlichkeit bewahrt haben – wenn man nur wüsste, wie sie wieder freizulegen wäre ... Neben dem Taubstummen Singer ist es vor allem die dreizehnjährige Mick, der die Sympathie des Textes gilt. Auf keinen Fall möchte sich das Mädchen von den gesellschaftlichen Umständen unterkriegen lassen. Mit einem Nachbarjungen, Harry, macht sie sich – in einer der schönsten Szenen des Romans – zum Schwimmen auf. Eine Geste folgt auf die andere, und Schritt für Schritt kommen sich die jungen Verliebten näher: »Sie wandten sich beide gleichzeitig einander zu. Sie lagen dicht aneinandergepresst. Sie fühlte, wie er zitterte, und sie ballte die Fäuste so fest, dass sie knackten. ›O Gott‹, sagte er immer wieder, ›o Gott.‹ Ihr war, als hätte man ihren Kopf vom Körper abgetrennt und weggeworfen. Ihre Augen starrten in die blendende Sonne hinauf, während in ihrem Kopf ein Zählwerk zu arbeiten schien. Und dann geschah es. So also war das.« Zwei Sätze, die diese scheue Liebesszene beenden, wie sie spärlicher nicht sein können ... und kunstvoller auch nicht.

Die Macht der Südstaatenrealität, die uns dieser Roman nahebringt, lässt es nicht zu, dass Micks Träume wahr werden. Der Musik geht sie verloren, als die finanzielle Notlage ihrer Familie sie zwingt, als Verkäuferin bei Woolworth anzufangen, weit unter ihren Möglichkeiten. Wer, so fragt sich das Mädchen, ist dafür verantwortlich? Wer hat Schuld an dieser Blockade ihrer Fähigkeiten? Die Antwort könnte kaum unbefriedigender sein: »Ihr war, als hätte man sie betrogen. Nur dass niemand sie betrogen hatte. Also konnte man auch seine Wut an niemandem auslassen. Und dennoch – trotz alledem hatte sie dieses Gefühl: betrogen.«

Das Herz ist ein einsamer Jäger, das ist ein aufwühlender, übervoller, peinigender Roman, dessen moralische Antriebe jedes Kapitel prägen. Das, so mag man einwenden, gleitet mitunter ins Traktathafte, ins Belehrende ab, doch zum Glück besinnt sich Carson McCullers (die dieses Buch mit gerade mal dreiundzwanzig Jahren veröffentlichte) auf ihre Stärke, Figuren kraftvoll zu zeichnen und sie mit biografischen Details so auszustatten, dass ihre seelischen Nöte nie künstlich wirken. Ja, John Singer und Mick Kelly vergisst man nicht wieder.

❦. CARSON MCCULLERS' *Das Herz ist ein einsamer Jäger* (im Original: *The Heart Is a Lonely Hunter*) erschien 1940 im amerikanischen Original. Die erste deutsche Übersetzung von Karl Heinrich wurde 1950 im Kantorowicz Verlag, Berlin, veröffentlicht; 1952 folgte Susanna Rademachers Übertragung im Scherz & Goverts Verlag, Stuttgart, die 1963 für die Ausgabe des Diogenes Verlags überarbeitet wurde.

Wer von einer Abhängigkeit in die nächste rutscht, lese:

BRIGITTE SCHWAIGER, *Wie kommt das Salz ins Meer*

So hätte man es gern: Sich einmal täuschen im Leben, einen Fehler begehen, die misslichen Folgen registrieren und daraus ein für alle Mal die richtige Lehre ziehen. Oder sich in psychoanalytische Behandlung begeben, im therapeutischen Gespräch die Ursachen für Verhaltensmuster erkennen und sich so aus diesem einschnürenden Korsett befreien. Oder einen Roman lesen, der eigene Dummheiten vorwegnimmt, Irrtümer beschreibt, die man – da man von ihnen nun ja gelesen hat – selbst nicht mehr begehen wird. Die Romanfigur als Stellvertreter gewissermaßen, als vorgeschobener Kandidat, der anstatt meiner die Examen des Lebens durchstehen muss.

Wenn es nur so wäre. Wenn man die Fehlgriffe anderen überlassen und Romane als simple Gebrauchsanweisungen fürs richtige reale Handeln verwenden könnte. Immerhin, ein wenig darf man vielleicht auf die abschreckende Wirkung dessen vertrauen, was ein Plot uns präsentiert. Zumal sich Autoren genau das womöglich beim Schreiben gedacht haben: Literatur als Mahnbild, als Einblick in die schrecklichen Mechanismen des Alltags.

Brigitte Schwaiger (1949–2010) debütierte in den 1970er Jahren als nicht einmal Dreißigjährige mit dem schmalen Roman *Wie kommt das Salz ins Meer*, der den Nerv der Zeit traf und dessen Titelmetapher beinahe sprichwörtlich wurde. Das unverkennbar autobiografisch inspirierte Buch wurde rasch der feministisch grundierten »Frauenliteratur« jener Epoche zugeschlagen und in einem Atemzug mit Christa Reinigs *Entmannung* oder Verena Stefans *Häutungen* genannt – meinungsbildende Selbstfindungswerke, die, von heute aus gesehen, fast alle ungenießbar geworden sind.

Auch *Wie kommt das Salz ins Meer* ist kein Meilenstein der deutschsprachigen Literatur und doch ein Roman, der dank seiner stakkatoartigen Pointiertheit nicht in übergroße Larmoyanz verfiel und so ein nicht nur der Zeit verhaftetes Frauenelend beschrieb. Worum geht es? Eine junge Österreicherin, die Ich-Erzählerin, entkommt ihrer Herkunft nicht und fügt sich scheinbar willenlos in die Erwartungen ihrer Familie. »Gutbürgerlich, vor dem Spiegel im Schlafzimmer meiner Eltern, gutbürgerlich, das ist das Wichtigste« – mit dieser »einfachen Formel« setzt der Roman ein, und damit ist das Dilemma auf den Punkt gebracht. Wie es sich für eine Tochter aus »gutbürgerlichem« Hause gehört, heiratet die Tochter natürlich nicht den intellektuell reizvollen Jugendfreund Karl, sondern den bereits in jungen Jahren saturierten Rolf, einen »anständigen und tüchtigen Burschen«, der die hierarchischen Verhältnisse der Gesellschaft verinnerlicht hat.

Die unbekümmerte Lebenslust seiner Frau zerbricht alsbald an den Normen des provinziellen Patriarchats; die Definition ihrer Identität bleibt an den Ehemann gekoppelt: »Ich bin nicht ich. Ich bin Rolfs Frau.« Das Bestreben, durch die Affäre mit einem verheirateten Zahnarzt aus ihrer Enge auszubrechen, misslingt; die männlichen Verhaltensmuster erweisen sich als allgegenwärtig. Eine psychische Krise führt bis zum Suizidversuch; nach der Scheidung kehrt die Frau ins Elternhaus zurück.

Der Rückschritt am Ende des Romans zeigt, dass *Wie kommt das Salz ins Meer* keinen progressiven weiblichen

Gegenentwurf parat hat. Das Denken und Fühlen der Erzählerin bleibt auf den Mann bezogen; von ihm wird die Rettung erwartet: »Es war so aufregend. Als er fragte, ob ich ihn heiraten würde, da dachte ich: Das Leben beginnt. Wem ein Heiratsantrag gemacht wird, der gehört endgültig dazu. Ich wollte ja immer dazugehören. Schon im Kindergarten. Aber ich gehörte nie dazu.« Als diese Hoffnung in Windeseile erlischt, wendet sie sich dem nächsten Mann zu; wieder bleibt sie fremdbestimmtes Objekt, und mit der Heimkehr zu den Eltern schließt sich ein grausamer Kreis. Entwürdigt und gedemütigt ist die junge Frau, keinen Schritt vorangegangen, im Gegenteil.

Wie kommt das Salz ins Meer hält in seinem trockenen Tonfall fest, wie sich Fehler wiederholen. Solange die Erwartung unverändert bleibt, wird sich daran auch wenig ändern. Dass der Roman und seine gebeutelte Heldin keine Alternativen zur Hand haben und einen Status quo des Leids beschreiben, darf man ihnen nur vorwerfen, wenn man von Büchern Patentrezepte erhofft und ihre Hauptdarsteller zu starken Charakteren machen will. Letztlich ist Brigitte Schwaigers vor Gericht als mehrfache Ehebrecherin gebrandmarkte Heldin nie in der bürgerlichen, von männlicher Logik geprägten Welt angekommen. Ihr kindlicher Spieltrieb will sich nicht gemein machen mit den Arrangements des täglichen, vermeintlich rational bestimmten Lebens.

Diese Haltung spiegelt sich im kühlen Witz der Erzählung. Das Ich gibt wörtlich wieder, was die Umwelt ihr an Trost schenkt (»Es geht mir gut. Andere Frauen haben keinen Küchenbalkon«), und enthüllt so das Anmaßende und Dürftige dieser Degradierung. Und trotz alledem ist Brigitte Schwaigers Alter-Ego-Gestalt in einem Zwiespalt: So klar sie erkennt, wie ihre Bedürfnisse an den Rand geschoben werden, so groß ist die Sehnsucht nach einfachen Welterklärungen, nach einer Harmonie, in der gesellschaftliche Etikette keine Rolle spielt. Die Szene, die dem Roman den Titel gab, fängt diesen Konflikt ein: »Wer zuerst das Meer sieht, kriegt ein Eis, sagte Vater. Ich, ich sehe das Meer! Aber wie kommt das Salz ins Meer? Mutter lacht. Die Fischer fahren hinaus, sagt Vater, und sie haben Pakete, und sie streuen das Salz vorsichtig in die Wellen. Mutter lacht und streichelt mich. Mutter und Vater sind glücklich.«

Die einfache »Erklärung« mag aus naturwissenschaftlicher Sicht mehr als unbefriedigend sein, und vielleicht ist es ja unstatthaft, ein Kind mit solchen naiven Vorstellungen zufriedenstellen zu wollen. Doch im Rückblick liegt darin auch das Bild glücklicher Eltern. Leider folgt das Leben diesem Modell selten, und so wird Brigitte Schwaigers Sehnsucht nach klaren Zusammenhängen immer wieder aufs Neue enttäuscht. So friedlich das Bild von den hinausfahrenden Fischern und ihren Salzpaketen auch anzusehen war.

Wissen Sie eigentlich, wie das Salz ins Meer kommt?

🐚 BRIGITTE SCHWAIGERS Roman *Wie kommt das Salz ins Meer* erschien 1977 im Paul Zsolnay Verlag, Wien.

Über Gott und die Welt nachdenken

Wer mal wieder an die Durchschaubarkeit der Welt glauben will, lese:

ARTHUR CONAN DOYLE, *Ein Skandal in Böhmen*

Alles, so wollen es die Interpreten unserer modernen Welt, sei in selbiger undurchschaubar geworden. Kein Stein stehe mehr auf dem anderen. Ich und Gesellschaft liegen zerbröselt vor uns; die menschliche Psyche ist durchsetzt von Mächten, die den freien Willen untergraben, und die Zusammenhänge von Politik und Wirtschaft geben uns das Gefühl, in einem System undurchsichtiger kausaler Bezüge zu leben. Die Literatur hat sich im 20. Jahrhundert lange diesen weltanschaulichen und sozialwissenschaftlichen Deutungen angeschlossen und Handlungen und Örtlichkeiten – mustergültig in Franz Kafkas *Das Schloss* – präsentiert, die Anonymität und Fremdheit spiegeln. Lesende Menschen bedürfen aber mitunter des Ausgleichs; tagein, tagaus mit der Erkenntnis konfrontiert zu werden, in einer sinnfreien Welt zu leben, die dem Einzelnen keine Hoffnung gibt, sie zu durchdringen, das ist unbefriedigend.

Auch deshalb gedeihen Kriminalliteratur und Detektivgeschichten umso stärker, je weniger sich die »ernste« Literatur um gesellschaftliche Themen und deren Ausleuchtung kümmert. Wo kluge Ermittler ans Werk gehen, mit ihrer Verstandesschärfe Verknüpfungen herstellen, die dem ungeschulten Beobachter entgehen, da wächst das Zutrauen – nicht nur in die Gerechtigkeit auf Erden, sondern auch in die Erfassbarkeit dessen, was Taten begründet und zusammenhält. Zu den Urvätern der Detektivgeschichte im 19. Jahrhundert gehört der Engländer Arthur Conan Doyle (1859–1930), gelernter Arzt, der mit der Figur des Sherlock Holmes einen Mythos der Berufsgruppe schuf. 1887 ließ er seinen Helden ein erstes Mal auftreten; in den folgenden Jahren musste dieser sich höchst erfolgreich immer neuen Fällen zuwenden – bis, es ist oft erzählt worden, Doyle seiner populären Figur überdrüssig wurde und sie (in *Der letzte Fall*) zusammen mit seinem Widersacher Professor Moriarty in den Reichenbachfällen entsorgte.

Genützt hat das Doyle wenig, denn seine Leser protestierten heftig, und so ließ er sich erweichen und Holmes (in *Das leere Haus*) wiederauferstehen. *Ein Skandal in Böhmen* ist die Geschichte, die Doyle und seiner Figur zum Durchbruch verhalf. Sie beginnt, wie viele dieser durchaus konventionell gebauten Geschichten beginnen. Ein Brief erreicht Holmes, und noch ehe der Hilfesuchende das berühmte Domizil des Detektivs in der Londoner Baker Street betritt, hat Holmes bereits feinsinnige Schlüsse gezogen. In höchste Adelskreise hat sich der europaweit renommierte Sherlock Holmes diesmal zu begeben, denn ein wahrhaftiger König, der böhmische, ist auf seinen Rat angewiesen.

Inkognito aus Prag angereist, hofft er, dass es Holmes gelingt, ihm kompromittierende Fotos zu besorgen, die die geplante Heirat des Monarchen gefährden könnten. Eine Frau ist es, die den böhmischen König in derartige Bedrängnis bringt: die Abenteurerin und Sängerin Irene Adler. Das ist deshalb bemerkenswert, weil Sherlock-Holmes-Geschichten mit dem weiblichen Geschlecht nicht eben galant umgehen. Holmes, dieser schillernde Charakter, der sich mal Drogen hingibt, mal wissenschaftliche Fachaufsätze publiziert, hält keine großen, nein, gar keine Stücke auf die Damenwelt – mit einer Ausnahme: »Für Sherlock

Holmes ist sie immer nur *die* Frau. Ich habe selten gehört, dass er sie mit einem anderen Namen bezeichnet hätte. In seinen Augen überstrahlt und überragt sie alle anderen Vertreterinnen ihres Geschlechts.«

Dank einer schauspielerischen Glanzleistung gelingt es Holmes, sich Einlass in den Adler'schen Wohnsitz zu verschaffen und das Versteck der Fotografien ausfindig zu machen. Am nächsten Tag will er zum entscheidenden Schlag ausholen, doch die kluge Dame hat London zwischenzeitlich verlassen und das Heft des Handelns in die Hand genommen – eine Erfahrung, die Meisterdetektiv Sherlock Holmes nicht alle Tage macht. Irene Adler hat Holmes' Verkleidung durchschaut und ihn mit eigenen Mitteln besiegt. Als Honorar vom dennoch völlig zufriedengestellten König erbittet der überlistete Holmes eine Fotografie der famosen Frau: »Und so geschah es, dass dem Königreich Böhmen ein gewaltiger Skandal drohte und die klügste List des großen Sherlock Holmes von der Klugheit einer Frau besiegt wurde. Früher pflegte er sich gern über den weiblichen Verstand lustig zu machen, doch seit einiger Zeit habe ich nichts dergleichen von ihm gehört.«

Ein Skandal in Böhmen lebt wie die anderen Holmes-Geschichten von der Verblüffung, die die Folgerungen des Meisters auslösen. Der gesunde Menschenverstand, verkörpert durch den Ich-Erzähler Dr. Watson, vermag die Zusammenhänge der Ereignisse nicht zu erfassen. Watson, dessen leichte Begriffsstutzigkeit mit dem überscharfen Verstand Holmes' prächtig korrespondiert, »sieht« nur, während Holmes »beobachtet«. Der wiederkehrende Kreislauf der Holmes-Enthüllungen baut genau darauf auf, auf den wackeren Versuchen Watsons, es seinem Idol nachzutun, und auf seinem unablässigen Scheitern: »›Wenn ich dich so räsonieren höre‹, bemerkte ich, ›scheint mir das Rätsel immer so lächerlich einfach, dass ich es selber hätte lösen können; dabei stehe ich auf jeder Stufe deiner Deduktion ratlos da, bis du mir dein Vorgehen erklärt hast. Schließlich sollten meine Augen ebenso gut sehen wie die deinen.‹«

Sie tun es nicht, doch wie Dr. Watson darf man als Doyle-Leser diese Erfahrung durchaus genießen. Die Holmes'sche Welterschließung hat etwas Beruhigendes; sie gibt Vertrauen zurück, wiewohl wir ahnen, dass es ein einsamer Kampf ist, den dieser Mann gegen das Böse und das Dunkle führt.

❦ ARTHUR CONAN DOYLES *Ein Skandal in Böhmen* (im Original: *A Scandal in Bohemia*) erschien 1891 als Vorabdruck im »Strand Magazine« und dann in der Sammlung *The Adventures of Sherlock Holmes*. Der Text liegt in vielen Ausgaben und Übersetzungen vor, etwa in der von Trude Fein in der Manesse-Bibliothek der Weltliteratur oder in der Werkausgabe des Verlags Kein & Aber, Zürich, übersetzt von Gisbert Haefs.

Wer manchmal an seinen Familienerinnerungen irrewird, lese:

KIRSTY GUNN, *Regentage*

Immer wieder geht es um die Familie, um die Herkunft, um das Prägende. Selbst wer in fortgeschrittenem Alter glaubt, alle familiären Bande für immer und ewig gekappt zu haben, kommt selten umhin, sich mit seinen Wurzeln auseinanderzusetzen. Familie, das ist der mal zersplitterte, mal goldene Kindheitsrahmen, und die Erinnerungen an diese Freuden und Schmerzen bestimmen ein ganzes Leben. Sie kommen wieder, besetzen die Gegenwart und lassen einen manchmal verzweifeln. Was Eltern, willentlich oder unwillentlich, mit auf den Weg geben, geht so schnell nicht verloren, und wer sich, willentlich oder unwillentlich, daran erinnert, wie es damals war, im engen, überschaubaren familiären Kosmos, der versteht nach und nach die Prägungen, sieht die wunden Punkte und blinden Flecken des eigenen Lebens.

Die Literatur lebt zu einem großen Teil davon, dass sie Familienstoffe nacherzählt, sei es als Verfallsgeschichten wie in Thomas Manns *Buddenbrooks* oder als »Zoologie« wie in Ernst Penzoldts *Die Powenzbande*. Das Wechselspiel von Eltern, Kindern und anderen Verwandten erlaubt vielfältige Identifikationsmöglichkeiten, über alle historischen Verankerungen hinweg. So veränderlich sich das Biotop Familie in den letzten einhundert Jahren zeigte, so unverkennbar sind die anthropologischen Konstanten, die

Lesern unterschiedlichster Herkunft ein Wiedererkennen erlauben.

Die Neuseeländerin Kirsty Gunn (* 1960) breitet in *Regentage* kein weites Familienpanorama aus. Die schmale Novelle kommt mit einer Handvoll Figuren aus – zuerst die Eltern Phelon und die beiden Geschwister Jane(y) und Jim Little – und scheint auf den ersten Blick ein sommerliches Idyll zu beschreiben. Jane denkt zurück an die 1970er Jahre, als sich die Familie sommers auf ein kleines Seegrundstück zurückzog und die Zeit verstreichen ließ: die Kinder mit Erkundungen der Uferlandschaften und des von einem Fluss durchzogenen Sees, die Eltern mit Sonnenbädern, Cocktails und ausschweifenden Partys mit Elvis-Presley-Musik.

Schon nach wenigen Seiten gelingt es Kirsty Gunn, den sommerlichen Zaubergarten der zwölfjährigen Janey und ihres sieben Jahre jüngeren Bruders so verwunschen zu schildern, dass man mühelos die Kinderperspektive annimmt. Nie wird Jane, die große Schwester, ihren Bruder im Stich lassen, und unverbrüchlich scheinen der Sommer und der Regen über dieser Szenerie zu stehen. Doch wie es so ist: Die Welt der Phelons steht auf wackligen Füßen, und es ist faszinierend zu lesen, wie sich diese Heillosigkeit allmählich in die Erzählung einschleicht. Mehr und mehr hat der See im Lauf der Jahre vom Strand Besitz ergriffen; die Warnung der Einheimischen vor dem schwachen Fundament der Landzunge konkretisiert sich, und die Phelons sind nicht in der Lage, sich gegen die nahende Katastrophe zu wehren.

Vom Wasser, vom Schwimmen und vom Fischen ist in diesem Buch viel die Rede. Von den großartigen, in der Lokalpresse eingehend gewürdigten Taten des angelnden Großvaters und von Janeys Kampf mit dem unnachgiebigen Schwimmlehrer, der aus ihr eine tolle Sportlerin machen wird. Daran erinnert sich Janey in Zeit- und Gedankensprüngen; wann genau was geschah, ist unwichtig. Die Regentage umspannen, so die Suggestion, die ganze Kindheit, und mit einem Mal gerät das Familiengefüge ins Wanken. Einzelne Bilder sind es, die sich ins Gedächtnis eingraben: der Vater, der seine Frau verlieren wird und seinen Kummer mit Alkohol betäubt. Einen Whisky sour nach dem anderen flößt er sich ein, und die ausgepressten Zitronenhälften türmen sich neben seiner Sonnenliege – ein makaberes Stillleben.

Die Träume des Vaters platzen. Er sehnt sich nach familiärem Halt, weiß um die Kraft, die »Gewohnheiten zum Weitergeben« vermitteln. Der »Trick«, der »andere Familien wirklich werden lässt«, misslingt: »Wie hatte ihm das geschehen können? Dass von seinem Leben nur noch ein nutzloses, dünnes Fetzchen übrig geblieben war? Er wartete auf sie in den Nächten, am Tag. Er nahm sich so viele Stunden Zeit, ertrug so viel Sonne ihretwegen, dass er vom Warten ganz ausgetrocknet war. Sein ganzes junges Leben dahin. Natürlich war meine Mutter eine Frau, der sogar flüchtige Bekannte mit Haut und Haaren verfielen, trotzdem ... Nicht einmal jetzt kann ich die Natur seines Verlangens ganz ergründen. War es nur die Sehnsucht nach Besitz? Der Wunsch, Gatte der Gattin zu sein? Wollte er von ihr nur diese simplen Gaben – ihre Schönheit, ihre kühle Distanz? Oder war es mehr, wünschte er sich, mit ihr gemeinsam diesen bitteren, grausamen Ort zu bewohnen, wo sie lebte, ihr Unglück?«

Kirsty Gunn hilft ihren Figuren nicht über diese Klippen hinweg. Die Desaster kommen, so wie das Schmelzwasser den Pegelstand des Sees ansteigen lässt. Zuletzt fällt alles in sich zusammen: Janey lässt sich vom Freund ihrer Mutter verführen, zuerst gegen ihren Willen und dann mit der Lust am Verbotenen, an der »Sünde«. Und währenddessen kommt ihr Bruder Jim um, überrascht von den Wassern, die einst das verlockende Gefilde der Kinderspiele waren, dort, wo beide einst in den Sommerregen hineinliefen.

Regentage ist ein wehmütiges Buch, das vordergründig kaum Trost bereithält. Von der Fremdheit der Erwachsenenwelt erzählt es und von einer Kindheit, die sich davon zu lösen versucht, letztlich vergebens. Jenseits der Enttäuschung und des Unglücks, die an der Oberfläche der Geschichte liegen, so Kirsty Gunn, kann man ohne ein Sich-Erinnern an die Schrecken nicht weiterleben. Janeys Familie wurde zerstört, unumkehrbar; das Erzählen davon mag schmerzhaft sein, notwendig ist es auf jeden Fall, auch für die Leser.

❧ KIRSTY GUNNS *Regentage* erschien 1994 im englischen Original (unter dem Titel *Rain*). Die deutsche Übersetzung von Stefanie Schaffer-de Vries folgte ein Jahr später im Berlin Verlag.

Wer manchmal allen Erinnerungen misstraut, lese:

JULIAN BARNES, *Vom Ende einer Geschichte*

Jugendtage, Jugendtage. Ereignisse, an die man sich Jahrzehnte später erinnert, mit der Gewissheit, sich eine überzeugende Version davon zurechtgelegt zu haben. Und selbst wenn einen Verwandte oder Bekannte korrigieren wollen und meinen, dass sich alles ganz anders abgespielt habe, wiegt das selten schwer. Man rechtfertigt sich, streitet ein wenig und beharrt letztlich auf dem, was man für die einzig wahre Vergangenheit hält. Dass der Wirrwarr der Erinnerungen die Existenz eines Menschen mitunter in Frage zu stellen vermag, das zeigt der Engländer Julian Barnes (* 1946) in seinem schmalen, bewegenden Roman *Vom Ende einer Geschichte*.

Tony Webster, der ein nicht namentlich genanntes Du anredende Ich-Erzähler, ist ein durch und durch unspektakulärer, mit dem Hier und Jetzt zufriedener Mann, der sich selbst als »Mittelmaß« empfindet, ohne sich deswegen zu grämen. Er hat studiert, als Historiker gearbeitet und eine Frau geheiratet, die sich später von ihm trennt, ohne dass es ihre Verbindung hätte gänzlich abreißen lassen. Er wurde Vater einer Tochter, mit der er sich leidlich versteht, und er weiß sich auch im Ruhestand sinnvoll zu beschäftigen. Die vier Jahrzehnte, die Tonys Situierung im bürgerlichen Leben ausmachen, spielen in dieser Erzählung freilich keine große Rolle und werden von Julian

Barnes fast ungnädig beiseitegewischt. Was den Kern von Tonys Leben bildet, liegt in seiner Jugend – und in dem, was von dieser Jugendzeit in Erinnerung blieb, nein, geblieben zu sein scheint.

Adrian, so heißt der hochbegabte Freund, der sich Tonys Clique während der Schulzeit anschließt, einer, der den anderen überlegen ist und dem Leben mit einem heiligen Ernst gegenübertritt. Er geht als Student nach Cambridge und ist mit einem rätselhaften Mädchen namens Veronica Ford zusammen, das zuvor Tonys – sexuell wenig nachgiebige – Freundin war. Einmal durfte sie Tony zu ihren Eltern begleiten, ein Wochenende, von dem ihm jede einzelne Szene immer wieder durch den Kopf geht. Die Beziehung zwischen Adrian und Veronica währt nur kurz; Adrians Selbstmord bringt alles aus den Fugen und lässt seine alten Freunde ratlos zurück. Warum hat sich Adrian, der den Suizid als größtes philosophisches Problem erachtete, das Leben genommen? Eine bündige Antwort scheint es nicht zu geben, bis die Vergangenheit mit einem Mal zurückkehrt, vierzig Jahre später.

Tony, der nie das Verlangen verspürte, sich auf Veronicas Spuren zu begeben, erhält die Nachricht, dass ihm Veronicas Mutter Sarah unerklärlicherweise 500 Pfund und Adrians Tagebuch vermacht habe. Letzteres ist jedoch noch im Besitz Veronicas, die nicht gewillt ist, das kostbare Gut an den Erben weiterzugeben. So macht Tony seine alte Freundin ausfindig, trifft sich mit ihr und versteht, trotz aller Begriffsstutzigkeit, endlich, dass nichts von dem, was er über Veronica und Adrian zu wissen glaubte, stimmt. Meisterlich hat Julian Barnes diesen bis zu den allerletzten Seiten reichenden Spannungsbogen angelegt und wartet am »Ende der Geschichte« mit einem verblüffenden Ende auf, das hier nicht einmal angedeutet werden darf.

Vom Ende einer Geschichte ist ein philosophischer, um Vergessen und Schuld kreisender Roman, der dennoch in keinem Moment die ergreifende Wahrhaftigkeit des Erzählten einem trockenen Gedankengerüst opfert. Der Pensionär Tony steht vor den Scherben seiner Existenz, weil seine Identität plötzlich kein Gerüst mehr hat. Selbstsicher wähnte er sich jahrelang in der Gewissheit, dass ihm Veronicas Sprödigkeit und ihr »Wechsel« zu Adrian seinerzeit wenig bedeuteten – bis ein wütender, moralisch verwerflicher Brief auftaucht, den er dem Liebespaar hinterherschrieb, ein Brief, dessen Existenz er gründlich verdrängt hatte. Kein Stein bleibt in diesem Roman, in diesem Leben auf dem anderen. Ein Trümmerfeld bleibt zurück. Und zahllose Fragen nach dem, was war und was das für Menschen waren, die einen durch das Leben begleiteten. Sind sie alle Unbekannte, Fremde? Und wie fremd ist man sich selbst?

Für *Vom Ende einer Geschichte* erhielt Julian Barnes im vierten Anlauf endlich den Booker Prize, und wenn sich die Qualität eines Buches daran misst, dass man es nach Beendigung der Lektüre sofort wiederlesen möchte, dann ist dieser Roman ein sehr, sehr guter Roman.

❧ JULIAN BARNES' *Vom Ende einer Geschichte* erschien im englischen Original 2011 unter dem Titel *The Sense of an Ending*. Die deutsche Übersetzung von Gertraude Krueger wurde im gleichen Jahr vom Verlag Kiepenheuer & Witsch veröffentlicht.

Wer zuhören will, wie sich gesellschaftliche Werte auflösen, lese:

ARTHUR SCHNITZLER, *Leutnant Gustl*

Auch wenn man es gern anders hätte: Sich vom vorgegebenen gesellschaftlichen Rahmen freizumachen ist ein Ding der Unmöglichkeit. Der Mensch ist eingebunden in einen sozialen und politischen Kontext, der sein Verhalten prägt, ja ihn womöglich dazu zwingt, auf Individualität zu verzichten. Ist es trügerisch, sich einzureden, in einem durchorganisierten Gesellschaftssystem ließen sich Eigenständigkeit und Identität wahren? Und welche Chancen hat der Einzelne, sich gegen Normen und Konventionen zu behaupten? Für die moderne Literatur, die sich nach und nach von den realistischen Erzählformen des 19. Jahrhunderts löste, bestand eine große Herausforderung darin, diesen Widerspruch auszuhalten und ästhetisch darzustellen. Oder mit anderen Worten: Wie schildere ich die Verstricktheit des um seine Autonomie fürchtenden Individuums in eine Masse, die alles und jeden zu absorbieren droht? Und wie werde ich dem Eindruck gerecht, dass ein omnipotentes Erzählen, das die Fäden in der Hand hält und Innen- wie Außenwelt gleichermaßen zu überblicken weiß, nicht angemessen ist, um die Komplexität der modernen Welt darzustellen?

Der Wiener Arthur Schnitzler (1862–1931) hat diese Erfahrungen ernst genommen und früh, wenn nicht gar als Erster im deutschsprachigen Raum versucht, äußere Handlung allein aus der Innenperspektive einer Figur zu präsentieren. *Leutnant Gustl* setzt konsequent auf die Erzählweise des sogenannten »inneren Monologs«, der dem Leser suggeriert, unmittelbar an den Gedankenspielen und -sprüngen eines Menschen teilhaben zu können. Diese neue Darstellungsart verzichtet darauf, Figuren von hoher Erzählerwarte aus zu taxieren und ihre Empfindungen zu kommentieren.

Nicht einmal zwölf Stunden im Leben eines Wiener Leutnants, der von Freunden nur Gustl genannt wird, werden auf rund dreißig Druckseiten eingefangen. Wir hören ihn denken, abwägen und klagen, und selbst die wenigen Dialoge, die Gustl in dieser Zeit führt, fügen sich nahtlos in den Fluss seines Raisonnements ein. Mit einem Konzertbesuch beginnt Schnitzlers Erzählexperiment: Gustl besucht widerwillig ein Oratorium, hofft auf dessen baldiges Ende, beobachtet das Publikum, insbesondere die Damenwelt, ärgert sich, von seinem aktuellen »Gschpusi« Steffi versetzt worden zu sein, und sinniert darüber, dass er sich am kommenden Tag mit einem Doktor duellieren muss, der die Ehre der Armee beleidigt hat.

Als der Musikgenuss endlich vorüber ist, kommt es an der Garderobe zu einem Gedränge, bei dem Gustl, fahrig, wie er ist, den Bäckermeister Habetswallner anfährt und daraufhin von diesem als »dummer Bub« bezeichnet wird. Leutnant Gustl vermag nicht zu reagieren und ist wie vor den Kopf geschlagen: Von einem nicht satisfaktionsfähigen Bäcker öffentlich gemaßregelt zu werden ist ein Ehrverlust ohnegleichen und kann, je länger Gustl das Für und Wider abwägt, nur durch Selbsttötung ausgemerzt werden. Konsterniert verlässt er den Konzertsaal, irrt durch die Straßen Wiens bis in den Prater, wo er – nachdem er von seinem Entschluss, sich morgens um sieben Uhr zu erschießen, nicht abrücken kann – auf einer Parkbank einschläft.

Ob ein mit sich selbst redender Mensch wirklich auf relativ vollständige Sätze zurückgreift, wie Schnitzler es in seinem Monolog nahelegt, oder ob dies nicht, wie es spätere Autoren versucht haben, weitaus bruchstückhafter und verrätselter abläuft, sei dahingestellt. Auf jeden Fall gehen die Gedanken des Lesers und die Gedanken des konfusen Leutnants unmerklich ineinander über. Während sich dieser ständig an den Vorstellungen von Gesellschaft und Armee orientiert, erlaubt er sich als Monologisierender, seine Zweifel hervorzukehren und alle Widersprüche dieses Fin de Siècle zu formulieren. Wir hören Gustl zu, wie er nach einer Hintertür sucht, um seinen Freitod zu verhindern, wie er von einer Auswanderung nach Amerika spricht, sich in Selbstekel und Selbstmitleid ergeht, einer Jugendliebe nachtrauert, Vor- und Nachteile der Ehe abwägt (»Hat schon was für sich, so immer gleich ein hübsches Weiberl zu Haus vorrätig zu haben …«), ein paar antisemitische Bemerkungen macht, traurig ist, sich nie im Krieg als Mann bewährt zu haben, oder über jenen Zufall lamentiert, der ihn erst ins Konzert führte und den Wortwechsel mit dem unerschrockenen Bäckermeister nach sich zog.

»Durch die gewählte Form aber ist die Enge und Begrenztheit des Helden im besten Sinn der Wirkung dienstbar gemacht«, so hat Rainer Maria Rilke die Besonderheit der Erzählung beschrieben. Indem wir der gehetzten Suada eines schwächlichen Leutnants lauschen dürfen, erkennen wir, auf welch tönernen Füßen das Wertesystem dieser Gesellschaft steht. »Ehre verloren, alles verloren« – mehr als Worthülsen vermag Gustl nicht hervorzubringen, wenn es um das ideelle Gerüst jener österreichischen Gesellschaft um 1900 geht. Um Genuss allein kreisen Gustls Gedanken, um Kaffeehausbesuche, ums Kartenspiel, um die Fadheit, jeden Abend mit der gleichen Frau auszugehen, und um die Furcht, in der Öffentlichkeit bloßgestellt zu werden. Die alten Ehrbegriffe von Monarchie und Soldatentum sind Hohlformen – und es wundert nicht, dass Schnitzler nach Erscheinen seiner Erzählung von Armeeangehörigen heftig angegriffen wurde.

Als Gustl schließlich von seinem Praterschlaf erwacht und in einen herrlichen Frühlingsmorgen blickt, beschließt er – bevor er seinem Leben ein Ende setzen will –, ein Kaffeehaus aufzusuchen. Er will die Morgenzeitungen in die Hand nehmen – »Mir scheint, ich will nachseh'n, ob drinsteht, dass ich mich umgebracht hab'« –, als der Kellner die rettende Nachricht überbringt: Bäckermeister Habetswallner sei um Mitternacht vom Schlag getroffen worden und sofort verschieden. Mit einem Mal sind Gustls nächtliche Überlegungen hinfällig; es besteht kein Grund mehr, sich zu erschießen. Die Lebensfreude kehrt zurück; »das Mensch« Steffi wird sich abends für ein Rendezvous sicher freinehmen können, und der Duellant des Nachmittags muss sich vorsehen: »Dich hau' ich zu Krenfleisch!«

Man darf *Leutnant Gustl* als Exempel für die Anfänge modernen Erzählens nehmen, keine Frage. Doch nur auf das formale Arrangement zu achten verdeckt, wie Rilke bemerkte, dass diese Monologform ein Vehikel ist, die Leere einer Gesellschaft und deren Auflösung aufzuzeigen.

❧ ARTHUR SCHNITZLERS Erzählung *Leutnant Gustl* erschien an Weihnachten 1900 in der »Neuen Freien Presse«, Wien, mit der Titelschreibung »Lieutenant Gustl«. Ein Jahr später folgte die Buchausgabe im S. Fischer Verlag, Berlin.

Wer den Glauben an persönliches Engagement wenigstens ab und zu gestärkt sehen will, lese:
ANTONIO TABUCCHI, *Erklärt Pereira*

Immer wenn einem die Bücherstöße – etwa auf der Frankfurter Buchmesse – zu viel werden und wenn man zu viele langatmige, austauschbare Romane gelesen hat, dann erwacht jäh das Verlangen nach einem federleichten Werk, das ohne merkliche Anstrengung Poesie verbreitet, das bewegt und vielleicht sogar zeigt, wie sich ein Individuum in schweren Zeiten behauptet und wie man selbst mehr Aktivität an den Tag legen könnte.

Der italienische Romancier und Literaturwissenschaftler Antonio Tabucchi (1943–2012) hat so ein »Wunschbuch« geschrieben, so ein Glanzstück, das ohne pompösen Aufwand einherkommt, im Gewand scheinbarer erzählerischer Naivität. *Erklärt Pereira* spielt im Jahr 1938, im Lissabon des diktatorischen Salazar-Regimes. Der Roman ist als Protokoll angelegt, als »Erklärung« des ältlichen Journalisten Pereira, der gegenüber im Dunkeln bleibenden Inquisitoren Rechenschaft ablegen muss. Ohne es zu wollen, wurde Pereira in ein politisch dubioses Geschehen verstrickt, in Machenschaften, die er nicht durchschaute und denen er, der »Stimme des Herzens« folgend, wacker trotzte.

Wenige Seiten genügen Antonio Tabucchi, um seiner Hauptfigur ein markantes Profil zu geben und der Sympathie der Leser zuzuführen. Verwitwet seit ein paar Jahren, lebt Pereira ein unscheinbares Großstadtleben; er verantwortet die Kulturseite einer kleinen Abendzeitung und übersetzt französische Novellen des 19. Jahrhunderts. Gleichförmig und unaufgeregt verlaufen seine Tage, von vermeintlich unumstößlichen Ritualen durchzogen. Eine feine Melancholie liegt über diesem aus Erinnerungen gespeisten Leben, keine Verzweiflung, kein Irrewerden – und wohl deshalb spiegelt dieses graue Einerlei besonders deutlich, was es heißt, der »Illusion eines Lebens« aufzusitzen.

Selten zuvor ist in einem Roman so kunstvoll das Prinzip des Wiederaufgreifens eingesetzt worden. Pereiras kulinarisches Repertoire kennt keinerlei Abweichung: Stark gezuckerte Zitronenlimonade und Omelettes bestimmen tagaus, tagein seinen Speiseplan. Alle Augenblicke wechselt er seine durchgeschwitzten Anzüge, nimmt er ein kühlendes Wannenbad, streitet sich mit der Concierge, und immer wieder klingt die Sehnsucht an, aus der Einsamkeit auszubrechen, ein unerfülltes Begehren: »Aber dieser Jemand war nicht greifbar, und so dachte er, dass er mit dem Bild seiner Frau sprechen würde, wenn er nach Hause käme.« Mit großer Liebe zeichnet Tabucchi diesen Monolog mit der Toten: Auf Reisen legt Pereira ihr Foto »mit dem Kopf nach oben« in den Koffer, »denn seine Frau hatte ihr ganzes Leben lang nach Luft gerungen, und er dachte, auch das Bild müsse gut atmen können«.

Um Politik kümmert sich Pereira nicht; die Erschütterungen in Deutschland, Italien oder Spanien dringen nicht an sein Ohr, denn »wir sind hier nicht in Europa, wir sind in Portugal«. Eine trügerische Sicherheit: Pereira macht die Bekanntschaft des jungen Monteiro Rossi, der über den Tod promovierte und deshalb geeignet scheint, für Pereira Nachrufe im Voraus zu schreiben. Rossi und seine Freundin Martha nehmen am antifaschistischen Widerstand teil; ihre Aktionen bleiben verschwommen, und Pereira will ohnehin davon nichts wissen: »Ich bin niemandes Genosse.«

Genau genommen entfaltet Tabucchis Roman im Folgenden ein Lehrstück, das man kaum einem anderen Autor abnähme: Ein apolitischer Mensch begreift allmählich, dass bestimmte historische Situationen zum Handeln nötigen. Pereira steckt Rossi Geld zu, gewährt erst dessen Cousin und dann ihm selbst Unterschlupf. Ein Zug, der stets den gleichen Kreis beschrieb, springt plötzlich aus den Schienen. Ein Kämpfer, ein Revolutionär wird nicht aus Pereira, doch ein Einsichtiger, der die »Sehnsucht nach der Vergangenheit« nicht mehr als höchstes Gut ansieht und der zaghaft beginnt, »Umgang mit der Zukunft« zu pflegen.

Das alles ist wunderbar flirrend erzählt, als bedürfe es dazu keiner Mühe und Kunstfertigkeit. »Engagierte Literatur« wäre sicher ein törichtes Etikett für diesen Roman, und dennoch ist er davon nicht weit entfernt. Pereira verändert nach und nach sein Leben: Er spricht nicht mehr mit seiner toten Frau; er trinkt Portwein statt Limonade und kauft Schinken statt Eier. Und nicht zuletzt setzt er seinen Kulturteil als Stilett gegen die Meinungsführer ein.

Der kleine, übergewichtige Pereira (in der Verfilmung des Romans von Marcello Mastroianni gespielt) erwächst innerhalb seiner Grenzen zum tapferen Helden, der den Kokon der »saudade«, dieser portugiesischen Sehnsuchtsvariante, durchbricht. Am Ende des Romans steht ein Befreiungsschlag, der Pereira als fintenreichen Einzelkämpfer zeigt. Warum er dies alles tut, ist ihm bis zuletzt unklar. Mit den politischen Hintergründen, wie gesagt, weiß er nichts anzufangen: »Pereira löschte die Kerzen und fragte sich, warum er sich auf diese Geschichte eingelassen hatte (…), warum er sich in Dinge einmischte, die ihn nichts angingen. Vielleicht weil Martha so dünn geworden war, dass man von ihren Schultern nur noch zwei Schulterblätter sah, die so spitz waren, wie zwei Hühnerflügel?« Das Mitleid mit der ausgezehrten Martha reicht aus, um von einer überkommenen Lebensform Abschied zu nehmen.

Eine schöne Geschichte, eine von der Sorte, wie sie in der Realität selten vorkommt. Auch deshalb gibt es Romane.

❧ ANTONIO TABUCCHIS *Erklärt Pereira* erschien 1994 im italienischen Original (Titel: *Sostiene Pereira*), Karin Fleischanderls Übersetzung folgte ein Jahr später im Carl Hanser Verlag, München.

Wer an der Gerechtigkeit
der Welt (ver)zweifelt, lese:

FRIEDRICH GLAUSER, *Wachtmeister Studer*

Gerechtigkeit sei, so Aristoteles, die höchste aller menschlichen Tugenden, und bis heute hat sich an deren Wertschätzung nichts geändert. Gerecht, bitte, soll es zugehen, wenn Gerichtsurteile verhängt, Steuerlasten verteilt und Weihnachtsgeschenke für die lieben Kleinen ausgesucht werden. Da sich die Einrichtung der Welt – ein alter Hut – nicht immer um Aristoteles und ihm nachfolgende Morallehrer kümmert, bleibt Gerechtigkeit ein Ideal, von dessen Verletzungen die Literatur in nicht geringem Maß profitiert. Wo immer Ungerechtes geschieht, sind Schriftsteller zur Stelle – sei es anklagend, sei es analysierend.

Zu den frühen Begründern und Meistern des Genres zählt der Schweizer Friedrich Glauser (1896–1938), der wie alle großen Kriminalautoren mehr zu bieten hat als die simple Beantwortung der Frage »Wer war's?«. In einem *Offenen Brief über die Zehn Gebote des Kriminalromans* hat Glauser selbst die Frage gestellt, wie es ein Autor zu bewerkstelligen habe, »dass es dem Leser fast gleichgültig ist, wer der Täter ist«. Als Medium seiner psychologisch raffinierten Milieustudien ersann er die Figur des Wachtmeisters Studer von der Berner Kantonspolizei. Wollte man diesen mit einem Adjektiv beschreiben, dann böte sich »knorrig« an. Das erinnert an alte Bäume, die jahre-, jahrzehntelang Wind und Wetter trotzten, deren unverwechselbare Gestalt manche Deformation abbekommen hat und die in ihren Ästen den Ausdruck gleichmütiger Unerschrockenheit spiegeln.

Im Winter 1932/33 begann Friedrich Glauser seine Figur Jakob Studer zu konturieren und ließ sie erstmals, in der Geschichte *Der alte Zauberer*, auftreten. Von Anfang an ist dieser Studer ein eigenwilliger Charakter, ein gewiefter, unorthodoxer, mit sich selbst hadernder Ermittler, der sich in andere hineinzuversetzen weiß und dem Augenschein selten traut. »Studer hatte ein dickes, rotes Gesicht, das jetzt ein wenig bläulich angelaufen war, und einen vertrauenerweckenden Schnurrbart« – und in diesem Moment seines ersten Auftretens ist er zudem von starkem Sodbrennen befallen, das die zum Frühstück (für Schweizer: Morgenessen) genossenen, wohl in billigem Fett zubereiteten Rösti verursachten. Studer ist, das wird aus der Eingangsszene sofort ersichtlich, kein strahlender, unverwundbarer Polizist; er gehört vielmehr in die (mittlerweile inflationär bevölkerte) Galerie derjenigen Detektive, die immer auch mit sich selbst beschäftigt sind, die in Selbstgesprächen vom Hundertsten ins Tausendste kommen, vom aufzuklärenden Fall permanent abschweifen und dennoch auf ihren verschlungenen gedanklichen Wegen am Ende Erkenntnisse gewinnen, die den rational und pragmatisch denkenden Bürokraten ihres Umfelds verschlossen bleiben.

Ein »abgesägter Fahnder« sei er, so Studers Selbsteinschätzung, der kurz vor der Rente steht und gern über die Beschwernisse der späten Jahre räsoniert. Seine Karriere weist – ein genüsslich zelebriertes Leitmotiv – einen Knick auf, einen dunklen Punkt, der nirgendwo restlos aufgeklärt wird. Eine Andeutung findet sich in *Matto regiert*: »Studer war ein paarmal in Wien gewesen, in jener fernen Zeit, da er wohlbestallter Kommissar bei der Stadtpolizei gewesen war, damals, als die Geschichte noch nicht passiert war, jene Bankenaffäre, die ihm den Kragen gekostet hatte, so dass er wieder von vorne hatte anfangen müssen, als einfacher Fahnder.«

Studer ist Moralist mit starkem »Gerechtigkeitssinn«. Seine Ursprünge im Emmental, wo sein Vater Bauer war, sind nicht vergessen, und allein deshalb bewahrt er sich gegenüber den »kleinen Leuten« eine Haltung des Mitfühlens, die sie gegen Übergriffe und vorschnelle Schuldzuweisungen der Etablierten schützen will. Der erste Studer-Roman *Wachtmeister Studer* (der nach dem Willen des Autors *Schlumpf Erwin Mord* hätte heißen sollen) führt dies beispielhaft vor: Im schweizerischen Dorf Gerzenstein, wo es vor Reklametafeln und Lautsprechern wimmelt, wird der Vertreter Wendelin Witschi tot aufgefunden. Als Täter scheint nur einer in Frage zu kommen: der Gärtnereigehilfe Erwin Schlumpf, der in Haft genommen wird und sich – von Studer in letzter Minute vereitelt – umzubringen versucht. Früh spürt der hellsichtige Fahnder, dass die verstockten Dörfler viel zu verbergen haben, dass der Fall keineswegs so eindeutig ist, wie der Untersuchungsrichter ihm weismachen will. Studer erkundet die Örtlichkeiten, befragt die Menschen auf hintergründige Weise, erkennt Seilschaften und Abhängigkeiten und ist – unter gütiger Mithilfe des Zufalls – schließlich in der Lage, den wahren Täter, einen angesehenen Bürger Gerzensteins, ausfindig zu machen.

Sich mit Jakob Studer auf Tätersuche zu begeben, das heißt, diesem kauzigen Mann zu vertrauen und sich mit ihm über Hinterlist, Verschlagenheit und Gier zu ereifern. Mit den Honoratioren und den Oberen dieser Gesellschaft will er nichts zu tun haben, wie eine symbolisch grundierte Szene in *Wachtmeister Studer* zeigt, als sein Gegenüber vergeblich versucht, Studer, den Raucher schwerer Brissagos, umzustimmen: »»Rauchen Sie nicht lieber

Zigarette?‹, wagte der Untersuchungsrichter schüchtern zu fragen, denn er hasste den Brissagorauch. Er reichte dem Wachtmeister ein geöffnetes Etui über den Tisch. Studer schüttelte ablehnend den Kopf. Ihm, dem Wachtmeister Studer, Zigaretten mit Goldmundstück ...«

Wachtmeister Studer und die anderen famosen Nachfolgeromane (*Matto regiert*; *Die Fieberkurve*; *Der Chinese*; *Krock & Co.*) zeigen keinen Detektiv, der außerhalb der Gesellschaft steht. Er hält sich als beobachtender Melancholiker am Rande auf, kein Outcast, der mit anarchischem Spürsinn die Welt gänzlich negierte. Studer, der sein Vorbild, Georges Simenons Maigret, nicht verleugnet, ist verheiratet, und familiäre Aufregungen gehören zwangsläufig zu seinem Leben, wenngleich er ihnen keine große Aufmerksamkeit schenkt. *Krock & Co.* etwa setzt, als die Hochzeitsfeier für Tochter Hedy eine Leiche an den Tag bringt, mit einer Familienreflexion ein: »Warum war man nachgiebig gewesen? Warum hatte man Frau und Tochter den Willen gelassen?«, und *Die Fieberkurve*, die den bodenständigen Studer nach Paris und Marokko führt, eröffnet mit der typischen Kommentierung eines freudigen Ereignisses, der Geburt des Enkels: »Das junge Jaköbli lässt den alten Jakob grüßen, dachte er. Nun ist man Großvater und hat die Tochter also endgültig verloren. Wenn man Großvater ist, dann ist man alt – altes Eisen.«

Fahnder Studer und seine Fälle geben den Glauben an die Gerechtigkeit nicht zurück. Man freut sich, wenn nicht alle Gaunereien und Verbrechen unentdeckt bleiben und wenn Unschuldige nicht zum Bauernopfer werden. Der Gesellschaft als Ganzem ist dadurch jedoch nicht zu helfen. Dass es der angesehene Konsul Aeschbacher war, der – in *Wachtmeister Studer* – den Vertreter Witschi ins Jenseits beförderte, bleibt ungesagt. Ändern wird sich in Gerzenstein ohnehin nichts.

❧. FRIEDRICH GLAUSERS *Wachtmeister Studer* wurde 1936 von der »Zürcher Illustrierten« vorabgedruckt und erschien im gleichen Jahr im Morgarten-Verlag, Zürich. 1995 veröffentlichte der Limmat Verlag, Zürich, eine Neuausgabe unter Glausers Wunschtitel *Schlumpf Erwin Mord.*

**Wer seinen artigen Kindern etwas
(aber nicht zu viel) Auflehnungsgeist
einzuflößen wünscht, lese:**

MARK TWAIN, *Tom Sawyers Abenteuer*

Meine ersten Kinderbücher sollten einerseits von Dingen erzählen, die ich kannte, andererseits aber auch Geschichten ausbreiten, wie sie in unserem gesitteten Haushalt nicht vorkamen. Science-Fiction- oder Horrorromane überschritten diese Grenze, und wohl deshalb kann ich mit beiden Genres bis heute herzlich wenig anfangen. Am besten gefielen mir lange Internatsgeschichten, wie die *Hanni und Nanni*-Bände, die ich mir immer von meiner jüngeren Schwester auslieh. Oder wie die – von allen außer von mir vergessenen – Schulabenteuer, die der Engländer Anthony Buckeridge seinem jugendlichen Helden Fredy angedeihen ließ. *Immer dieser Fredy!* oder *Fredys Hütte am Teich* hießen die und brachten mir ein fremdes Internatsleben nahe, freilich mit Gestalten wie Mathelehrer Wilkins, deren Seelenverwandte sich auch an meinem Gymnasium für Knaben hätten tummeln können.

Als braver Schüler nahm ich gern Anteil an den frechen Verfehlungen – »Streiche« sagte man damals – und empfand ein süßes Schaudern, da das Berichtete ja nicht zu fern vom eigenen Erleben war. Ein bisschen kühner und fremder war es da schon, den Amerikaner Mark Twain (1835–1910) zu lesen. Dessen unverwüstliche Abenteuergeschichten spielten irgendwo am Mississippi, einem Fluss, dessen Schreibung Konzentration verlangte und auf dem, anders als auf dem heimatlichen Neckar, riesige Schaufeldampfer das Wasser durchpflügten. Apropos Neckar: Den hatte Mark Twain, wie ich Jahre später erfuhr, auch bereist und in seinem *Bummel durch Europa* beschrieben. Ja selbst meine Geburtsstadt Heilbronn hatte er besucht und in seinem Hotelzimmer merkwürdige Begegnungen mit Götz von Berlichingen und dessen eiserner Faust gehabt. Und der vom Mississippi verwöhnte Autor ließ es sich nicht nehmen, den Neckar zu schmähen und ihn als so schmal zu schildern, dass man mühelos einen Hund auf die andere Uferseite werfen könne ...

Zurück an den Mississippi und in das fiktive Städtchen St. Petersburg. Dort lebt Tom Sawyer bei seiner Tante Polly und seinem Stiefbruder Sid. Die Tante ist eine herzensgute Person, die mit Toms Ungestüm nicht fertigwird und die pädagogischen Maßnahmen, zu denen sie verzweifelt greift, beim nächsten Atemzug bereut. Der Stiefbruder hingegen entpuppt sich nach wenigen Seiten als furchtbarer Langweiler, der ein gutes Kontrastbild zu Toms Wildheiten abgibt. Und da ist, nicht zu vergessen, Huckleberry Finn, Sohn eines Trinkers und damit Außenseiter im Ort, der sich – beneidenswerterweise – nicht um Heimkomm- oder Schulpflichten zu kümmern hat und dessen Treiben von keiner mehltrockenen Moral gebremst wird.

Tom Sawyers Abenteuer sind natürlich keine so wilde Geschichte, wie man – aus Heilbronner Perspektive – auf den ersten Blick denken mag. (Und Wolfgang Liebeneiners 1968 gesendeter ZDF-Vierteiler mit Lina Carstens als Tante Polly hat dieses Bild unterstützt.) Die Norm- und Moralverletzungen rütteln nicht an den Grundfesten der amerikanischen Gesellschaft jener Zeit, und im Vergleich zu Huckleberry Finn, Held der Twain'schen Fortsetzung, hat Toms Geschichte Idyllisches an sich. Doch wen stört das? Mark Twain ist zuallererst ein komischer Erzähler, dem es gelingt, aus einfachen Alltagssituationen bezaubernde Momente voller Witz, Klugheit und Rührung herauszudestillieren.

Allein das zweite Kapitel – »Der kluge Anstreicher« – zeigt (nicht nur jungen Lesern), wie die Welt gestrickt ist. Der Mensch, ein leicht zu verlockendes Wesen, interessiert sich besonders für schwer erreichbare Dinge. Je ferner ein Sehnsuchtsland, je unerreichter ein schönes Mädchen – desto begieriger der Wunsch, das scheinbar Unmögliche zu erlangen. Diese Erkenntnis nutzt Tom schlau, als ihm seine Tante die Strafarbeit aufträgt, den unendlich langen Zaun vor dem Haus neu zu streichen – ein Elendsjob, der umso schlimmer erscheint, da alle anderen sich in der Zwischenzeit den herrlichsten Vergnügungen hingeben dürfen. Tom tut das einzig Richtige: Er erklärt das Zaunstreichen zum seltenen Genuss, zu einer höchst verantwortlichen Aufgabe, die nur den besten Elementen in St. Petersburg übertragen, nein, eigentlich niemandem übertragen werden kann ... Die Taktik hat Erfolg. Das Tünchen eines Holzzaunes erscheint Toms Schulkameraden mit einem Mal so reizvoll, dass diese für die Gunst bezahlen und Tante Polly aufs Äußerste verblüfft ist, als Tom ihr in Rekordtempo die Erfüllung seiner Pflichten berichten kann.

Mark Twain ist ein Meister, wenn es darum geht, unterschiedliche Register zu ziehen und die Leser seiner Abenteuergeschichte mit unterschiedlichen Motiven bei Laune zu halten. So trickreich Tom in der Zaunepisode vorgeht, so reizend ist es, wenn Twain seinen wilden Helden in den ersten Liebestaumel stürzt. Ich weiß noch gut, wie ernst ich diesen nahm, war ich doch selbst darin verstrickt, erste frühe Bande zum weiblichen Geschlecht zu knüpfen. Annette, Edeltraud, Lehrerin Nolte ... so hießen diese fernen Wesen, denen man sich – wollte man sich unter seinen männlichen Mitschülern nicht lächerlich machen und als

»Mädlesschlecker« verschrien werden – mit großer Vorsicht nähern musste.

Genau diesen Zwiespalt der Gefühle beschreibt Mark Twain großartig: Tom provoziert eine Strafversetzung in die Mädchenreihen. Was den anderen als Demütigung erscheint, ist inszeniert, denn endlich darf er neben der angehimmelten Becky sitzen, die er mit Geduld und Charme erobert. Von unschuldiger Schönheit ist es, wenn Tom seiner Angebeteten einen saftigen Pfirsich hinüberschiebt und sich nicht aus der Ruhe bringen lässt, als diese das lockende Obst entrüstet von sich weist. Doch wo erste Liebeskeime wachsen, wird nicht leichterdings resigniert: »Tom legte ihn sanft wieder zurück; sie stieß ihn von neuem fort, diesmal aber weniger ablehnend. Tom legte ihn geduldig wieder auf seinen Platz; da ließ sie ihn liegen. Tom kritzelte auf seine Tafel: ›Bitte nimm ihn – ich habe noch mehr.‹« So funktionieren feine Eroberungen, und als sich Tom dann auch noch als gewitzter Zeichner zu erkennen gibt, sind alle Dämme gebrochen, und die herzige Romanze zwischen Becky Thatcher und Tom Sawyer kann beginnen.

Freilich haben *Tom Sawyers Abenteuer* auch Gruseliges zu bieten – etwa als sich Tom und Huck nächtens zum anderthalb Meilen entfernten Friedhof aufmachen und dort Zeuge eines Mordes werden, für den ein Unschuldiger büßen soll. Gewissenskonflikte, Angst vor dem niederträchtigen Indiana-Joe – so sehen die kommenden Wochen für die verstörten Jungen aus, und als Leser spürt man den Zwiespalt der Gefühle hautnah. Überhaupt ist der Tod in diesen Geschichten kein seltener Gast. Wie mit ihm umzugehen sei, ist keine Frage, die nur Erwachsene interessiert, und als sich Tom und Konsorten als Piraten auf und davon machen und für immer und ewig verschollen scheinen, trauert das ganze Städtchen tief, wiewohl man zuvor von den Tugenden der Vermissten nicht restlos überzeugt war.

Wie gerne wüsste man als Toter, der gar nicht wirklich tot ist, was die anderen dann über einen reden! Wer gibt welche Nachrufe von sich, und wie groß mag die Trauer der armen Zurückgebliebenen wohl sein? Tom erhält Einblick, als er sich von der Pirateninsel unbemerkt in Tante Pollys Haus zurückschleicht und heimlich am Gram der Liebsten teilhat. Das Ausmaß der Verzweiflung überrascht Tom und lässt ihn, eine typische Twain'sche Wendung, ein verändertes Selbstbild aufbauen: »Er begann eine höhere Meinung von sich zu gewinnen, als er je zuvor hatte.«

Umso größer die Freude im Ort, als die Totgeglaubten just zu ihrer Begräbnisfeier zurückkehren. Happy End am Mississippi also? Ja, sicherlich, doch eines ohne triefendklebrigen Beigeschmack. Tom Sawyer taugt nicht als Vorbild für Musterschüler, aber sein Schöpfer Mark Twain lässt keinen Zweifel daran, dass diese Welt auch nicht für Musterschüler geeignet ist. Dieses jung gebliebene Buch versucht die Balance zu halten – zwischen Auflehnung und Geborgenheitswünschen, zwischen Frechheit und Liebenswürdigkeit. Und wer *Tom Sawyers Abenteuer* je gelesen hat, wird nie mehr gleichgültig an frischgestrichenen weißen Zäunen vorübergehen.

❦ MARK TWAINS *Tom Sawyers Abenteuer* (im Original: *The Adventures of Tom Sawyer*) erschien zuerst 1876 und in vielen deutschen Übersetzungen, etwa von Lore Krüger oder Gisbert Haefs.

Im Durcheinander von Erotik,
Sex und Liebe klüger werden

Wer darüber nachdenkt, sich dauerhaft mit Juristen einzulassen, und an deren Weltsicht zweifelt, lese:

ALBERT DRACH, *Untersuchung an Mädeln*

Nein, hier sollen keine Vorurteile geschürt und ganze Berufsgruppen in ein schiefes Licht gerückt werden. Und natürlich gibt es – ich kenne einige persönlich – Juristen, die wunderbar geschliffene Prosa schreiben, zur Dichtkunst befähigt sind oder als hervorragende Arno-Schmidt-Rezitatoren auftreten. Doch die Regel, verzeihen Sie mir, liebe Juristinnen und Juristen, die dieses Buch erstanden haben, ist das nicht. Advokatenschriftsätze können von grauenvoller Verworrenheit sein, und mit Stilblüten aus Gerichtsurteilen oder Gesetzesvorlagen lassen sich dickste Anthologien füllen. Und nicht selten scheint der verschlungene Juristenstil eine Denkart zu verraten, die die Wirklichkeit in ein menschenunfreundliches Raster zwängen will. Sich darüber zu mokieren ist nicht schwer, doch verdrehten Juristenjargon für einen ganzen Roman auszuschlachten und so ein Wunderwerk der Ernsthaftigkeit und der verqueren Komik zu schaffen, das gelingt nur wenigen: dem Juristen Albert Drach (1902–1995) etwa in seiner *Untersuchung an Mädeln*.

Hören wir gleich den unverwechselbaren Auftakt, der einen ersten und bleibenden Eindruck gibt: »Es soll Wind gegeben haben, und diese Versicherung erscheint glaubhaft, wenn festgehalten wird, dass die Röcke, nämlich die unteren äußeren Kleidungsstücke der Weibspersonen, in Bewegung gerieten und die Anschauung der dann noch dürftiger bedeckten Oberschenkel zuließen, sodass sich Männer veranlasst fühlten, ihre Kraftwagen anzuhalten und auf das Angebot der beiden, an der noch unvollendeten Autobahn wartenden sogenannten Mädel einzugehen, indem diesen zur Mitfahrt die Wagentüren geöffnet wurden. Es muss außerdem geregnet haben, wenn als richtig angenommen wird, dass auch die Blusen der zwei in Frage kommenden Frauenzimmer geradezu am Leibe klebten, was im Übrigen auch dem Umstand zugeschrieben werden kann, dass sie nur unzureichende, d. i. kaum nennenswerte Wäschestücke darunter getragen haben dürften. Wie lange sie trotz ihrer durch Wind und Regen hervorgehobenen Eignung zur Aufnahme in einem sonst nur von einer männlichen Person besetzten Kraftwagen hatten warten müssen, darüber liegen bloß die Angaben erwähnter Mädel vor.«

Ein Romaneinstieg, wie er nicht fulminanter sein könnte. Der protokollierende Erzähler skizziert das Bild zweier unter unangenehmer Witterung leidender Autostopperinnen und gibt trotz seiner dezidierten Kommentare unmissverständlich sein Nichtwissen und die Anmaßung seiner Spekulationen preis. Einschränkende Hilfsverben, die Vagheit der indirekten Rede und ein Konjunktiv, der den ganzen Roman trägt, erzeugen von der ersten Zeile an den Eindruck des Nebulösen und Undurchdringbaren. 400 Seiten werden diesem ersten Bild folgen, ohne dass am Ende klar wäre, was sich an diesem Tag wirklich ereignet hat und was den Angeklagten Stella Blumentrost und Esmaralda Nepalek wirklich anzulasten ist.

Ein grobschlächtiger Mann, der Stechviehhändler – eine Berufsbezeichnung, die außerhalb Österreichs leider wenig geläufig ist – Joseph Thugut, scheint angehalten und seine hilflosen Mitfahrerinnen ohne viel Federlesens zum eiligen Geschlechtsverkehr genötigt zu haben. Im sich anschließenden Handgemenge greift eines der Mädchen zum Wagenheber und befördert den seinem Namen nicht zur Ehre gereichenden Thugut zumindest in den Zustand der Bewusstlosigkeit. Danach – so die Aussage der vor Gericht stehenden Frauen – sei ihnen ein zweiter Autofahrer, der sich nicht an ihnen vergangen, sondern nur »nach ihren Brüsten« gegriffen habe, beim Fortschaffen des leblosen Körpers zur Seite gestanden. Beide Männer werden fortan nicht mehr gesehen, und die bald danach aufgegriffenen Anhalterinnen stehen plötzlich unter Totschlagverdacht.

Ob zu Recht oder zu Unrecht, das ist bis zur Urteilsverkündigung nicht zu entscheiden. Untersuchungsergebnisse, Aussagen und Beweisstücke reihen sich aneinander, ohne Klarheit in diesen Fall zu bringen. Der Romancier Albert Drach lässt ein Geschwader an Behauptungen auffahren, um ein erschütternd uneindeutiges Ergebnis vorzulegen: Nichts ist zu beweisen, weder die Schuld noch die Unschuld, und alles, was die Repräsentanten der Justiz an vermeintlich schlüssiger Argumentation vorlegen, gerät zur widersprüchlichen Farce, zumindest in den Augen des in seinem Rechtsempfinden stark erschütterten Lesers.

Drachs Roman ist eine Justizfarce. Doch sie stellt nicht nur ein sozial ungerechtes System oder die grundsätzliche Fragwürdigkeit juristischer Logik bloß. Letztlich geht es um mehr: um die Reflexion darüber, was sich überhaupt über menschliches Handeln und seine Beweggründe sagen lässt, wo die erkenntnistheoretischen Grenzen liegen.

Wer Täter sucht, wird Täter finden – so die raffiniert verpackte Generalthese, und wenn zwei in der Sozialhierarchie schlecht platzierte Personen, die mit den propagierten Wertvorstellungen der Gesellschaft nichts am Hut haben, auf der Anklagebank sitzen, dann fällt es den Machtvertretern umso leichter, das Puzzlespiel der Vorurteile zu vollenden. Das Faszinierende an Drachs Experiment liegt darin, dass das Spiel um Erkenntnis und Nicht-Erkenntnis in ein genau zu fassendes soziales Umfeld gestellt ist. Bauern, Versicherungsvertreter, Ex-Matrosen, Heurigenkellner, Viehhändler und Lehrerinnen bevölkern diese Welt, und sie sind bei aller satirischen Zuspitzung keine Abziehbilder, die der Autor nur als Demonstrationsobjekt für sein Horrorkabinett benötigt.

Wo derart vom Abgründigen einer Gesellschaft gehandelt wird, verwundert es nicht, dass dem Autor Drach – eingedenk seiner Verfolgung im Dritten Reich – der latente Antisemitismus nicht verborgen bleibt. Er wird freilich nicht lauthals gebrandmarkt oder mit plakativen Erzählkommentaren nachgewiesen, sondern als selbstverständliches Alltagsgut beschrieben. So etwa in der Kurzcharakteristik eines Geschworenen: »Karl Biblich war zwar Hilfsarbeiter, konnte aber ausreichend lesen und schreiben, war seit Geburt ortsansässig und bei öffentlichen Aufmärschen, Sammlungen und vorsichtigen Erkundigungen der Mann. Zwar soll er in seiner Jugend an einem weit entlegenen Ort einmal jüdische Frauen und Kinder aus einem Konzentrationslager exekutiert haben, welche vor dem Feindeinmarsch weggebracht werden mussten. (...) Doch wurde ihm dergleichen von der Bevölkerung nicht übelgenommen und er mangels unzureichender Verdachtsmomente auch niemals unter Anklage gestellt.«

Der knorrige Albert Drach ist kein »Frauenversteher«, keiner von jenen sich einschmeichelnden Autoren, die verzweifelt versuchen, sich rechtzeitig auf die Seite der Frauen zu schlagen. *Untersuchung an Mädeln* versieht seine weiblichen Protagonisten nicht mit einem Glorienschein verfolgter Unschuld. Esmaralda und Stella werden keineswegs als Tugendhüterinnen geschildert, die den Attacken geiler Seemänner, Juristen oder Viehhändler hilflos ausgeliefert sind. Beide sind sich ihrer Stärken bewusst, und beide nehmen sich das ihnen angenehm Scheinende.

Ihr »Vorleben« ist von sexueller Aktivität geprägt, und allein dies genügt den männlichen Vertretern einer gesellschaftlich geduldeten Doppelmoral, um einen streng zu bestrafenden Skandal auszumachen.

Sexualität nimmt in Drachs Roman weiten Raum ein. Der weibliche Körper ist für die Männer dieses Provinztheaters eine Angriffsfläche, für die es keiner eigens zu beantragenden Landeerlaubnis bedarf. Esmaralda und Stella unterlaufen diesen Pakt, weil sie daraus Profit schlagen. Wenn ihnen danach ist, praktizieren sie Sex – und sei es, so in der provokantesten Romanszene, mehrfach und zu dritt auf der hygienisch vernachlässigten Toilette eines Heurigenausschanks. Die Gesellschaft, vertreten durch die unablässig agierende und protokollierende Justiz, versucht zurückzuschlagen und die tatendurstigen »Mädel« als Huren abzustempeln oder der »widernatürlichen« gleichgeschlechtlichen Liebe anzuklagen.

Der Titel des Romans spricht es zweideutig eindeutig an: Keine Untersuchung »über« die beiden Frauen wird geführt, sondern eine »an Mädeln«. Das voyeuristische Element dieser Verknüpfung macht aus den Freundinnen frei verfügbare Objekte. Die Doktorspiele der Justiz werden weiter und weiter betrieben.

Man hat Drachs Sprache mit dem Etikett »Kanzleistil« bedacht und ihn in Verbindung mit dem altösterreichischen Sonderling Fritz von Herzmanovsky-Orlando gebracht. Derartige Vergleiche greifen zu kurz, denn sie unterschätzen Drachs Originalität und seine Fähigkeit, mit wenigen Sätzen hintersinnige Komik zu erzeugen. So gesehen, mag die *Untersuchung an Mädeln* keine leichte Strand- oder Saunalektüre sein, doch sie bietet denjenigen Lesern ungeteiltes Vergnügen, denen stilistische Zuspitzung mehr als Hauruckhumor bedeutet. Die Drach'sche Bandbreite an Sprachspielen ist groß; sie umfasst zum Beispiel elegante Schilderungen dessen, was übermäßiger Alkoholkonsum auszulösen und wie dieser zu Stellas Bekanntschaft mit dem potenten Ex-Matrosen Puppinger zu führen vermag: »Der Wein war gut und begünstigte mehr Genuss, als frischer Besinnlichkeit zuträglich blieb. Sowie das aufgenommene Mengenmaß bei Stella die Erstarrung der Blicke gelöst hatte, waren diese an die Theke des Ausschankes genagelt, an welcher ein Mann allein saß, der so manchen Schluck schmeckte und in sich hinuntergleiten ließ, ohne dass dadurch seine Bewegungen und anderen Daseinsäußerungen der Unsicherheit in der Ausführung unterworfen worden wären.«

Die komische Kunst Albert Drachs besteht darin, die Leser fortwährend in sein Geflecht des Zusammenhanglosen hineinzuziehen. Großes und Kleines, Banales und Bedeutsames greifen ineinander und schaffen einen Hallraum für Komik. Wenn die Kurzvita eines Geschworenen einsetzt mit »Franz Nöcker war von großer Gläubigkeit, sein Vater aber unbekannt«, so gerät das System logisch-rationaler Welterklärung allein dadurch in Verruf, dass es sprachlich denunziert wird.

Und dran denken: Sich niemals leichtfertig mit Juristen einlassen!

❀ ALBERT DRACHS *Untersuchung an Mädeln* erschien 1971 im Claassen Verlag, Düsseldorf.

Wer Pro- und Contra-Argumente für das moralisch noch nicht völlig akzeptierte Leben mit zwei Partnern sucht, lese:

WILHELM GENAZINO, *Die Liebesblödigkeit*

Gewiss: Man soll nicht seines Nächsten Weib begehren, und auch Weiber haben keinen Freibrief, sich an den Manne ihrer Nächsten in unlauterer Absicht heranzumachen. Doch dieses sittliche Gebot tut sich, egal ob religiös verankert oder nicht, schwer, in der Realität beachtet zu werden. Seitensprünge, Affären, Fehltritte … sie gehören zum Alltag im Geschlechterleben und sind längst keine Männerdomäne mehr. Auch das weibliche Geschlecht hat vielerorts seine einstige Zurückhaltung aufgegeben und begibt sich immer häufiger auf amouröse Nebenschauplätze. Treue scheint ein Begriff zu sein, der im Liebesfuror gern beschworen … und im abgekühlten Tagesgeschäft selten wörtlich genommen wird.

Selbst wenn die Praxis so ist, fällt es Partnern nicht leicht, diese offen zuzugeben. »Treue ist doch auch für dich das Wichtigste, oder?« – was soll ein Mann auf diese innig gestellte Frage seiner Frau antworten, vor allem wenn er nachweislich Mühe hat, diese Maxime dauerhaft zu befolgen. Verneint er, wird er keine glücklichen Stunden und Wochen haben, wird ein Wort das andere geben und die ganze Beziehung in Gefahr geraten. Von dieser zwiespältigen Moral profitiert die Literatur. Ehebruch und Ehezwist gehören zu ihrem festen Fundus, nebst den üblichen Begleiterscheinungen wie Eifersucht, Mord und Totschlag.

Noch mühsamer ist es, dem anderen einzugestehen, dass die empfundene Liebe für einen längeren Zeitraum nicht exklusiv vergeben wird und es vorstellbar wäre, das zur Verfügung stehende Liebesreservoir gleichzeitig auf mehrere Partner zu verteilen. Dergleichen kommt zwar nicht so selten vor, erfährt jedoch keinerlei soziale oder moralische Akzeptanz. So »richtig« lieben lässt sich nur eine Person, und wer gegen dieses eherne Gesetz verstößt, darf nicht mit Beifall rechnen.

Wilhelm Genazino (* 1943) ist ein Erzähler, zu dessen Spezialität es gehört, die Unwägbarkeiten des (Gefühls-) Lebens mit lässig-ironischer Miene so zu beschreiben, dass für ein rigides moralisches Argumentieren kein Platz mehr zu sein scheint. *Die Liebesblödigkeit* ist ein solches Buch. Es erzählt von der ungeheuren emotionalen Verstrickung eines Mannes Anfang fünfzig, dem man derartige Eskapaden gar nicht zutraut. Dieser Ich-Erzähler versucht, sich den meist verstörend wirkenden Dingen und Menschen seiner Umgebung behutsam anzunähern. Empfindsam und verletzlich reagiert er auf die Zumutungen, die sein Großstadtalltag unweigerlich mit sich bringt. »Überempfänglichkeit« für Details jedweder Art – so lautet die kühle Selbstdiagnose, und die latente Gefahr, dadurch aus der seelischen Bahn geworfen zu werfen, macht ihn zum Beobachter einer konfusen Gesellschaft, zu der er – wenn auch am Rande stehend – wohl oder übel gehört. Seinen Lebensunterhalt als Angestellter oder Beamter zu verdienen ist ihm unmöglich. Als »Kassenwart der Lebensangst« setzt er stattdessen seine akademische Bildung dazu ein, Seminare in Hotels abzuhalten und über die Apokalypse der westlichen Zivilisation zu referieren.

Genazinos Erzähler ist, ohne Frage, ein Leidender, doch einer, der nicht übersieht, dass er auf hohem Niveau klagt.

Ohne sein Zutun zieht er Sonderlinge an wie den Eiferer Bausback, der sein Leben völlig danach ausrichtet, der deutschen Post gemeingefährliche Schlamperei nachzuweisen, und ohne sein Zutun halten selbst schlichte Schaufensterauslagen Eindrücke parat, die sein Gleichgewicht erheblich erschüttern: »Warum brauche ich gar keine wirkliche Not, um mich fast immer in Not zu befinden?« Diese Paradoxie lässt ihn nicht los, und als Fachmann für philosophische Aporien erkennt er die Beschränkung seiner Handlungsfähigkeit und weiß diese, inspiriert durch den Anblick des altgewordenen Schlagersängers Roger Whittaker, schonungslos zu benennen: »Ich sehe und höre meine Klischees und kann ihnen nicht entkommen.«

Die Kunst Wilhelm Genazinos besteht darin, höchste sprachliche Eleganz, feine Beobachtung und subtile Komik miteinander zu verweben. Das Ich der (Post-)Moderne mag unheilbar zerrissen sein, doch Genazinos »freischaffender Apokalyptiker« will mit diesen multiplen Ichs nichts zu tun haben: »Das Problem ist nur, dass ich die vielen Ichs gar nicht haben möchte, im Gegenteil. Ich beharre darauf, dass ich heute genau derjenige bin, der ich schon gestern war und der ich übermorgen wieder sein werde. Ich strenge mich manchmal sogar an, mir selbst möglichst geschlossen und widerspruchsfrei zu erscheinen.«

Diese trotzige Haltung (die auch als poetologische Abwendung von einer wohlfeilen Ästhetik des Chaos zu verstehen ist) gebiert unablässig komische Momente, die die Zumutungen der Gegenwart mit dem Bedürfnis konfrontieren, sich das Heft seines Lebens nicht gänzlich aus der Hand nehmen zu lassen. Wenn der Anblick von heruntergelassenen Rollläden einer Bank als Selbstermahnung dient, sich »mehr für Wirtschaft und Globalisierung zu interessieren«, entsteht jener für Wilhelm Genazino so typische (selbst)ironische Klang, der aus einer ernsten und verlangsamten Wahrnehmung resultiert.

Es geschieht nicht viel in diesem Roman, der – abgesehen vom Mittelteil, der den glanzvollen Verlauf einer Apokalypse-Tagung in einem Schweizer Hotel (mit Hanglage, versteht sich) umfasst – vor allem Straßenspaziergänge und Kneipenbesuche zum Beobachtungsanlass nimmt. Und doch wird dieser Held, der sich mitunter danach sehnt, eine Existenz als Nachtfalter zu führen, von Nöten heimgesucht, die sein vertrautes Repertoire übersteigen. »Liebesblödigkeit« hat sich eingestellt, hervorgerufen durch den plötzlich gefassten Entschluss, sein verzwicktes Beziehungsleben, die »Polygamie in drei Wohnungen«, neu zu ordnen.

Zwei Frauen lindern seit langem die Weltuntergangsnöte des Erzählers: Sandra, Chefsekretärin von eher praktischer Natur, und Judith, gescheiterte Konzertpianistin mit gehobenem Bildungsanspruch, umhegen ihn, ohne von der Existenz der Konkurrentin zu wissen. So wohlig diese »Doppelverankerung« anfänglich erscheint, so rasch nehmen die Zweifel des treulosen Mannes zu, ob diese Dreieckskonstellation auch der Belastung durch zunehmendes Alter standzuhalten vermag. Was, so der phantasievolle Grübler, wird sein, wenn die sexuelle Kraft versiegt, wenn Krankenhausaufenthalte unvermeidlich sind und beide Frauen womöglich danach streben, den Geliebten liebevoll zu umsorgen?

Alle Entschlusskraft führt zu nichts: Genazinos Liebesblödian wägt – wenn auch von moralischen Bedenken begleitet – die Vorzüge und Nachteile seiner Herzdamen ab und will sich nicht recht vorstellen, wie eine monogame Lebensführung durchzuhalten wäre. Während Judith intellektuelle Altersabsicherung zu garantieren scheint, verspricht die aufgeschlossene Sandra sexuelle Kontinuität auch jenseits der Pensionsgrenze. Von welcher Seite die Dinge auch betrachtet werden, eine verbindliche Entscheidung will sich nicht einstellen.

Wilhelm Genazino gelingt es, diesen Zwiespalt ohne Peinlichkeit darzustellen – selbst wenn sein viriler Untergangsphilosoph die in ihn gesetzten sexuellen Erwartungen nicht immer erfüllt und während des Beilagers von Wadenkrämpfen heimgesucht wird. Sex zu schildern, den Menschen in leicht fortgeschrittenem Alter ausüben, ist eine ästhetische Herausforderung, der sich Genazino gewachsen zeigt. Wenn Krämpfe drohen, müssen neue Stellungen erprobt werden: Sandras zupackende Denkungsart schafft, mit Hilfe geschickt postierter Weinkisten, Abhilfe, und schon ist es wieder möglich, Sex ohne unliebsame Unterbrechungen auszuüben. Ein Anflug von Ironie begleitet diese Szenen und gibt der »Unglückseitelkeit« der männlichen Hauptfigur eine wunderbare Balance.

Wer diesen Roman vorurteilsfrei liest, wird sich vielleicht – ein paar Minuten lang – fragen, ob es richtig war, dem aktuellen Partner so lange treu ergeben gewesen zu sein. Kann *ein* Mensch alle Sehnsüchte und Begierden erfüllen? Darf man eine Existenz führen wie Genazinos zweiseitig orientierter Held, der so gar nichts von einem moralisch bedenkenlosen Eroberer hat? Liebesblödigkeit ist, so will es scheinen, eine permanente Lebensform, und möglicherweise ist die hierzulande allein akzeptierte Variante der Monogamie nur ein Versuch, ein Bollwerk gegen den Verfall zu errichten. Verhindern lässt sich dadurch natürlich nichts, höchstens hinauszögern. Aber will man wirklich leben wie Wilhelm Genazinos nur auf den ersten Blick zu beneidender Held? Wenn man es nur wüsste …

❦ WILHELM GENAZINOS *Die Liebesblödigkeit* erschien 2005 im Carl Hanser Verlag, München.

Wer darauf spekuliert, das Glück anderswo zu finden, lese:

EDUARD VON KEYSERLING, *Wellen*

Keine Angst, Eduard von Keyerlings (1855–1918) Roman ist keine Erbauungsschrift, die verwirrten Menschen anrät, sich mit den Gegebenheiten des Lebens abzufinden oder dem einstmals gewählten Partner auf Gedeih und Verderb beizustehen. Das ist nicht die Sache der Literatur, doch manchmal kommt sie nicht umhin, das Seelengeflecht von Menschen schonungslos aufzudröseln und nicht jede starke Emotion für eine richtige zu halten.

Der Balte Eduard von Keyserling ist ein exquisiter Schilderer melancholisch gefärbter Stimmungen, und seine Prosa spiegelt das impressionistische Lebensgefühl des Fin de Siècle perfekt. In zügiger Folge schrieb er im letzten Jahrzehnt seines Lebens mehrere schmale Romane und Erzählungen, deren Titel – *Am Südhang*, *Schwüle Tage*, *Abendliche Häuser*, *Im stillen Winkel* ... – bereits signalisieren, welch brüchige Welt hier eingefangen ist. Auch *Wellen* gehört in diese Sphäre einer sich am Vorabend des Ersten Weltkriegs allmählich auflösenden Gesellschaft. Es ist (Spät-)Sommer, und die Generalin von Palikow hat, um die Ferien gemeinsam mit ihrer Familie am Meer zu verbringen, das Haus Bullenkrug angemietet. Nach und nach finden sich dort ihre Anghörigen ein: die Tochter Bella von Buttlär mit Mann, deren Kinder Lolo, Nini und Wedig sowie Lolos Bräutigam Leutnant Hilmar von dem Hamm.

246

Rasch wird die in der Nachbarschaft wohnende Gräfin Doralice zum Faszinosum, die – wie ein Rückblick ausführt – ihren Ehemann, den alten Grafen Köhne-Jasky, verlassen hat, um mit dem Kunstmaler Hans Grill zusammenzuleben. Doralice, einer fragil-fatalen Schönheit, gelingt es trotz der ihr nun zugewiesenen gesellschaftlichen Randstellung, die Aufmerksamkeit der Familie Palikow-Buttlär gänzlich auf sich zu ziehen. Während die traditionsverankerte Generalin noch von der Unangreifbarkeit ihres Standes überzeugt ist – »wir beide sind zwei Festungen, zu denen Leute, die nicht zu uns gehören, keinen Zutritt haben« –, spürt ihre kränkliche Tochter bereits, auf welch schwachen Beinen ihr Leben steht. Doralice selbst bleibt auch nach der befreienden Trennung von ihrem Mann in Erinnerungen, Träume und Sehnsüchte eingesponnen, denen Hans Grill nicht entsprechen kann. Dessen versteckter Wunsch nach bürgerlicher Etablierung kontrastiert mit Doralices Unstetigkeit.

Binnen weniger Wochen überstürzen sich dann die Ereignisse: Ein Fest, das der als Mittler zwischen den beiden Kreisen fungierende Geheimrat Knospelius ausrichtet, bringt die festgefügten Konstellationen durcheinander. Leutnant Hilmar beginnt, sich Doralice anzunähern, die Gefühle seiner Verlobten Lolo missachtend. Als diese von Hilmars Absichten erfährt, versucht sie, sich das Leben zu nehmen – eine Tat, die zum einen dem Sommerurlaub ihrer Familie ein jähes Ende setzt und zum anderen das Verhältnis zwischen Hans und Doralice grundsätzlich stört. Als Hans bei einer seiner nächtlichen Fahrten aufs Meer in ein Unwetter gerät und nicht mehr heimkehrt, bleibt Doralice im »Oktoberwind« verlassen zurück.

Keyserlings Geschichten wirken auf den ersten Blick unspektakulär. Ihre fast lautlosen Katastrophen sind eingebettet in ein Wellenspiel impressionistischer Eindrücke. Farben verselbstständigen sich; bewusst unscharfe, ständig changierende Naturansichten dominieren und spiegeln das brüchige Innenleben der leidenden Protagonisten. Mit dem festgefügten, »starken, rücksichtslosen Leben« der Fischer können diese sich nicht gemein machen, und so überwiegen, je weiter die Handlung voranschreitet, Bilder zerfaserter Existenzen. Typisch dafür ist der matte Schlussakkord, der *Wellen* beschließt. Der geächteten Doralice, die unweigerlich Unglück über die Menschen ihrer Umgebung brachte und dennoch nichts Verdammenswertes an sich hat, bleibt am Ende nur ein Gefährte, der bucklige Knospelius. Eine Filmszene rückt die beiden vor den Anblick der unbeirrbar brausenden Wellen: »So kam es denn, dass, als der Oktoberwind die gelben Birkenblätter von der Zibbelhöhe auf das Meer hinaustrieb und das blassere Gold der Oktobersonne über den Wellen lag, das wunderliche Paar noch immer Tag für Tag am Strande entlangging, die schöne, bleiche Frau mit den wehenden Trauerschleiern und der kleine, verbogene Herr im langen grauen Paletot, gefolgt von seinem Hühnerhund, der missmutig und gelangweilt auf das Meer hinausgähnte. Sie warteten alle drei darauf, dass das Meer sie freigäbe.«

Was für ein schönes Bild, eines, das altmodisch, ja für oberflächliche Leser kitschig einherkommen mag und doch ein subtiles, verborgen komisches – der gähnende Hühnerhund – Szenario entwirft. *Wellen* erzählt nicht vom Glück, nicht von bunten Träumen, die in Erfüllung gehen. Da sind Schmerz, Verletzung, Betrug, Tod, Enttäuschung – und kein Grund, irgendjemanden dafür zu verdammen. Wie groß die Macht ist, die Menschen aus dem ihnen Vertrauten ziehen will, das wusste der in seinen letzten Jahren erblindete Keyserling so gut wie kaum ein anderer.

🐚 EDUARD VON KEYSERLINGS *Wellen* erschien zuerst 1911 im S. Fischer Verlag, Berlin.

Wer lebenslängliches Liebesglück nicht für Hollywood-Kitsch hält, lese:

IAN MCEWAN, *Saturday*

Die Literatur – insbesondere die der letzten einhundert Jahre – bündelt Motive und Themen, die vom Misslingenden und Hässlichen und seltener vom Glückenden und Schönen handeln. Daraus zu schließen, dass Literatur, die nicht aus den Quellen der trivialen Happy-End-Produzenten schöpft, nur ernst zu nehmen sei, wenn sie von Unglücken und Katastrophen berichtet, ist freilich falsch – selbst wenn dies die Verfechter einer puristischen Moderne als das alleingültige Glaubensbekenntnis ansahen. Ja vielleicht, so der Eindruck, ist es mitunter schwieriger, von glücklichen Momenten, von dauernder Liebe und vom Einklang mit der Welt als von Untergangserscheinungen, Verbrechen und anderen Debakeln zu erzählen.

Der schottische Erzähler Ian McEwan (* 1948) versucht in seinem Roman *Saturday*, die Welt des frühen 21. Jahrhunderts ohne Weichzeichner zu schildern und gleichzeitig Möglichkeiten des privaten Widerstands gegen das Misslingen aufzuzeigen. Wie James Joyce im *Ulysses* oder Virginia Woolf in *Mrs. Dalloway* wendet McEwan ein Erzählverfahren an, das die komplexe Welt in einer Nussschale abzubilden sucht, in einem einzigen Tag des Frühjahrs 2003, dessen vierundzwanzig Stunden erzählte Zeit und Erzählzeit zusammenrücken lassen und eine Dichte erzeugen, die die Leser zu engen Verbündeten der Figuren macht.

Saturday spielt in London und erzählt die Tageschronik des 48-jährigen Henry Perowne, eines recht sympathischen Zeitgenossen, der zufrieden auf sein Leben blickt. Er genießt hohes Ansehen als Neurochirurg, der menschliche Schädel behände wie kein Zweiter zu öffnen versteht. Er hat es zu Wohlstand gebracht, ist seit fünfundzwanzig Jahren glücklich mit der Juristin Rosalind verheiratet und stolz auf seine beiden Kinder, die – trotz aller Unterschiede – schlichtweg gut geraten sind. Sohn Theo steht am Anfang einer Karriere als Blues-Interpret, und Tochter Daisy ist dabei, sich einen Namen als Lyrikerin zu machen.

Alles steht, so scheint es, zum Besten im Hause Perowne ... und doch legt sich Mehltau über diese Bastion des bürgerlichen Wohlergehens. Eine nicht konkret zu fassende Sorge belastet Perowne, und sie hat mit der weltpolitischen Lage des Frühjahrs 2003 zu tun. Das Amerika des George W. Bush steht kurz davor, dem Irak den Krieg zu erklären, und das England des Tony Blair zählt zu den nicht zahlreichen Ländern Westeuropas, die die amerikanische Sache ohne Wenn und Aber unterstützen.

Ian McEwan hat sich für seine vierundzwanzig Stunden genau jenen Tag im Februar 2003 ausgesucht, an dem Hunderttausende friedensbewegter Engländer gegen die US-Politik demonstrieren, und schon diese Verknüpfung zeigt, dass *Saturday* seine Ambitionen hoch gesteckt hat. Es geht darum, das Netz abzubilden, das sich über das private und öffentliche Leben legt, und die (Ohn-)Macht des Einzelnen in allen ihren Nuancen zu spiegeln. Von den »Wegkreuzungen und Verästelungen, die über ein Schicksal entscheiden«, will McEwan erzählen und von den seelischen Kämpfen seines Durchschnittshelden, der – ob er es will oder nicht – vom »Zustand der Welt« betroffen ist.

Zu einem Festtag sollte dieser Samstag werden, zu einem Familienabend, der nach Monaten alle wieder im Perowne'schen Haus zusammenführt, auch Daisy und Henrys Schwiegervater, den Dichter John Grammaticus, der es zum Schulbuchautor gebracht hat und nicht müde wird, dies schon vor Sonnenuntergang mit Gin und anderen Alkoholika zu begießen. So erfreulich die Aussichten auf diesen Tag, so deutlich die grauen Wolken, die sich nach und nach über London ausbreiten. Alles, was an diesem Tag geschieht, ist von Elementen der Gewalt und Zerstörung gekennzeichnet, forciert durch Henrys Bereitschaft, jedes Ereignis als missliebiges zu interpretieren.

Es beginnt in den frühen Morgenstunden, als Henry aus dem Schlaf hochschreckt und beobachtet, wie ein Flugzeug Feuer fängt und abzustürzen droht. Mit einem Mal sieht er sich und seine Familie als Teil einer unausweichlichen Gefährdung, und obwohl sich das Flugzeugunglück nicht, wie befürchtet, als terroristischer Anschlag erweist, gelingt es Perowne nicht mehr, seine Welt und die »große« Politik voneinander zu trennen. Auf der Autofahrt in die Squash-Halle kommt es zu einer Kollision mit dem nervenkranken Rowdy Baxter, die gewalttätig endet, und auch das Match mit seinem Klinikkollegen Jay entwickelt sich zu einem Kampf, der alle Leichtigkeit eines Freizeitvergnügens verloren hat.

Ian McEwans Raffinement besteht darin, jede noch so marginale Handlung – das Öffnen der Weinflaschen, die Vorbereitung eines Fisch-Stews – mit Spannung aufzuladen und somit auf ein Finale vorzubereiten, das – der Leser ahnt es früh – in den Schrecken führen wird. Henry Perowne ist kein intellektuell auftrumpfender Charakter. Den Anti-Bush-Demonstranten wirft er »abstoßende Selbsteingenommenheit« vor. Anders als etlichen seiner Kollegen ist ihm eheliche Treue kein Fremdwort, und mit der »schönen« Literatur, die das Leben seiner Tochter prägt, weiß er herzlich wenig anzufangen. Gewiss, er lässt sich von ihr beraten und quält sich durch Flauberts *Madame Bovary*, ohne nachhaltigen Effekt: »Daisys Behauptung, Menschen könnten ohne Geschichten nicht leben, ist für ihn einfach falsch. Er ist der lebende Beweis.«

Minuziös werden Perownes Gedankengänge nachgezeichnet, nicht als unstrukturierter Bewusstseinsstrom, doch mit einer Wertschätzung der Details, die aus dem Nicht-Intellektuellen einen aufmerksamen Beobachter seiner Umwelt macht. Wenn komplizierte Hirnoperationen bis in jede Einzelheit beschrieben, wenn Reaktionen auf Rundfunkmeldungen oder Wahrnehmungen im Fischladen ausführlich reflektiert werden, führt *Saturday* den Nachweis, wie vielschichtig jedes Leben ist. Gegenentwurf sind Biografien – Perowne wird von Daisy angehalten, ein Buch über Charles Darwin zu lesen –, die so tun, als könnten »ein paar hundert Seiten ein ganzes Leben enthalten – eingeweckt wie selbstgemachter Chutney«.

Auch *Saturday* ist ein Konzentrat, doch es bedarf keiner großen Flüssigkeitsmengen, keiner immensen Vorstellungskraft des Lesers, um den Chutney dieses Samstags als beklemmend reales Abbild eines Lebensausschnitts zu konsumieren. Schließlich kommt es zum Unvermeidlichen: Waren es die Perownes und ihre Kaste bislang gewohnt, das Unheil der Welt distanziert, als »aus sicherer Entfernung betrachtete Katastrophen«, zu registrieren, so werden sie nun unmittelbar mit dem Grauen konfrontiert. Baxter, Perownes Unfallgegner, und ein Komplize stören den vorabendlichen Dinnerfrieden und bedrohen Rosalind mit einem Messer. Auch wenn es nicht zur Auslöschung der Familie kommt, ist allen am Ende dieses langen Tages klar, dass ihre Fundamente auf Dauer zerrüttet sind.

Man sieht es, *Saturday* ist kein leicht angerührter Cocktail, der uns den Wert funktionierender Familien schmackhaft machen will. Henry Perowne liebt seine Frau so, als sei dies heutzutage nach vielen Ehejahren keine Besonderheit – eine Botschaft familiären Zusammenhalts, die er nicht als konservativen Werbeslogan vor sich herträgt. Er weiß nur, dass er Rosalind braucht, dass ihm ein Leben ohne die Seinen unvorstellbar ist – eine Erfahrung, die umso plastischer wird, da der gleichsam terroristische Anschlag, der nicht nur diesen Samstag von Grund auf verändern wird, sehr wohl zeigt, dass die Perownes nicht auf einer Insel der Seligen leben und sie die Augen vor der Realität nicht verschließen können.

Letztlich ist dieser Roman nicht nur ein Plädoyer für eheliches Durchhaltevermögen, sondern auch für die Wirkkraft von Literatur. Dass sich der Gewalttäter Baxter anrühren lässt, als Daisy ihm in den Schreckensszenen am Ende ein Gedicht vorträgt, Matthew Arnolds *Dover Beach* (1867), mag man als Leser möglicherweise nicht recht glauben, doch einen Moment lang an dieser Vorstellung festzuhalten schadet nicht. Und wem Arnolds Gedicht vor der McEwan-Lektüre fremd war, der hat so die Gelegenheit, diese schönen Strandverse kennenzulernen. Die ersten Verse gehen so: »The sea is calm to-night / The tide is full, the moon lies fair / Upon the straits; on the French coast the light / Gleams and is gone; the cliffs of England stand; / Glimmering and vast, out in the tranquil bay. / Come to the window, sweet is the night-air! / Only, from the long line of spray / Where the sea meets the moon-blanched land, / Listen! you hear the grating roar / Of pebbles which the waves draw back, and fling, / At their return, up the high strand, / Begin, and cease, and then again begin, / With tremulous cadence slow, and bring / The eternal note of sadness in ...«

🐋 IAN MCEWANS *Saturday* erschien 2005 auf Englisch und im gleichen Jahr im Diogenes Verlag, Zürich, auf Deutsch, übersetzt von Bernhard Robben.

Wer liebt und nicht auf Erfüllung hoffen darf, lese:

JOHANN WOLFGANG GOETHE, *Die Leiden des jungen Werther*

Liebeskummer lohnt sich nicht, schade um die Tränen in der Nacht«, so klingt es in einem bekannten Schlager, der so tut, als sei jeder Liebesschmerz heilbar. Was der auf Harmonie bedachte Schlager da leichterdings behauptet, ist schöner Schein und passt nicht recht zu den Qualen, die unerfüllte Liebe hervorzurufen vermag. Liebeskummer in seiner ernsten Variante ergreift alle Sinne des Menschen und lässt sich nicht mit küchenpsychologischen Schulterklopfformeln wie »Die Zeit heilt alle Wunden« abtun. Ja wer meint, mit Haut und Haaren zu lieben, dem muss es als Hohn erscheinen, wenn diese Liebe als vorübergehendes Phänomen abgehandelt, wenn die Einmaligkeit des Erlebten in Frage gestellt wird.

Im gewiss nicht kleinen weltliterarischen Repertoire, das von Liebesnot und Liebesleid handelt, zählt der Briefroman *Die Leiden des jungen Werther* zu den Klassikern. Sein Verfasser, Johann Wolfgang Goethe (1749–1832), schrieb sich mit dieser Geschichte eigene Liebesverirrungen von der Seele und schuf das Modell einer als absolut verstandenen Liebe, die keine Rücksichten auf das nimmt, was die Psychologen oder Sittenwächter einer Gesellschaft für angemessen halten. Generationen von Schülern und Studenten wurden mit dieser unweigerlich auf die Selbstmordkatastrophe zusteuernden Tragödie traktiert, oft – um Analogien zur zeitgenössischen Literatur herstellen zu können – im Verbund mit Ulrich Plenzdorfs *Die neuen Leiden des jungen W.* von 1972. Schrankwände wären mit akademischen Interpretationen und Wirkungsgeschichten zu füllen, die jeden Halbsatz und jeden Fingerzeig Goethes gelehrt ausdeuteten – ohne sich vom Thema des Romans weiter berühren zu lassen.

Kann man *Die Leiden des jungen Werther* vor diesem germanistisch verbauten Hintergrund unbefangen lesen? Ist es möglich, dieser traurigen Geschichte mit schöner Naivität gegenüberzutreten und etwas von dem zu erfahren, was unbedingte Liebe jenseits der Sturm-und-Drang-Fassade bedeuten kann? Ja, das ist möglich; es lohnt den Versuch, und auf einmal taut dieser im Klassiker-Eisschrank festgefrorene »Schinken« wieder auf und wirkt frisch wie einst.

Als ich in Tübingen eine »Einführung in die neuere deutsche Literaturwissenschaft« besuchte und *Die Leiden des jungen Werther* auf dem Programm standen, traute sich keiner der Seminarteilnehmer, persönliche Bezüge zum Gelesenen und Analysierten herzustellen. Das galt als ungehörig und nicht förderlich für ein wissenschaftliches Weiterkommen. So schwieg auch ich, als es um neomarxistische Interpretationen zu den Einwirkungen der Feudalgesellschaft auf Werthers Psyche oder um die Bedeutung der Homer-Lektüre ging, und sprach nicht von jener Krankenschwester, die mit einem anderen und dann mit einem ganz anderen verbandelt war und mich mit meinem Liebeskummer allein zurückließ ...

Sein eigenes Befinden auf Werther zu beziehen ist gar nicht so schwer. Dessen Seele liegt offen vor den Lesern ausgebreitet, was viel mit der Gattung des Briefromans zu tun hat. Vom Vorspann eines fiktiven Herausgebers, der vorgibt, »mit Fleiß« die Papiere des »armen Werther« gesammelt zu haben, und dessen knappen Erläuterungen abgesehen, treten Werthers Bekenntnisse unmittelbar und ohne Widerspruch durch den Briefadressaten vor uns. Das heißt, wir vermeinen, einen unverstellten Einblick in seine Seelenkämpfe zu erlangen, und fühlen so direkt mit seinem Glück und vor allem mit seinem Leid mit.

Anderthalb Jahre umfassen die an den Jugendfreund Wilhelm gerichteten Briefe, die – eine Neuerung in jener Zeit – bis in die Sprachgestalt hinein versuchen, das Durcheinander der Empfindungen widerzuspiegeln. Abgebrochene Sätze, Auslassungen, Ausrufe, Inversionen und Gedankenstriche markieren das Sprunghafte der Werther'schen Seelenflüge. Die Sprache vermag nicht oder nur bruchstückhaft darzustellen, was den jungen Mann – im blauen Frack mit gelber Weste – bewegt, als er die junge Amtmannstochter Lotte zum ersten Mal erblickt und sofort die Bedeutung dieses Treffens spürt.

Herzensgut und schön ist Lotte, wie sie ihre Geschwister mütterlich betreut und ihnen – eine oft zitierte Passage – das Schwarzbrot schneidet, und was sie empfindet, empfindet Werther nicht minder. Misslich daran ist nur, dass Lotte bereits gebunden ist, an den Staatsdiener Albert, der mit dem Attribut »brav« sehr passend beschrieben wird. Hier der pragmatische, mit beiden Füßen auf dem Boden der bürgerlichen Realität stehende Verlobte, da der schwärmerische, alle Konventionen missachtende Verehrer – in diesem Spannungsfeld bahnt sich Werthers Schicksal an.

Auch als Werther kurzzeitig Lotte flieht und in städtischer Umgebung aneckt, weil er die Standeskonventionen nicht hinnehmen will, ändert sich nichts an seiner Leidenschaft. Nach seiner Rückkehr spitzt sich die Lage zu: Werthers Besuche bei Lotte und Albert werden von allen Beteiligten als bedrückend empfunden, und Lotte beschließt, den unbelehrbaren Verehrer von sich zu weisen, wiewohl dies »in ihr ganzes Wesen eine Lücke zu reißen« droht. Eine letzte Zusammenkunft endet mit wilden Küssen – und Lottes schroffer Zurückweisung. Der Rest ist bekannt: Mit einer Pistole, die ihm Albert, ohne Böses zu ahnen, leiht, erschießt sich Werther kurz vor dem Weihnachtsfest. Der Roman wechselt, um die Anteilnahme der Leser um ein Weiteres zu steigern, auf den letzten Seiten zwischen Präteritum und Präsens. Ohne geistlichen Beistand wird der Selbstmörder Werther zu Grabe getragen, während man um Lottes Leben fürchtet.

»Eins von uns dreien muss hinweg, und das will ich sein«, schreibt Werther in seinem Abschiedsbrief an Lotte, kurz und eindeutig, wie es der Konsequenz seines schwärmerischen Lebens gemäß ist. Dass da jemand keine Konvention, keine Einschränkung seiner Gefühle und kein Weiterleben ohne Lottes Nähe akzeptieren mag, gehört zur Unbedingtheit dieser Liebeskonzeption – und wurde von pädagogisch-aufklärerischen Zeitgenossen Goethes stante pede getadelt. So darf man nicht lieben, da sonst alle Dämme der Gesellschaft brächen. Gefühle sind nur in Maßen tolerabel, und wo einer wie Werther die Natur und die Liebe mit religiöser Inbrunst auflädt, droht das Gefüge menschlichen Zusammenlebens zerstört zu werden. Werthers Verteidigung des Selbstmords, zu der er ansetzt, ehe er selbst diesen Schritt tut, wird folglich vom »braven« Albert, dem Repräsentanten der »vernünftigen« Gemeinschaft, scharf zurückgewiesen.

Die Leiden des jungen Werther sind auch ein Lehrbeispiel für die nicht zu steuernde Wirkung von Literatur, im Roman selbst und in der Realität, als der Roman erschien und ungeheuren Eindruck auf die sensiblen Schwärmer der Zeit machte. Lotte und Werther kommen sich in einer Schlüsselszene nahe, als sie am Fenster stehen und Zeuge eines Gewitters werden. Das Band ihrer Gefühlsnähe knüpft die Literatur, als zwischen beiden nur ein Wort fällt, das des Dichters Klopstock, dessen Ode *Die Früh-lingsfeier* zum Erkennungsfanal der Gleichgesinnten wird. Die Literatur – die von Werther deklamierten Ossian-Gesänge des Schotten Macpherson – ist es auch, die die finale Kussszene heraufbeschwört, und als man den toten Werther auffindet, liegt Lessings Trauerspiel *Emilia Galotti* aufgeschlagen auf seinem Pult, jenes düster-rätselhafte Stück, in dem die junge Emilia ihren Vater – warum auch immer – auffordert, sie zu richten. Gedichte, Theaterstücke und Romane lenken die Handlungen der Menschen, beeindrucken so sehr, dass sie von ihrer fiktionalen Hülle befreit und, auf unterschiedlichste Weise, aufs Leben bezogen werden. So wie es im 18. Jahrhundert viele *Werther*-Leser taten und ihrem realen oder eingebildeten Liebes- und Weltschmerz durch Selbstmord ein Ende setzten.

Heute wird Goethes Briefroman solche Folgen nur selten zeitigen, doch über Maß und Maßlosigkeit der Liebe, die mehr sein will als eine rechtschaffene Ehe oder ein prickelnder One-Night-Stand, lässt sich mit diesem Buch trefflich nachdenken. Und darüber, dass Liebeskummer keine Frage des Sich-Lohnens ist.

%. JOHANN WOLFGANG GOETHES *Die Leiden des jungen Werther* erschien – damals noch mit der Genitivform »Werthers« – 1774 in der Weygandschen Buchhandlung, Leipzig. Zum Zwecke einer 1787 erscheinenden Werkausgabe überarbeitete Goethe den Text.

Wer als Mann eigenen Torheiten vorbeugen will, lese:
ADOLF MUSCHG, *Noch ein Wunsch*

Männer, die älter werden, fallen nicht immer durch übergroße Intelligenz auf. Sobald sie in die Fänge der vielbeschworenen Midlife-Crisis geraten, lässt sich mit ihnen nicht viel anfangen, und die Wahrscheinlichkeit ist groß, dass sie in Torschlusspanik verfallen und sich ihre Virilität und ihre Jugend beweisen müssen. Noch mit sechsundsechzig Jahren wollen sie keine natürlichen Grenzen ihrer Aktivitäten kennen, vor allem wenn es um die Chance geht, »noch einmal ganz von vorne anzufangen«, in Liebesdingen zum Beispiel.

Der Zusammenhang von Verblendung, Wirklichkeitsverlust und Sich-selbst-der-Lächerlichkeit-Preisgeben bietet eine Fülle von künstlerischen Bearbeitungsmöglichkeiten, und so tummeln sich in der Weltliteratur viele betagte Gockel, altersgeile Lüstlinge, alberne Hahnreie und sabbernde Viagra-Konsumenten. Wo der Mann – auch wenn es ihm im Rücken schmerzt und das Knie bedenklich wackelt – einen jungen Rockzipfel zu erobern meint, droht er den Verstand zu verlieren und lässt sich auf Stellungskriege ein, aus denen er in den wenigsten Fällen als Sieger hervorgehen wird.

Der Schweizer Literaturwissenschaftler und Erzähler Adolf Muschg (* 1934) hat in vielen seiner Arbeiten Männerfiguren ins Zentrum gestellt, die mit ihrer (gesellschaftlichen) Rolle hadern und davon träumen, zu unbekannten Ufern aufzubrechen – am besten mit einer attraktiven »neuen« Frau an ihrer Seite. Die Erzählung *Noch ein Wunsch* bündelt diese Themen auf engem Raum und versucht, die Tagträume eines Herrn im fortgeschrittenen Alter ernst zu nehmen. Martin ist Jurist, Ehemann, Familienvater und – so setzt die Geschichte ein – mit seinem alten Renault unterwegs zu Anne, einer wesentlich jüngeren Frau, die ihn seit geraumer Zeit in Atem hält. Während er mit dem anfälligen Wagen und der komplizierten Anfahrt in den Jura zu kämpfen hat, lässt er die komplizierte Geschichte, die ihn und Anne verbindet, Revue passieren.

Zufällig lernte Martin sie in Paris kennen; später besuchte sie ihn und seine Familie. Nach einem zufälligen Wiedersehen kam es zu einer Liebesnacht, die er als Befreiungsschlag empfand: »Für die Nacht fand ich später, im Speisewagen, Worte: du hast mir das Leben gerettet. Sie passten nicht, aber da es keine passenden gab, sagte ich mir die vor, die zu meiner Ruhe stimmten. Ich hatte nicht mehr gedacht, dass es mir mit der Ruhe noch mal gelingen würde. Ich war nicht zum Spezialisten gegangen. Was kümmerten mich Resultate, jetzt lebte ich ja. Das war, außer Funktionieren oder Sterben, die dritte Möglichkeit, auf die ich gestern am See nicht gekommen war.«

Mit einigem Pathos gibt Adolf Muschg seinem hypochondrischen Helden Gelegenheit, sich aus seiner nicht genau definierten Krise herauszubewegen. Konkreten Anlass zum Leiden hat er nicht, obschon die Juristerei wenig Bestätigung gibt und das Familienleben zum funktionierenden Arrangement geworden ist. Doch genau das scheinen die schlimmsten Krisen zu sein, Phasen unerfüllter Wünsche, Phasen, in denen Krankheit und Tod an der eigenen Haustür nicht mehr kehrtmachen. Die unorthodoxe Anne, die mal studiert, mal auf einem Bauernhof arbeitet, ist das Gegenbild des bequemen Juristenlebens und eine

ideale Projektionsfläche für das, was sich der krisenge-
schüttelte Martin vom Leben immer noch erhofft.

Noch ein Wunsch zeichnet diese Phantasien nicht naiv
nach. Martin ahnt zumindest, wie kläglich sein Ausbruch
wirkt, wie wenig Hoffnung besteht, dass die letzte Reise zu
Anne eine erfreuliche Klärung bringen wird. »Ich traue den
Frauen zu viel zu. Ich erwarte mehr von ihnen als vom lieben Gott. Alles, was mir fehlt, treibe ich bei ihnen ein« –
diese Selbsterkenntnis hilft indes nur bedingt. Als Anne
ihm anbietet, sie zu besuchen, greift er gierig nach diesem
Strohhalm. Dort endlich angekommen, will das Sprechen
nicht gelingen, und auch das Miteinander-Schlafen, das
sich Martin erhoffte, wehrt Anne mit sanfter Entschieden-
heit ab. Stattdessen pflegt Martin mit Annes Mutter artige
Konversation und muss sich von seiner Kurzzeitgeliebten
sagen lassen, dass sie Martin und seine Frau gerne als Eltern gehabt hätte – ein Satz, der bejahrte Liebhaber ver-
nichtet.

»Noch ein Wunsch« – in der Titelformulierung klingt
Doppelbödiges an: Martins Sehnen, dass sein Leben mit
einem Schlag, mit einer Wunscherfüllung in die richtigen Bahnen kommen möge, und die pampige Kellnernach-
frage, die signalisiert, dass das Lokal gleich schließen wird
und selbst einfachste Wünsche nicht mehr in Erfüllung gehen werden. Muschgs Erzählung entstand – das ist ihr an-
zumerken – in den 1970er Jahren; sie zeigt einen Mann, der
mit seiner Rolle nicht mehr zurechtkommt, und eine Frau,
die sich von Tagesgefühlen leiten lässt und dem Ernst ihres Verehrers manchmal hilflos gegenübersteht. Am Ende
bleibt vieles offen: Nach einem langen Spaziergang, der
beide ins Sportzentrum von Magglingen führt, kommt es
in einer Gaststätte zum gewaltsamen Ausbruch Martins,
der seine Not in Beaujolais zu ertränken sucht. Er fährt zurück, ins vertraute Familienleben, und malt sich, im Auto
sitzend, aus, wie es wäre, jetzt von allem abzulassen und in

den Tod zu fahren: »Die Straße ist leer, und im Schutz der Pappelflucht, die sie begleitet, würde der Wagen die Spur noch eine Weile halten. Nur etwas vergessen muss ich mich. Einem Baum nachsehen, als stände er für alle meine Versäumnisse da. Ihm so lange nachsehen, bis er aufhört, ein Bild zu sein, und zusammenstürzt mit mir selber, mit Fleisch und Blut. Wo er steht, werde ich gewesen sein; werde, für das Zuschlagen eines Augenblicks, *ich* gewesen sein.«

Ist die Sehnsucht nach dem Tod, nach Einswerden im Ende der allerletzte Wunsch? Adolf Muschgs Erzählung, die von leisen Symbolen durchzogen ist, lässt das offen. Martin, ihr unsicherer Held, steht am Ende weder als Narr noch als Weiser da. Seine Tagträume werden nicht der Lächerlichkeit preisgegeben und doch als das gezeigt, was sie auch sind: Phantasien eines Mannes, der von anderen erhofft, was er selbst nicht zu geben vermag.

❧ ADOLF MUSCHGS *Noch ein Wunsch* erschien 1979 im Suhrkamp Verlag, Frankfurt am Main.

Wer einer vergangenen Liebe nachtrauert, lese:

CEES NOOTEBOOM, *Mokusei!*

Ob es sie gibt, die eine große Liebe, der man nur einmal im Leben begegnet und deren Verlust sich als tiefer Schmerz in die Seele brennt, darüber gibt es verschiedene Ansichten. Zum Glück, denn so lässt sich diese Frage stets aufs Neue von allen Seiten beleuchten, und die Antworten darauf sind das Salz in der Suppe der Literatur. Als beeindruckender und moralisch hochwertiger gilt die Anschauung, dass es die »wahre« Liebe wie die erste nur einmal gibt und dass diejenigen, die dieser Bindung für immer und ewig verlustig gingen, eine Tragödie durchmachen. Vielleicht ja ist die Rede von der großen, unvergleichlichen Liebe nur ein Versuch, sich selbst zu täuschen, sich selbst zu beruhigen oder – wenn ihr nachzutrauern ist – sich mit dem edlen Gestus desjenigen zu schmücken, der weiß, was »unwiederbringlich« bedeutet.

Der Niederländer Cees Nooteboom (* 1934) ist ein Virtuose, wenn es gilt, eigentümliche Liebesbegegnungen und deren Nachwirkungen zu schildern. Am schönsten ist ihm dies in *Mokusei!* gelungen, einer – so der Untertitel – »Liebesgeschichte«, die von verlorenem Glück erzählt. Wo es einem Autor, der von Liebe, von einmaliger Liebe – und nicht von Zwischen-Tür-und-Angel-Sex oder wechselnden Affären – sprechen möchte, ernst ist, da geht es meist auch um Fremdheit. Wie ist es möglich, dass zwei Menschen, die außer in metaphorischer Rede nie »eins« sein werden, miteinander verschmelzen und das Gefühl einer Zusammengehörigkeit entwickeln, für die der Zufall nicht zuständig sein kann?

Liebe ist die Überwindung des Einander-fremd-Seins und womöglich des Sich-fremd-Seins. *Mokusei!* greift das in einem einfachen Arrangement auf: Zwei Menschen aus entfernten Kulturen verfallen einander, und bis zum bitteren Ende haftet ihrer Zweisamkeit in jedem Stadium eine unüberbrückbare Distanz an. Der holländische Fotograf Arnold Pessers, Mitte dreißig, erhält den Auftrag, nach Japan zu reisen und eine Bilderserie für ein Magazin zu machen. Fünf Jahre liegt dies zum Zeitpunkt des Erzählens zurück, fünf Jahre, die sein Leben für immer veränderten.

In einer Modelagentur macht Pessers den Verantwortlichen klar, dass er nicht auf der Suche nach einem klassischen, leicht zu reproduzierenden japanischen Gesicht ist, das die Klischees über das Land und seine Menschen in sich bündelt. »I want somebody who is not beautiful« – mit diesem Wunsch verstört er anfänglich den Agenturbetreiber, ehe dieser zu verstehen beginnt, was sein unkonventioneller Kunde begehrt: »Als sie eine Stunde später ins Zimmer trat, war Arnold Pessers zweierlei sofort klar. Erstens, dass sie die Frau war, die er suchte, und zweitens, dass ihre Erscheinung eine enorme Spannung in ihm erregte. Sie hieß Satoko, doch nur dieses erste Mal sollte er sie so nennen. Ihr Gesicht, und auch dieses Bild war sofort da gewesen, erinnerte ihn an eine Schnee-Eule, die er einmal auf einer nächtlichen Fahrt in einem nördlichen Gebirge gesehen hatte. Das Tier war schon von weitem als weißer, beängstigender Gegenstand sichtbar gewesen, und er hatte, nach der Kamera neben sich tastend, langsam auf der verlassenen Landstraße angehalten. Die weiße Maske war ihm genau zugewandt, eine halbe Umdrehung weg vom Rumpf, und leuchtete ihn aus zwei runden gelben Augen an, abwehrend und geheimnisvoll.«

Voller Geheimnis bleibt auch Satoko für ihn, obschon vom ersten Augenblick an klar ist, dass es zwischen beiden zu einer gewaltsamen, erregenden Liebesbegegnung kommen wird. Unergründlich wie jene Schnee-Eule wird Satoko für Plessers immer bleiben. Sie ist die Fremde aus einer fremden Kultur. Bei ihrem richtigen Namen nennt er sie nur einmal; ihre unterschiedlichen Masken lassen es nicht zu, sich auf eine bannende Bezeichnung zu einigen. Mal Satoko, mal Schneemaske und mal Mokusei, nach »einer der wenigen japanischen Blumen, die duften«. Fünf Jahre sind sie zusammen – und getrennt, wenn er nach Europa zurückkehrt; fünf Jahre herrscht kein Zweifel, dass sie auf animalische, alle Sinne erfassende Weise zusammengehören. Mit Blümchensex und romantischem Händchenhalten in japanischen Ziergärten hat das nichts zu tun; es geht ums Ganze: »Bei niemandem sonst auf der Welt hatte er je so empfunden, dieses Gefühl der Bedrohung, der Herausforderung von Wut und Krieg, gepaart mit unverständlichen Liebesbeteuerungen und einem als Beißen getarnten Streicheln. Aber gerade deshalb, das wusste er, war es Liebe – Liebe, die er kübelweise über ihr hätte ausgießen mögen, mit der er den östlichen, anderen, verschlossenen Körper über sich, neben sich, unter sich hätte überziehen mögen wie mit einem immerwährenden Licht.«

Cees Nooteboom zieht alle Motivregister, um diese entgrenzte, unerhörte Liebe in Bilder zu fassen. Da ist die sprachliche Barriere, da ist das kulturelle Unverständnis, und da sind die Momente des Sich-Entziehens. Wie der Fuji, der Berg, den beide bei ihrer ersten Fotosession in den Blick bekommen wollen, sich dem Auge entwindet und sich hinter Nebelwänden versteckt, so ist Mokusei eine Entrückte, die auch im intensivsten Liebeserleben nicht zu fassen ist. Die »Distanz, das Rätsel, das Unnahbare« – das begründet den betörenden Reiz dieser Maskenfrau, bis zu dem Abend, als beide in einem Hotel zu Abend essen und sie ihrem Liebhaber ohne Umschweife zu verstehen gibt, dass dies ihre letzte Zusammenkunft sein wird – in einem Englisch, dessen Staksigkeit das Unveränderliche dieser Nachricht drastisch hervorhebt: »I want to be near parents. I don't want to make trouble. I want to make house and have children.«

Ein letztes Sich-Lieben, ein noch heftigeres Übereinander-Herfallen – und dieses »ganze hoffnungslose Unterfangen von Menschen, die in den anderen eingehen wollen, eins sein wollen und nicht können, immer wieder gezwungen werden, auseinanderzugehen, loszulassen, leere Zimmer hinter sich sammelnd.« Dann ist es vorbei, in der Stunde des Abschieds fotografiert Arnold die schlafende Mokusei, zum ersten Mal. Und dann die Trauer, die er »nie würde abschütteln können«. Der Trost, dass sie vergehen wird »wie alles«, gilt nicht, denn mit dem Vergehen der Trauer entsteht das Gefühl, »dass er selber es war, der verging«.

Um sich derart in ein Herz einzugraben, scheint die Liebe – nur davon erzählen diese knapp achtzig Seiten letztlich – Fremdheit zu benötigen. Nur das Unerklärliche gebiert Rätsel, legt ein Geheimnis nahe, das (vor allem für Männer?) erst das Faszinosum der nie gänzlich zu erlangenden Frau ausmacht. *Mokusei!* ist eine traurige Liebesgeschichte, gewiss – und eine, die demonstriert, warum manche Liebesgeschichten traurig enden müssen.

❦ CEES NOOTEBOOMS *Mokusei! Eine Liebesgeschichte* erschien 1982 auf Niederländisch (mit gleichem Titel), Helga van Beuningens Übersetzung 1990 im Suhrkamp Verlag, Frankfurt am Main.

Wer Weib oder Mann seines/r Nächsten begehrt, lese:

HANS ERICH NOSSACK, *Spätestens im November*

So stellt man sich den »coup de foudre«, die Liebe auf den ersten Blick, vor: Zwei Menschen begegnen sich zum ersten Mal, und ohne dass viele Worte gewechselt würden, wissen sie sofort, dass sie künftig ohne einander nicht werden leben wollen. Sie brechen alle Brücken hinter sich ab, pfeifen auf soziale und finanzielle Absicherungen und fangen – der alte Wunschtraum der Etablierten – noch einmal »ganz von vorne an«.

Darüber lässt sich gut schreiben und erzählen, denn solche fliegenden Wechsel zeigen an, wozu Menschen fähig und wo sie den Einschränkungen des bürgerlichen Lebens verpflichtet sind. Ist es nicht nur ein schöner Traum, von einem anderen, von einer anderen besser verstanden zu werden, all das zu erlangen, was in der alten Beziehung nicht zu erlangen war? Und wann kehren die Rituale wieder, die Mechanismen, die man mit dem neuen, aufregenden Partner so gern ablegen würde?

Wo der Blitz der Liebe einschlägt, kümmert er sich nicht darum, ob die Betroffenen bereits vergeben und gebunden sind. Er fragt nicht nach Ehe, Sitte und Moral – zumindest so lange, bis der Blitz im Alltag angekommen ist und über seine dauerhafte Wirkung entschieden wird. Hans Erich Nossacks (1901–1977) *Spätestens im November* nimmt so seinen Anfang: Die Industriellengattin Marianne Hell-

degen lernt bei einer Preisverleihung des Industriellen-
verbandes den zu ehrenden Schriftsteller Berthold Mön-
cken kennen. Man beobachtet sich aus den Augenwinkeln;
Cocktails werden gereicht; die Honoratioren von Stadt und
Wirtschaft freuen sich, vom Schein der Kultur illuminiert
zu werden, und plötzlich gehen Marianne und Berthold
aufeinander zu: »Wir standen auch sicher nicht lange da, so
etwas meint man nur. Für uns war es eine Ewigkeit. Wenn
sie vorbei ist, sehnt man sich immer danach zurück, nichts
genügt einem mehr. Aber die Welt weiß nichts davon. ›Mit
Ihnen lohnt es sich zu sterben‹, sagte er. Es war so, als ob
ich es selber gesagt hätte, obwohl ich nicht diese Worte gebraucht hätte. Doch nun war es wie immer meine eigene
Stimme, die zurückkam; es waren genau die richtigen
Worte; etwas anderes zu sagen wäre falsch gewesen, und
darum sagte ich auch nur: Ja.«

Mit diesem pathetischen, gleichsam aus dem heiteren
Himmel gefallenen Dialog beginnt die Liebesgeschichte
eines ungleichen Paares: hier die Gattin und Mutter aus
Wirtschaftswunderkreisen, da der vom Feuilleton beachtete Dichter, der Auftritte in Industriellenkreisen als Ver-
kleidungsfarce betrachtet. Ohne Umschweife teilt Marianne ihrem Mann Max den Entschluss mit, ihn und den
Sohn zu verlassen und sich mit dem nicht auf Rosen ge-
betteten Schriftsteller zusammenzutun. Beide verlassen
die Stadt, beziehen eine kleine Behausung in einer Pension – und müssen bei aller Liebe mit dem Alltag zurechtkommen.

Hans Erich Nossack, ein eher spröder Autor, hat einen
Roman geschrieben, der das Klima der bundesrepublikanischen Nachkriegsgesellschaft gut trifft. Steif und ge-
hemmt geht es allenthalben zu; selbst die familiären Gespräche – auch Mariannes Schwiegervater lebte mit ihnen
unter einem Dach – sind mühsam arrangiert und lassen
kaum zu, dass Wahrheiten ausgetauscht werden. Der – ur-

sprünglich als Theaterstück – konzipierte Roman setzt sich vor allem aus Dialogen zusammen, die immer eindringlicher werden. Marianne will nicht von ihrem Glück lassen, obschon Berthold es ihr nicht leicht macht. Mit einem Schriftsteller zu leben ist keine vergnügungspflichtige Veranstaltung, zumal wenn dieser an einer neuen (Bühnen-) Arbeit sitzt, die »spätestens im November« aufgeführt werden soll.

Marianne ist diesem Wechselbad nicht gewachsen und kehrt zurück in die Villa ihres Mannes, der nie daran zweifelte, dass Mariannes »kleine körperliche Verirrung« nicht von Dauer sein könne. Was als Heimkehr der verlorenen Gattin erscheint, ist in Wirklichkeit die Ruhe vor dem neuen Sturm. Marianne kommt in der Enge dieses konservativen Bezirks nicht mehr zurecht, und es bedarf nur eines Anlasses, um alles wieder in Frage zu stellen: Als Bertholds neues Stück (das anspielungsreich auf Francesca und Paulo, das Liebespaar in Dantes *Göttlicher Komödie*, zurückgreift) in der Stadt uraufgeführt wird, wissen alle Beteiligten, dass eine neuerliche Begegnung der Liebenden eine endgültige Entscheidung nach sich zöge. Und so kommt es: Marianne versucht sich nach außen abzuschotten, doch insgeheim weiß sie, dass der Sog zwischen ihr und Berthold zu stark ist. Er dringt nach der Premiere in die Villa ein, und zum zweiten Mal packt Marianne ihre Koffer. Für immer – und ewig, denn als beide leicht angetrunken in Bertholds neuem Volkswagen losfahren, sind die letzten Minuten ihres Lebens angebrochen. Das Auto gerät ins Schleudern und prallt gegen einen Brückenpfeiler; beide sind sofort tot.

Auf *Spätestens im November* liegt – keine Frage – ein wenig Patina. Das hat mit Hans Erich Nossacks ernsthaftem, nicht auf sinnliche Effekte setzendem Erzählen zu tun. Dennoch bewahrt sich dieser Roman eine merkwürdige Ausstrahlung. Da will eine Frau an ihrem Recht auf

Glück festhalten; sie zweifelt, weil die gesellschaftlichen Normen dies nicht vorsehen und weil sie nicht weiß, ob sie dem neuen Mann gewachsen ist. Zurückkehren in das alte, langweilige, verlogene Zuhause kann sie nicht; die Erinnerung an das, was war, ist stärker: »Und ich bin sehr, sehr glücklich mit ihm gewesen. Es lässt sich nicht vergessen, Papa. Es lässt sich nicht vergessen, das ist es.«

Und das Tragische dieser unbedingten Liebe zeigt sich nicht nur in der Todesfahrt. Erzählt wird *Spätestens im November* aus der Perspektive der nicht mehr lebenden Marianne. Eine Tote rekapituliert die Ereignisse – was man als bloßen Erzähltrick verstehen mag, ist ein Indiz für die Dauerhaftigkeit dieses Liebestraums. Auch nach dem Tod lässt sich erzählen – eine beruhigende Vorstellung.

❦ HANS ERICH NOSSACKS *Spätestens im November* erschien 1955 im Suhrkamp Verlag, Berlin.

Wer daran glaubt, lese:

HANNS-JOSEF ORTHEIL, *Die große Liebe*

Ans dauerhafte Gelingen, ans ewige Glück, an eine nie zu Ende gehende Liebe glauben wir allzu gern ... würden wir allzu gern glauben, wenn da nicht die Erfahrungen wären, die gegen diese optimistischen Annahmen sprächen. Andererseits: Ohne Illusionen ist das Leben nicht zu ertragen, und so lechzen wir nach Botschaften, die uns in diesen Wach- und Wunschträumen bestärken. Die Literatur, wenn wir sie als Heile-Welt-Produzentin verstehen, tut sich freilich schwer, permanent von harmonischen Zuständen zu säuseln. Ihre Verfasser wissen um all die Einschränkungen, Demütigungen und Desaster, die das Glück so trefflich verhindern mögen, und erzählen deshalb häufiger davon, wie Menschen zielsicher in den Abgrund tappen und sich gegen das, was ihnen die Umstände zumuten, nicht wehren können.

Unbeschwerte Liebe ist folglich ein Sujet, das in der Literatur nicht leicht zu finden ist. Stattdessen bekommen wir tagaus, tagein von Partnerschaftskatastrophen erzählt, von ehelichen Vorhöllen, Trennungen und anderen Martyrien, die sich in Mülltonnen oder entlegenen Kalkwerken abspielen. Die gelingende Liebe – das scheint dem seichten Schlager, wo Menschen »niemals auseinandergehn«, und dem Heimatfilm, wo Rudolf Prack mit Sicherheit in Sonja Ziemann die Partnerin fürs Leben findet, vorbehalten. Ernstzunehmende Literatur, die auf ein Happy End setzt, gilt hingegen als kaum satisfaktionsfähig – wie sollte es in einem Zeitalter, in dem die Welt, das Ich und alle Spiegel bersten, auch möglich sein, naiv von einem guten Ausgang zu erzählen?

Hanns-Josef Ortheil (* 1951) hat sich todesmutig dieser Aufgabe gestellt. Allein schon der Titel seines Romans muss, da er partout nicht ironisch oder sarkastisch gemeint sein will, als schiere Provokation gelten: *Die große Liebe*. Ach herrje, das klingt nach Schmonzette, nach einer Botschaft, die man nicht für voll nehmen kann. Und tatsächlich: Ortheil erzählt genau von dem, was er im Romantitel ankündigt, von der Liebe zweier Menschen, die von keinen Widerständen oder Zeitläuften in Zweifel gezogen wird.

Ein Münchner Fernsehjournalist, Ende dreißig, macht sich in die italienischen Marken auf, genauer: ins Küstenstädtchen San Benedetto, wo er Eindrücke für eine ungewöhnliche Reportage über das Meer sammeln möchte. Er begibt sich ins Museum, befragt die Kunsthistorikerin und Meeresbiologin Dottoressa Franca ... und binnen weniger Tage entspinnt sich ein entfesselter Amour fou, dem sich beide rücksichtslos hingeben. Familiäre und soziale Widerstände zählen nichts, der unliebsame Verlobte muss die Segel streichen, und am Ende kommen die beiden Liebenden zusammen, als bedürfe es nur starker Willenskraft, um seine Gefühle leben zu können. Nichts wird hier ironisiert; das gutgeölte Räderwerk des modernen Zweifels greift nicht. Dottoressa Franca und ihr German Lover ignorieren ihn und alles, was ihrer Liebe entgegensteht – ganz einfach.

Ortheils Roman ist ein großartig sinnenfrohes Buch. Das Meer wird geschildert, als hätte dies noch kein anderer getan; es wird hemmungslos getrunken, geküsst und gegessen -- ein Schreckensszenario für Asketen. In epischer Ausführlichkeit türmen sich Tafelfreuden auf, während die

Sonne ihrer Hauptbeschäftigung nachgeht – zu scheinen – und der Blick gelassen übers Meer schweift. Ja es gelingt dieser suggestiven Erzählweise sogar, Gerichte schmackhaft zu machen – Kutteln in Weißwein! –, die man ansonsten mit Ekel im Gesicht ignoriert. Wer *Die große Liebe* liest und dummerweise keinen Wein kalt gestellt hat, ist ein armer Mensch, denn dieses Buch nötigt dazu, sich mindestens ein Gläschen zu gönnen und auf dieses Traumpaar der Gegenwartsliteratur anzustoßen. Und selbstverständlich stellt sich unwiderstehliche Lust ein, den nächsten Urlaub in Italien zu verbringen und eine »Mischung aus Konkretem, Mythos und Volkslied« zu erleben: »… zwei begeisterte Männer saßen auf einem sonnenüberfluteten Felsplateau an der adriatischen Küste, tranken Prosecco und unterhielten sich, manchmal albern wie Kinder, darüber, ob man eine Thunfischpaste mit Butter und Zucker oder mit einer Spur Grappa und geriebenen Zwiebeln anreichern sollte.«

Ganz, so scheint es, hat sich der belesene Hanns-Josef Ortheil in seinem Roman noch nicht von allen Fußangeln befreit und versucht sich deshalb abzusichern: Er lässt seinen Protagonisten über das Phänomen der »großen Liebe« nachsinnen und kommt nicht umhin, ihn zum Schreibenden zu machen, der justament einen Roman verfassen möchte, der wie der vorliegende anhebt. Solche Erzählzirkel kennen wir, und sie wirken wie Stützräder für eine körper- und sinnenreiche Literatur, die ihrer eigenen Stärke (noch) nicht ganz vertraut. Eigentlich käme dieser Roman gut ohne solche Absicherungen aus.

Und am Schluss? Die Entfernung, die zwischen München und den Marken liegt, scheint kein unüberwindbares Hindernis zu sein. Alle Indizien sprechen dafür, dass es nicht bei einer Urlaubsromanze bleibt, und klugerweise schließt *Die große Liebe*, ehe sich der möglicherweise mitunter ins Graue changierende Alltag meldet, ehe nervende

Kleinkinder, berufliche Sorgen, defekte Spülmaschinen oder nächtens musizierende Nachbarn das Glück der beiden Glückskinder trüben könnten. Das letzte Wort hat Franca, als sie ihren Helden, wie versprochen, in München aufsucht: »Ich hörte ihre Stimme, buona sera, vielen Dank, sie klang sehr ruhig, vollkommen sicher und war von jener melodisch klingenden Art, die mich schon einmal hatte aufhorchen lassen.«

Und dann schlagen wir das Buch zu, schauen auf die Hanauer Landstraße oder den Adenauerplatz und glauben endlich wieder an jene große Liebe, die uns vielleicht morgen begegnet, auf der Hanauer Landstraße zum Beispiel ...

❀ HANNS-JOSEF ORTHEILS *Die große Liebe* erschien 2003 im Luchterhand Verlag, München. Zusammen mit den Romanen *Das Verlangen nach Liebe* (2007) und *Liebesnähe* (2011) bildet sie eine Trilogie.

Wer Sex im Alter für normal hält, lese:
PHILIP ROTH, *Sabbaths Theater*

Je stärker sich die Alterspyramide in unserer Gesellschaft verändert und je mehr rüstige Rentnerinnen und Rentner sich in den Fußgängerzonen tummeln, desto häufiger beherrschen »Seniorenthemen« das öffentliche Gespräch. In leicht muffigen deutschen Kurorten werben Restaurants mit dem Hinweis »Fast alle Gerichte werden auch als Seniorenteller angeboten«, Zeitschriftenmacher entdecken die mitunter recht konsumstarke Zielgruppe der »Silver Generation« und »Grey Gamers«. Wo der ältere Mensch – es muss ja nicht immer Edmund Stoiber sein – derart die Meinungsführerschaft übernimmt, bleibt es nicht aus, dass sich sogenannte Tabuthemen in den Vordergrund drängen. Männer und Frauen im fortgeschrittenen Alter wollen nicht als Männer und Frauen im fortgeschrittenen Alter angesehen werden. Auch mein Vater berichtete bis ins hohe Alter mitunter kopfschüttelnd von Restaurantbesuchen, wo wieder nur »alte Leute« zu sehen gewesen seien ...

Sex im Alter, das galt früher als nicht existent. Gewiss, gelegentlich las man davon, dass Berühmtheiten wie Charlie Chaplin oder Anthony Quinn jenseits der siebzig Zeugungsqualitäten bewiesen, doch für die älteren Herrschaften von nebenan konnte und wollte man sich das nicht vorstellen. Vorbei sind diese züchtigen Zeiten; mittlerweile macht das »Zugwerk der Triebe« (Marc Aurel) selbst vor Pensionären nicht halt und schürt den Eindruck, Sex im Alter sei normal wie Sex in der Jugend.

Der Amerikaner Philip Roth (* 1933), ohnehin berühmt für seine keine Obszönitäten scheuenden Romane, hat wenig Hemmungen, Figuren zu beschreiben, die im gesetzten Alter Freude an derben Sexspielarten haben und ihre Gedanken liebend gern darum kreisen lassen. Das Schöne an Roths Romanen ist, dass sich nie der Verdacht halbseidener Altherrenprosa einstellt, dass nie das Gefühl aufkommt, hier schreibe jemand von Fellatio & Co., um zu kompensieren, dass es in der Realität mit Fellatio & Co. nicht mehr so hinhaut.

Mickey Sabbath, Held in Roths *Sabbaths Theater*, gehört zu dieser sinnenfrohen Truppe. Die sechzig hat er längst überschritten; die Vitalität seiner Triebe leidet indes kein bisschen darunter, sieht er sich doch in historisch beeindruckender Tradition: »Verführer der Jugend. Sokrates, Strindberg und ich.« Mit Drenka, einer (nicht mit ihm) verheirateten Gastwirtin, erlebt er die ungehemmte Leidenschaft des fortgeschrittenen Alters, wann immer es gelingt, dem problembeladenen Alltag ein Schnippchen zu schlagen. Klassische Schönheitsideale zählen für Drenka nicht, denn Mickey ist nicht gerade eine vielversprechende Partie. Seine Dozentur an einer Kunsthochschule hat der einstige Puppenspieler wegen einer Telefonsex-Affäre verloren; seine Ehe mit Roseanna ist ein pausenloses Martyrium; sein »idiotischer weißer Bibelbart« kleidet ihn nur mäßig, und die Erinnerungen an seine Mutter und an den 1944 von den Japanern abgeschossenen Bruder Morty lassen ihm keine Ruhe. Trotz alledem: Mickey genießt das Verbliebene, bis Drenka plötzlich erkrankt und bald darauf stirbt. Ein weiterer Verlust, und einer, der ihn von seinem Zuhause, Neuengland, forttreibt.

In verschränkter Chronologie holt der Roman ein verflossenes Leben zurück, und er macht deutlich, dass die

Geister der Vergangenheit wiederkehren, ob man will oder nicht. Morty, seine Mutter, seine erste Frau Nikki (die auf mysteriöse Weise verschwand) – Sabbath spricht und streitet mit ihnen, denkt nicht daran, ihre Nicht-Existenz zu akzeptieren. Je weiter seine lautstarke Klage voranschreitet, desto bedrückender gerät sie. Natürlich, Mickey ist alles andere als ein Sympathieträger aus dem Windkanal, und er weiß um seine dürftigen Werte: »Er war bloß ein Mann, der hässlich, alt und verbittert geworden war, einer von Milliarden.« Gegen Ende beschließt er – was sonst? – seinen Selbstmord, kauft sich einen Ruheplatz für die ewigen Jagdgründe, setzt den Text für seinen Grabstein auf und bringt es dennoch nicht fertig, die Sache zu Ende zu bringen.

Warum? Bei einem Bekannten aus alten Tagen findet er eine Schachtel mit Andenken an seinen Bruder. Fotos, Briefe, die unmäßigen Schmerz bereiten und nur einen Sinn haben: »eine einzige ›Spezies‹ zu foltern, nämlich das mit Gedächtnis begabte Tier«. Mit diesem Fundus materialisierter Erinnerungen kann Mickey Sabbath nicht sterben; er muss weiterleben, wenngleich er und seine Leser schwerlich sagen können, wie und wozu.

Was Roths Roman so großartig macht, ist ein ungemein leichter Erzählton, der die großen Themen wie Alter, Tod, Liebe, Sex oder Religion gänzlich unverkrampft präsentiert. Kein schiefes Pathos schiebt sich in diesen Text, und dadurch schafft er Dimensionen, die das Große als das erscheinen lassen, was es auch heute, ungeachtet aller zivilisatorischen Überblendungen, ist: als groß und existenziell. Gerade weil Sabbath ein so unappetitlich aufrechter Typ ist, nimmt man ihm wohl oder übel ab, wovon er schwadroniert. Seine Ernsthaftigkeit entsteht aus dem Sinn für das Groteske und für die Komik, die auch in metaphysischen Fragen schlummert. Anders gesagt: *Sabbaths Theater* ist ein erfrischend witziger Roman, der es sich erlauben darf, über die Anonymen Alkoholiker, über mögliche Eheschließungen zwischen Menschen und Paarhufern, über die Literaturheilige Virginia Woolf (»... eine fiepsige fummelnde lesbische Jungfrau«) oder den formvollendeten Abschiedsbrief für die Nachwelt zu lästern: »Klar oder chaotisch? Wütend oder versöhnlich? Boshaft oder liebevoll? Hochgestochen oder salopp? Mit Zitaten von Shakespeare, Martin Buber oder Montaigne?«

Und wo anders als in *Sabbaths Theater* finden sich derart trickreiche Erzählübergänge wie dieser? Ein Kapitel endet mit der unheilvollen Vorahnung »Mit Sabbath geschieht etwas Schreckliches« – wenige Zeilen weiter setzt das nächste mit der lakonischen Ironisierung »Aber Schreckliches geschieht mit den Menschen immerzu« ein. Macht sich hier jemand über das Leid lustig? Oder macht er es erst spürbar, weil er so darüber spricht?

Philip Roth wäre ein schlechter Schriftsteller, wenn es ihm nicht zuletzt darum ginge, über das richtige Schreiben nachzudenken. Hinter Sabbaths Derbheiten, hinter seiner Zügellosigkeit steckt die Sehnsucht nach einer Rede, die zu einem Ich zurückfindet, das nicht von fremder Rede umzingelt ist. Mehrfach baut der Roman deshalb Briefauszüge anderer Figuren ein, und immer notiert der unbestechliche Beobachter Mickey Sabbath die falsche Tonlage, die die Absender wählen. Sie wollen nicht offen zeigen, was ist und was sie fühlen; sie wollen verhüllen und beschönigen. Ein Vorwurf, der auch nicht vor den populären Wir-müssen-darüber-reden-Szenarien der Therapeuten oder vor den Größen der Weltliteratur haltmacht. Auf Flaubert anspielend, heißt es: »In den Meisterwerken bringen die Leute sich immer um, wenn sie Ehebruch begehen. Er wollte sich umbringen, wenn es ihm nicht gelang.«

Auch wenn Roth seinen Mickey einen Absatz lang ohne Punkt und Komma die klassischen Monologformen der Moderne imitieren lässt, fragt er sofort: »So verfuhr Sabbath die Zeit, indem er vorgab, ohne Interpunktion zu denken, wie es nach J. Joyce' Auffassung die Leute tun.« Hier wie dort ist es der sexbesessene Puppenspieler von der traurigen Gestalt, der die rhetorischen Nivellierungen durchschaut. Vielleicht ja ist das Leben mit seinen Schrecknissen und den noch schrecklicheren Erinnerungen von keinem Modell zu fassen, weder von Philosophen noch von Psychologen oder Dichtern.

Wer einige Bücher von Philip Roth kennt, wird anfänglich glauben, *Sabbaths Theater* wiederhole Vertrautes. Von Fleischeslust, von den rätselhaften Wegen männlichen Denkens oder von jüdischer Selbstironie haben wir schließlich bereits in früheren Büchern gehört. Wer freilich *Sabbaths Theater* zu Ende liest (und ich möchte den sehen, der das nicht tut), erfährt Seltenes und Beglückendes: ein pralles, facettenreiches Buch, voll von Figuren und Geschichten, das von den Niederungen und Niederlagen eines schrägen Außenseiters erzählt und uns alle gleichzeitig mit einschließt, Gott und die Welt auch. Und irgendwie scheint das alles mit Mickey Sabbaths ungebrochener Gier nach gutem Sex zu tun zu haben. Wenn das eine Folge der neu entdeckten Alterserotik ist, wollen wir uns diese gern gefallen lassen.

❦ PHILIP ROTHS Roman *Sabbaths Theater* (im amerikanischen Original: *Sabbath's Theater*) erschien 1995, Werner Schmitz' deutsche Übersetzung ein Jahr später im Carl Hanser Verlag, München.

Wer Trennungen für ein Unglück hält, lese:

TIM KRABBÉ, *Drei auf dem Eis*

Da vergehen Monate und Jahre, und dann sieht man sie, sieht man ihn wieder, und mit einem Mal melden sich leise Zweifel: War es wirklich richtig, sich zu trennen? Wäre es nicht besser gewesen, es noch einmal miteinander zu »probieren« (und es muss ja nicht zu einer Endlosauseinandersetzung wie bei Richard Burton und Elizabeth Taylor werden)? Hat sich die Hoffnung, mit der wiedergewonnenen »Freiheit« endlich »ganz neu« anzufangen, nicht als Rohrkrepierer erwiesen? Und so schlecht ist die Zeit damals gar nicht gewesen, im Nachhinein betrachtet ...

Menschen sind grandiose Verdränger und Verdreher, sobald nicht leicht zu steuernde Emotionen im Spiel sind und sobald sie mit Situationen konfrontiert werden, die Möglichkeiten bieten, das Vergangene zu verklären. Für die Literatur, die die Wechselspiele und Wechselbäder der Gefühle mit Vorliebe untersucht und ihre Widersprüche aufzeigt, sind Trennungen ein gefundenes Fressen. Und es verwundert nicht, dass vor allem Männer gefährdet sind und Abschiede von der einst Geliebten schwer zu verkraften scheinen.

Der Niederländer Tim Krabbé (* 1943) hat aus diesem Mix der Gefühle eine kleine, feine Geschichte gemacht, die auf engstem Raum beschreibt, wie Einbildungen entstehen und wie man mit erkannten Einbildungen weiterleben kann. *Drei auf dem Eis* erzählt von einem Moment des Innehaltens, der für das Leben des 40-jährigen Pieter entscheidend zu sein scheint. Zusammen mit seinem 10-jährigen Sohn Wouter hat er die Ferien in Israel vor der Zeit abgebrochen, um einem seltenen Naturereignis beizuwohnen: Zu Hause regiert ein strenger Winter, ein Schlittschuhwinter; die Kanäle frieren zu, und es ist endlich wieder möglich, auf Kufen eine Elfstädtetour zu machen.

Vor zehn Jahren war es gewesen, als Pieter mit seiner Frau Elleke zuletzt gemeinsam auf dem Eis stand. Wenig später wurde ihr Sohn Wouter geboren; die Ehe hielt nicht; man lebt inzwischen in freundschaftlichem Einvernehmen und beschließt, nach der Rückkehr aus Israel wieder einmal zusammen aufs Eis zu gehen. Tim Krabbé lässt die Lust am Eislaufen aufblitzen, eine Erfahrung, die den Kopf durchpustet und Seligkeit beschert: »Er atmete die frische Frostluft ein, nahm seine Mütze ab, zog die Handschuhe aus und lief weiter. Bei jedem Schritt ließ er die Spitze des jeweiligen hinteren Schlittschuhs kurz über das Eis kratzen, um seine Schritte zu unterstreichen. Wenn er dieses Bein wieder nach vorne zog und den Fuß aufs Eis setzte, klang das, als würde man einen gigantischen Bleistift auf einem Schreibtisch aus Holz ablegen.«

Pieter nutzt die Eislaufentspannung, um über Gott und die Welt nachzudenken – und über seinen Sohn, der am Lieblingssport des Vaters keinen rechten Gefallen findet. Auch seine neuen Schlittschuhe sind eher fürs Hockeyspielen geeignet, was die getrennt lebende Familie nicht davon abhält, sich gemeinsam auf die Eisbahn zu begeben. Mit nostalgischem Blick erinnern sich Pieter und Elleke an die zehn Jahre zurückliegende Eisbegehung, und während Pieter seine Runden dreht, kommt ihm der Gedanke, dass diese Zusammenkunft kein Zufall sei, dass Elleke bewusst ihren zehnten Hochzeitstag auserwählt hat, um ihm Verbundenheit zu signalisieren: »Gütiger Himmel. Sie wartete, bis er es auch bemerken würde. Und nun hatte er es entdeckt. Er musste zu ihr laufen, sie am Arm nehmen und sagen: ›Weißt du, was für ein Tag heute ist?‹ Wenn sie dann ein wissendes Grinsen nicht unterdrücken konnte, war es so. Dann würden sie sich umarmen, dann brauchte nichts gesagt zu werden.«

Natürlich – wir ahnen es – wird dieses Eislaufwunder nicht eintreten; natürlich wird es zu keiner plumpen Versöhnung dieser Art kommen. Pieters hoffnungsvolle Träumereien erweisen sich als Luftschlösser; Elleke scheint nichts von alldem im Hinterkopf gehabt zu haben, als es sie mit ihrem Ex-Mann und ihrem Sohn ins Eisstadion zog. Das ist betrüblich und mag den einfach gestrickten Leser (und wer wäre das manchmal nicht?) enttäuschen, zu gern hätte man das Paar als Kleinfamilie wieder vereint gesehen. Tim Krabbé vermeidet es jedoch, seinen männlichen Helden zum naiven Romantiker zu verklären, und bietet eine Lösung an, die komplizierter als eine simple Familienzusammenführung ist und hier nicht verraten werden soll. Ein bisschen kitschig klingt es vielleicht, dieses holländische Wintermärchen, doch ist es nicht wohltuend, sich ab und zu in einen Traum zu versenken und daran zu glauben, dass auch Trennungen und Abschiede ihr Gutes haben? Lange währen Tim Krabbés Runden auf dem Eis ohnehin nicht; nach nicht einmal einer Stunde hat man dieses Büchlein ausgelesen ... und beginnt darüber nachzudenken, wie es wäre, einer alten oder ersten Liebe wiederzubegegnen ... man weiß ja nie, wozu es gut ist.

❦ TIM KRABBÉS *Drei auf dem Eis* (im Original: *Drie Slechte Schaatsers*) erschien zuerst 2004. Susanne Georges Übersetzung aus dem Niederländischen folgte 2005 im Reclam Verlag Leipzig.

**Wer nicht genau weiß, warum es mit
der ersten Liebe nichts wurde, lese:**

THEODOR STORM, *Immensee*

On revient toujours à ses premiers amours«, heißt eine
französische Sentenz, die den zweiten oder dritten Lieben
meist nicht so gut gefällt. Denn wer will schon auf Dauer
mit einem übermächtigen Schatten der Vergangenheit konfrontiert werden und von verflossenen Liebschaften erzählt
bekommen, deren Wesen im verklärten Erinnerungsschein
besonders apart erscheint. Sich selig an die Tage des ersten
Kribbelns im Bauch zu erinnern, das erfüllt allein schon
deshalb mit zarter Wehmut, weil es an die eigene Jugend erinnert, an eine Phase unverbrauchter, unenttäuschter Ab-
und Aussichten. Irgendwann freilich verfliegt in den meisten Fällen der Zauber der ersten Liebe; man trennt, verliert
sich, geht auseinander ... und viel, viel später taucht der
Name des Mädchens oder Jungen zufällig wieder auf, im
Gespräch, bei Google ... und mit ihm durcheinanderwir-
belnde Erinnerungen, die das alte Glück verklären ...

Warum nur, warum ging es damals mit Angela, mit Mar-
kus auseinander? Eigentlich war es doch sehr schön gewesen ... Vielleicht hätte man geduldiger sein sollen, vielleicht wäre man heute klüger – wenn sich das Liebesrad
nur zurückdrehen ließe. Theodor Storm (1817–1888) hat
eine frühe, höchst erfolgreiche Erzählung geschrieben, die
um dieses unergründliche Thema kreist. *Immensee* mag
nicht zu Storms bedeutendsten Arbeiten zählen, doch liest

man diese Novelle nach Jahren wieder, so hat sie wenig von ihrem schönen sentimentalen Schimmer verloren.

Es geschieht nicht viel auf diesen gut dreißig Seiten; das wenige an äußerer Handlung, das sich zudem über etliche Jahre erstreckt, wird durch symbolträchtige Motive zusammengehalten und entfaltet einen lyrisch-elegischen Ton, der jede kleine Szene mit Bedeutung auflädt. Verpackt ist das Ganze in einen – für das 19. Jahrhundert typischen – Erzählrahmen. Reinhard, ein alter, allein mit seiner Haushälterin lebender Mann, schaut, verleitet durch den Blick auf ein Mädchenbildnis, in seine Jugend zurück – als er mit der fünf Jahre jüngeren Elisabeth unbeschwerte Tage in der Provinz verbrachte. Obschon beide vom Naturell recht verschieden sind, kommen sie einander näher und scheinen, ohne dass dies in Worte gefasst würde, füreinander bestimmt. Als Reinhard zum Studium die Heimat verlässt, werden die Bande lockerer; leise Entfremdung breitet sich aus. Beim Abschied gibt Reinhard seiner Gefährtin zu verstehen, dass sie auf ihn warten möge. Indes, es bleibt bei der vagen Andeutung, und als zwei Jahre vergangen sind, in denen Reinhard und Elisabeth keinen Kontakt hatten, gibt das Mädchen dem Drängen ihrer Mutter nach und heiratet den gemeinsamen Schulfreund Erich, der inzwischen das Gut Immensee bewohnt.

Jahre später kehrt Reinhard noch einmal zurück, besucht Erich und Elisabeth. Vom ersten Augenblick des Wiedersehens an spüren die Jugendgeliebten den Schmerz des Unwiederbringlichen. Tränen fließen, und beiden ist klar, dass das Schicksal womöglich die Falschen zusammengeführt hat. Ein Neuanfang kommt nicht in Frage, und am Ende entsagt Reinhard – auch das ein häufiges Motiv in der Literatur jener Zeit – und verlässt Immensee für immer: »Er sah nicht rückwärts; er wanderte rasch hinaus; und mehr und mehr versank hinter ihm das stille Gehöft, und vor ihm auf stieg die große weite Welt.«

Immensee ist gewissermaßen ein schwebender Text. Was er an Geschehnissen ausbreitet, wird durch Andeutungen und Verweise zusammengehalten, die die Veränderungen der Liebesdinge spiegeln. Da stirbt der Hänfling, Reinhards Geschenk an Elisabeth, und wird durch einen gelben Kanarienvogel des neuen Verehrers ersetzt. Da klingen – ein schön romantisches Motiv – Lieder an, die aussprechen, was sich im direkten Gespräch der Betroffenen nicht sagen lässt: »Meine Mutter hat's gewollt, / Den andern ich nehmen sollt; / Was ich zuvor besessen, / Mein Herz sollt es vergessen; / Das hat es nicht gewollt.« Da schwimmt Reinhard verzweifelt auf den Immensee hinaus, nach einer funkelnden Wasserlilie greifend, die sich ihm entzieht. Da betrachten die einst Vereinten ihr Herbarium, in dem die Blumenschätze von einst vertrocknen. Da wollen sie wie früher im Wald ausschweifen: »Er sah sie seltsam lächelnd an. ›Wollen wir Erdbeeren suchen?‹, fragte er. ›Es ist keine Erdbeerenzeit‹, sagte sie. ›Sie wird aber bald kommen.‹«

Ein feines Netz solcher Verweise liegt über dieser wehmütigen Geschichte, die – so Storm – »ganz und durch und durch von dem Dufte und der Atmosphäre der Liebe« erfüllt ist. Hier ging etwas auseinander, und von welcher Seite aus man das Geschehene auch anblickt, es ist nicht recht zu sagen, warum hier etwas auseinanderging. Ablenkung, Sorglosigkeit, Unaufmerksamkeit, äußerer Druck ... all das spielt eine Rolle und erschließt dennoch nicht eindeutig, warum aus Reinhard und Elisabeth kein Paar fürs Leben wurde. Und genau das macht die wohlkomponierte Sentimentalität von *Immensee* aus: Die unscheinbaren Bilder und Dialoge der Novelle verraten, dass es richtig gewesen wäre, wenn sich die beiden gefunden hätten, wenn aus erster Liebe eine dauerhafte geworden wäre. Schuld ist kaum jemandem zuzuschreiben, und desto mehr Tränen werden ob dieses Schicksals vergossen. Bitternis beschleicht die Königskinder, bis an ihr Lebensende: Versunken sitzt der Alte in seinem Lehnstuhl, nachdem er – wieder einmal – an die Immensee-Tage zurückgedacht hat. Die Nacht bricht herein und verschmilzt zu einem »schwarzen Gewässer«, wo »einsam zwischen breiten Blättern eine weiße Wasserlilie« schwimmt. Ja, man muss ihn vielleicht nur aushalten, diesen Gedanken, dass die erste Liebe unvergessene Episode bleibt und es sich nicht sagen lässt, warum.

❧ THEODOR STORMS Erzählung *Immensee* erschien zuerst 1850 im »Volksbuch für Schleswig, Holstein und Lüneburg« und ein Jahr später in Storms Band *Sommergeschichten und Lieder* im Duncker Verlag, Berlin.

Wer der ersten Liebe eine zweite Chance geben will, lese:

ELIZABETH TAYLOR, *Versteckspiel*

Manchmal lassen sich die Gedanken an die erste Liebe, an eine Liebe, der keine Dauer beschieden war, nicht verjagen. Manchmal ist man nicht in der Lage, der Versuchung zu widerstehen, wenn sich eine Möglichkeit bietet, das Versäumte nachzuholen. Ob es vielleicht sinnvoller gewesen wäre, dem zu widerstehen, steht auf einem ganz anderen Blatt.

Die Engländerin Elizabeth Taylor (1912–1975) hat daraus einen geradezu makellosen Roman gemacht, der mit Feinfühligkeit Menschen porträtiert, die an einer unerfüllten Jugendliebe jammervoll leiden und jahrelang, ohne sich anderen offenbaren zu können, versucht sind, allen Konventionen abzuschwören. Ihre Kollegin Elizabeth Bowen stellte ihn in eine Reihe mit Jane Austens *Überredung* und Emily Brontës *Sturmhöhe*. Selbst in ihrer Heimat war Taylor lange Zeit keine stark beachtete Autorin. Zu sehr hielt sie sich von London und seinen Literaturzirkeln fern, zu bescheiden trat sie auf, versorgte klaglos Mann und Kinder, ohne je – mit Virginia Woolf zu sprechen – ein »Zimmer für sich allein« zu reklamieren, und schrieb, von der Familie kaum registriert, an ihren wunderbar poetischen Romanen und Erzählungen weiter. Jenseits des Atlantiks hatte sie einen gewichtigen Fürsprecher: William Maxwell. Dieser druckte im von ihm verantworteten

»New Yorker« eine Vielzahl von Taylors Short Storys – eine Wertschätzung, die in England nie auf angemessene Resonanz stieß.

Harriet und Vesey – das sind die unglücklich Liebenden. Während eines langen, unvergesslichen Sommers lernen sich die beiden Achtzehnjährigen Ende der zwanziger Jahre in der Grafschaft Buckinghamshire kennen. Zögernd kommen sie sich trotz der Missbilligung ihrer Familien näher, die schüchterne, stotternde Harriet und der rebellierende Vesey, der von einer Laufbahn als Schriftsteller träumt und es nur zum drittklassigen Schauspieler bringen wird. Es ist ein nicht enden wollender Sommer, voller »Versteckspiele« und Unsicherheiten. Mit treffsicherem Gespür für Charaktere unterschiedlichster Art bettet Elizabeth Taylor ihre jungen Liebenden in einen Provinzkosmos mit ganz eigenem Gepräge. Da sind Caroline, Veseys Tante, und Harriets Mutter Lilian, die einst als Suffragetten für das Frauenwahlrecht kämpften und dafür sogar ins Gefängnis kamen – eine Erfahrung, von der sie umso heftiger zehren, je länger sie zurückliegt. Da ist Elke, Harriets holländische Kinderfrau, die fassungslos die merkwürdigen Sitten der Engländer registriert und zur Einsicht kommt, dass diese Nation »vom Krieg um den Verstand gebracht« wurde. Und da sind jene Frauen, mit denen Harriet eine Zeitlang als Verkäuferin in einem Bekleidungsgeschäft gearbeitet hat und die sie mit handfesten Ratschlägen im Umgang mit Männern versorgen. In allen diesen kleinen Szenen beschreibt Elizabeth Taylor ohne Aufdringlichkeit und mitunter mit feinem Witz Milieus, die sich aus vielen Facetten zusammensetzen. Auf einen Nenner zu bringen ist wenig in diesem Roman, und genau das ist eine seiner großen Stärken.

Sosehr Harriet und Vesey füreinander bestimmt scheinen: sie kommen nicht zusammen, verlieren sich aus den Augen, und als die sehnsüchtig auf Briefe des Liebsten wartende Harriet keine Chance mehr auf Erfüllung ihrer Liebe sieht, nimmt sie den Heiratsantrag des grundbiederen, merklich älteren Anwalts Jephcott an. Der spielt gerne Klavier und lebt mit seiner Mutter zusammen, einer überspannten Schauspielerin, die darunter leidet, dass kein Bühnenhahn mehr nach ihr kräht, und die einen Kohlkopf so theatralisch durch den Garten trägt, als wäre es das Haupt von Johannes dem Täufer.

Dass Jephcott mit Vornamen Charles heißt, ist kein Zufall. Denn nicht nur von ferne ähnelt er jenem Landarzt Charles Bovary, der – in Flauberts Roman, auf den *Versteckspiel* zweimal anspielt – so gar nicht in der Lage ist, die hochfahrenden Gelüste seiner Gemahlin zufriedenzustellen. Jephcott ist ein wackerer Mann mit klaren Meinungen – »Engländerinnen sollten niemals Rumba tanzen« –, und im Laufe des Romans, als ihm seine Kanzleikollegen Schwierigkeiten machen, kommt man nicht umhin, ihm sogar ein wenig Sympathie entgegenzubringen. Harriet Jephcott freilich ist keine leichtfertige Emma Bovary. Sie weiß, dass ihre Heirat ein Sich-Einlassen auf eine bestimmte »Gesellschaftsordnung« und deren Gepflogenheiten war, und sie weiß, dass sie ihre Ehe und ihre Tochter Betsy nicht für ein flüchtiges Abenteuer aufs Spiel setzen will. Und doch weiß sie auch, dass sie, als sie Vesey nach knapp zwanzig Jahren wiedersieht, die »zweite Chance« um fast jeden Preis nutzen muss. Heimlich trifft sie den kränkelnden, erfolglosen Geliebten in London, auf zugigen Parkbänken oder in schäbigen Zugabteilen. Als man nach komplizierten Täuschungsmanövern endlich ein Wochenende gemeinsam in einer Pension verbringen will, bringt es Harriet nicht fertig, die Nacht an Veseys Seite zu verbringen, und eilt zu Charles zurück.

Wie es mit den Liebenden und dem lethargisch eifersüchtigen Charles weitergehen wird, lässt der Roman offen. So wie Harriet darauf beharrt, dass jeder Mensch ein unverwechselbares Individuum ist, so legt die vorzügliche Stilistin Elizabeth Taylor größten Wert darauf, alle Ereignisse mit liebevoller, melancholisch grundierter Akribie festzuhalten. Was immer sie beschreibt – ein Pub in London, eine Wiese in der Provinz –, über allem waltet ein becircender Zauber voller Poesie. Nie in der Gefahr, sentimental zu werden, breitet Taylor ein Netz an Verweisen und unaufdringlichen Symbolen über dieser Welt aus – über Menschen, die an der »untröstlichen Liebe ihrer Jugend« zu zerbrechen drohen.

Gewiss, Elizabeth Taylor ist keine literarische Revolutionärin. Die traditionellen Formen zu zertrümmern wie Virginia Woolf in *Mrs. Dalloway* – Harriet und Vesey unterhalten sich an einer Stelle darüber – ist nicht ihre Sache. Stattdessen bezieht sie sich, wie ihre Biografin Nicola Beauman bemerkte, auf Texte wie Tschechows *Die Dame mit dem Hündchen*. Doch wie vielen Autoren des 20. Jahrhunderts ist es gelungen, bewährte Erzählmittel derart souverän einzusetzen und gleichzeitig moderne Romane zu schreiben?

❦ ELIZABETH TAYLORS *Versteckspiel* erschien 1951 unter dem Titel *A Game of Hide and Seek* im englischen Original. 2013 folgte die deutsche Übersetzung von Bettina Abarbanell im Dörlemann Verlag.

**Wer eine wunderbare Geschichte der
»ersten Liebe« kennenlernen möchte, lese:**
MARTIN WALSER, *Ein springender Brunnen*

Beim ersten Mal ist alles neu und prickelnd; beim ersten
Mal rotieren die Hormone, wollen die Gedanken an nichts
anderes denken, grünt die Wiese viel grüner und glitzert
der Bodensee schöner denn je im Sonnenschein. Danach ist
nichts mehr so wie früher; danach fühlt man sich gereift,
erwachsen und lächelt milde über diejenigen, deren Ge-
sichtskreis nur Autoquartette oder Fußballsammelbilder
erfasst. Und niemals danach wird man jede Regung und
Geste, jeden unscheinbaren Satz mit einer derartigen Intensität ausdeuten, wiederholen und wieder ausdeuten.
Hat sie mir wirklich zugelächelt? Er hat sich doch absichtlich zu mir gesetzt? Wieso hat sie sich mit dem anderen,
diesem Idioten, unterhalten? Warum hat er mich heute
nicht von der Schule nach Hause gebracht? Und kein
Schmerz wird so wehtun wie der, wenn sie mit einem anderen geht, wenn er nur Augen für die blonde Schnepfe aus
der Parallelklasse hat.

Alle diese Facetten und Abgründe der ersten Liebe sind
tausendfach beschrieben und erzählt worden. Literatur
will die Gipfelpunkte des Erlebens festhalten, und da dürfen die frühen zarten Bande der Liebe nicht fehlen. Und obwohl darüber schon so viel gesagt wurde, tauchen immer
wieder Bücher auf, die vom ersten Mal singen, als sei noch
nie zuvor davon gesungen worden. Martin Walser (* 1927)

hat – ob *Seelenarbeit*, *Brandung* oder die *Meßmer*-Notate – nicht wenige bedeutende Bücher geschrieben; sein schönstes ist jedoch vermutlich der autobiografische Roman *Ein springender Brunnen*. Dieser handelt von der Jugendzeit Johanns, der aus einer Wirtsleutefamilie in Wasserburg stammt. Die Handlung spannt sich von den 1930er Jahren bis in die frühe Nachkriegszeit.

Viel gäbe es über dieses Buch zu sagen, und viel gäbe es zu rühmen. Wie hier zum Beispiel ein Heranwachsen im Nationalsozialismus beschrieben wird, ohne dass die Erzählerstimme meint, mit dem Wissen von heute das Erlebte nachträglich anreichern zu müssen. Oder wie hier auf kluge Weise über das Sich-Erinnern nachgesonnen wird, über das Vergangene, das sich aufdränge, »damit man unter seiner Unwiederbringlichkeit« leide: »Solange man es noch vor Augen hat, schaut man nicht hin, so ausgefüllt ist man von Sekunde zu Sekunde von Erwartungen, von denen man nichts mehr weiß. Wahrscheinlich lebt man gar nicht, sondern wartet darauf, dass man bald leben werde; nachher, wenn alles vorbei ist, möchte man erfahren, wer man, solange man gewartet hat, gewesen sei.«

Nicht zuletzt aber ist *Ein springender Brunnen* eine Liebesgeschichte, wie es sie in der deutschsprachigen Literatur kaum ein zweites Mal gibt. Martin Walser ruft Gefühlsnuancen mit einer Vorstellungskraft auf, als habe er dergleichen erst vor kurzem erlebt. Alles, was die erste Liebe ausmacht, ist im Mittelteil dieses Romans versammelt, intensiv, nah und kitschfrei. Kurz vor Johanns Kommunion kommt der Wanderzirkus »La Paloma« nach Wasserburg, was allein schon Sensation genug wäre. Und dann ist da dieses Mädchen, fast so alt wie Johann. Anita heißt sie und tritt – welche Ungeheuerlichkeit für die verhockten, engstirnigen Schwaben! – selbst in der Manege auf. Vom ersten Moment an ist Johann gefangen von ihrem Anblick, und mit allem strategischen Geschick, das er aufbringen kann, versucht er, sich ihr zu nähern. Wann kann ich sie begleiten? Darf ich sie ansprechen? Warum sage ich immer das Falsche, wenn ich vor ihr stehe? Fragen über Fragen quälen den Jungen, und seine katholische Erziehung macht es nicht gerade leichter, mit diesen neuen Gefühlsregungen umzugehen.

Hoffahrt, Unkeuschheit ... ständig drohen Sünden und Verfehlungen, doch zum Glück lässt sich das erwachte Triebleben davon nicht beeindrucken, und es gelingt Johann, das Herz seiner Zirkusprinzessin zu erobern. Wunderbar hingetupfte Bilder zeichnet Walser von dieser scheuen Annäherung: wie Johann die Erlaubnis erhält, Abziehbilder, ein Wal und ein Vulkan, auf Anitas Schenkel zu kleben; wie ihn Unsicherheit befällt, mit welchem Sakko der beste Eindruck zu machen ist; wie er sich gegen die Todsünde der Onanie nicht zu wehren vermag und wie sich Schritt für Schritt kleinste Körperkontakte zwischen den beiden ergeben, beim Baden zum Beispiel: »Sie kam herunter, zog Schuhe und Strümpfe aus, kam auch ins Wasser, schauderte, das war für Johann das Signal. Hin zu ihr und sie hochgewuchtet. Jetzt, Vorsicht, dass er nicht ausrutschte auf einem glitschigen Stein. Anita stieß hohe Töne aus. Sie hatte ihre Hände um seinen Hals gelegt. Das hatte sie, als er sie durchs Gras getragen hatte, nicht getan. Er trug sie ins tiefere Wasser. Anita sagte leise: Nicht so weit hinein, Johann. Er machte ein Gesicht, als gehorche er ihr ungern. Draußen stellte er sie vorsichtig ab, dann rannte er und holte den Schal, in den er die Schokolade verpackt hatte, mit dem trocknete er ihre Füße und Beine. Bis hinauf zu den Abziehbildern von Wal und Vulkan. (...) Johann traute sich nicht, Wal und Vulkan zu streicheln. Diese beiden Bilder jetzt streicheln oder auch nur berühren zu dürfen, mit bloßer Hand, ohne Schal und Abtrocknerei, das wäre das Schönste, was es auf dieser Welt geben kann. Alles verboten.«

Ein Wanderzirkus wäre kein Wanderzirkus, wenn er immer in Wasserburg bliebe. Und so zieht »La Paloma« weiter, und so zieht Anita weiter, nach Langenargen. Doch Johann bleibt ein hartnäckig Liebender und unternimmt eine beschwerliche Fahrradtour, um bei einer Vorstellung in Langenargen dabei zu sein. Anita freut sich über die Ausdauer ihres Verehrers, und das Glück wäre vollkommen, wenn Anita zum Abschied nicht einen Mitkonkurrenten bedenken würde. Ihr »Bestell dem Adolf einen schönen Gruß von mir, er hätte sich ruhig auch blicken lassen können« ist ein Keulenschlag für den in Liebesdingen unerfahrenen Jungen. Ist alles verloren? Ist er es, den sie will? Peinigende Eifersucht stellt sich ein; jeder Satz muss der Goldwaage standhalten; Freude und Beklemmung wechseln sich minütlich ab. So ist das mit der ersten Liebe.

Anita und Johann – so jung die beiden Liebenden vom Bodensee sind: Sie haben einen Ehrenplatz sicher in der Galerie der großen Liebespaare, und wenn man ihre Geschichte liest, möchte man sich sofort wieder zum ersten Mal verlieben.

❦ MARTIN WALSERS *Ein springender Brunnen* erschien 1998 im Suhrkamp Verlag, Frankfurt am Main.

Wer sich als »Homme à Femmes« sieht, lese:
STEPHEN VIZINCZEY, *Wie ich lernte, die Frauen zu lieben*

Wenn Männer in fortgeschrittenem Alter davon berichten, welche tollen Hechte sie immer noch sind, oder ihre virilen Anschauungen auf kaum verschleiert autobiografische Romanfiguren übertragen, ist selten Gutes zu gewärtigen. Gewiss, es gibt ihn, den Connaisseur, der seine ungebrochene erotische Kraft zu genießen weiß – und schweigt. Doch häufiger finden sich leider jene literarischen Ausbeutungen des Sexuellen, die dem Text eine Stellvertreterfunktion aufbürden: Von einem aktiven Sexualleben zu erzählen ist fast so schön, wie eines zu haben. Altersgeilheit, wenn wir diese herbe Vokabel einmal benutzen wollen, ist folglich ein Phänomen, das im Leben wie in der Literatur selten Positives hervorbringt.

Zum Glück gibt es Ausnahmen, gibt es Schriftsteller, die charmant und intelligent von erotischem Appetit erzählen und den bürgerlichen Vorstellungen monogamen Verhaltens frech ins Gesicht lachen. Der in Ungarn geborene und heute in London lebende Stephen Vizinczey (* 1933) hat, in jungen Jahren, ein solches Buch geschrieben, das verschiedene Anläufe benötigte, um unter seinem neuen Titel *Wie ich lernte, die Frauen zu lieben* im deutschen Raum bekannt zu werden. Dieser erinnert nicht zufällig an François Truffauts Film *Der Mann, der die Frauen liebte*, an jene traurig-komische Lebensbeichte des Ingenieurs Bertrand Morane, bei dessen Beerdigung sich ausschließlich Frauen einfinden, die allesamt zu wissen glauben, dass ihr einstiger Geliebter ihre Seele verstand, und denen es herzlich gleichgültig ist, dass sie nicht allein von diesem Einfühlungsvermögen profitierten.

Truffauts und Vizinczeys Hauptfiguren ist gemeinsam, dass sie Frauen nicht als austauschbare Objekte ansehen. Ihre Eroberungen sind erfolgreich, weil sie versuchen, das Geheimnis aller von ihnen begehrten Frauen zu erforschen, und ihren Partnerinnen das Gefühl geben, als Person geachtet und geliebt zu werden. Truffaut und Vizinczey statten ihre Hommes à Femmes nicht mit überdimensionierten maskulinen Zügen aus; sie sind sympathische Verführer, die keinen Zweifel daran lassen, dass erst der Tod sie daran hindern wird, sich zu neuen Ufern aufzumachen. Wer liebt, wird geliebt werden – so die einfache Formel: »Wenn Sie Frauen tief im Innern hassen, wenn Sie davon träumen, sie zu demütigen, wenn Sie es genießen, sie herumzukommandieren, werden sie es Ihnen wahrscheinlich mit gleicher Münze heimzahlen. Sie werden Sie in dem Maße begehren und lieben, wie Sie sie begehren und lieben – und gepriesen sei ihre Großzügigkeit.«

Vizinczeys Roman kommt als fingierte Lebensgeschichte einher, die stark autobiografische Züge trägt. »Die amourösen Erinnerungen des András Vajda«, kündigt der Untertitel an: Der an der University of Michigan lehrende Philosophieprofessor Vajda blickt auf sein Leben zurück, das erst gut drei Jahrzehnte umfasst und dennoch eine Vielzahl von Schicksalsschlägen aufweist. Aufgewachsen im Ungarn der dreißiger Jahre, verliert der zweijährige András seinen Vater, als dieser von einem nationalsozialistischen Fanatiker ermordet wird. Seine Mutter und er verlassen die Hauptstadt und lassen sich im Westen Ungarns, im Städtchen Székesfehérvár, nieder. Dort bleiben sie von den politischen Schrecken verschont, bis die Deutschen 1943 Szé-kesfehérvár zur Garnison machen und die Familie Vajda schließlich in die Flucht nach Österreich schlagen. Erst 1946 kehrt man nach Ungarn zurück; zehn Jahre später zwingt der niedergeschlagene Oktoberaufstand von 1956 András dazu, seine Heimat für immer zu verlassen und über Italien nach Kanada auszuwandern, wo er seine philosophischen Studien abschließt.

Vizinczeys Roman zieht seine Faszination daraus, dass er politisches und privates Leben unaufdringlich miteinander verknüpft. Die frühreifen Neigungen des Kindes András lassen sich vom Geschick seines Heimatlandes nicht trennen. Immer wieder – mal unterschwellig, mal offenkundig – bringen es die gesellschaftlichen Umstände mit sich, auch das persönliche Verhalten zu überdenken, und immer wieder gerät András' Liebesleben unter den Einfluss der Politik. Ungarns Geschichte ist eine »Geschichte des Verlierens und des Durchhaltens«, eine Erfahrung, die sich im Kampf gegen die russischen Besatzer eindringlich bewahrheitet. András fühlt eine »Art mystische Verbundenheit« mit seinem Land, ehe er begreift, dass er als »herumtändelnder Internationalist« dem Glauben abschwören wird, dass es »für jeden Menschen nur eine wahre Heimat geben« kann.

Die äußeren Umstände sind es auch, die András vor der Zeit mit rohen sexuellen Realitäten konfrontieren. Für die amerikanischen Armeeangehörigen wird der gewitzte Junge zu einer wichtigen Kontaktperson, der die in Nöte geratenen Frauen der Gesellschaft dezent zu Soldaten führt, die Liebesdienste mit Zigaretten, Rindfleisch und Milchpulver entlohnen. András' Lehrzeit weckt seine Begierde, sich selbst ins erotische Getümmel zu stürzen, und sie zeigt ihm schonungslos, dass Wort und Tat in einer Gesellschaft deutlich auseinanderklaffen, wenn es um Sexuelles geht.

Auf diese Weise in das Wesen der Doppelmoral einge-
führt, macht sich András nach seiner Rückkehr sofort daran, die Theorie in lustvolle Praxis umzusetzen. Hartnäckig, vom Eifer des echten Enthusiasten getrieben, verfolgt
er seine Ziele und erkennt, dass sich die Ungeübtheit eines
Mannes am raschesten beseitigen lässt, wenn er sich den
Händen einer erfahrenen Lehrmeisterin anvertraut. Die
Hölle, die heranwachsende Jungen und Mädchen erfahren,
muss nicht gemeinsam durchlitten werden, und so duldet
es für András keinen Zweifel, wie er seinen Horizont erweitern und seine erotischen Fertigkeiten schulen wird:
»Mit jemandem ins Bett gehen zu wollen, der so unerfah-
ren ist wie man selbst, erscheint mir ungefähr so vernünftig, wie als Nichtschwimmer mit einem Menschen, der
nicht schwimmen kann, in tiefes Wasser zu gehen. Selbst
wenn man nicht ertrinkt, kriegt man einen Schock fürs
Leben.«

András' Suche ist Erfolg beschieden: Maya Horvath, eine
verheiratete Volkswirtin mit Tagesfreizeit, nimmt sich des
unruhigen Knaben an und führt ihn in die aufregenden Ge-
heimnisse abwechslungsreichen Beischlafs ein. Maya erweist sich als ideale Lehrerin, die ihr Vergnügen sucht und
gleichzeitig gewillt ist, ihren Zögling ernst zu nehmen.
Die Stunden mit ihr werden für András zur Initialzündung,
die sein ganzes Leben steuert. Maya verkörpert erotischen
Genuss, der weit mehr als kurzfristige Triebbefriedigung
ist.

Sex ist für den derart eingeführten András keine ange-
nehme sportliche Disziplin und kein Mittel, möglichst
viele Eroberungen zu machen. Der Reigen seiner Gefährtin-
nen ist groß, doch nie erscheinen diese – fast immer reifen –
Frauen als austauschbare Objekte, als Opfer eines männlichen Bedürfnisses nach Machtausübung. Ilona, Zsuzsa,
Boby, Nusi ... András' Bekanntschaften verfügen über Charakter und Stärke; es sind selbstbewusste Frauen, die es

dem jugendlichen Liebhaber nicht zu leicht machen. Und manchmal sind sein Geschick und seine Überzeugungskraft besonders gefragt, so etwa bei der Italienerin Paola, die die ungarischen Flüchtlinge betreut und aufgrund ihrer Sprödigkeit gänzlich ungeeignet scheint, in die Fänge des attraktiven Studenten zu geraten. Doch gerade Paola, die sich selbst als frigide bezeichnet, erweist sich als kongeniale Partnerin und fordert die intellektuellen Fähigkeiten ihres Geliebten heraus. Sie ist es, die sein philosophisches Interesse schürt, ihn zur Beschäftigung mit Jean-Paul Sartre auffordert und dadurch seinen weiteren Lebensweg als Philosoph – und auch das Ende ihrer Partnerschaft – vorbereitet.

Vizinczeys *Wie ich lernte, die Frauen zu lieben* ist kein Roman für Besucherinnen von Lesekränzchen, die von Literatur erwarten, sie möge die Fundamente von Moral und Anstand stärken. Dennoch ist dieses Buch bei all seiner Freizügigkeit keine Lobrede auf die Bindungsunfähigkeit des modernen Mannes oder auf die Skrupellosigkeit im Umgang mit anderen. Nein, der Preis, den András für seine Art der Lebensführung zu zahlen hat, wird genannt. In der Rückschau erscheint ihm sein Leben als »Abfolge von Einblendungen und Ausblendungen«, als Kreislauf, bei dem alles, was er gewann, auch verloren wurde. Und ohne Umschweife erkennt er an, dass sein Unvermögen, an die dauerhafte Liebe zu glauben, zwangsläufig zu Verletzungen führt: am eigenen Leib und im Herzen derjenigen Frauen, die in schöner Regelmäßigkeit aus dem Brennpunkt des männlichen Interesses verschwinden. Mit moralisch sauberer Weste kommt man als nimmermüder Frauenbetörer nicht durchs Leben.

Reflexionen über die Liebe und Reflexionen über das Leben im Ungarn der fünfziger Jahre machen aus diesem Buch eine leicht dahinfließende und melancholisch grundierte Lektüre. Vizinczeys Alter Ego ist dabei hart gegen sich selbst. Ohne missionarischen Eifer und mit großem psychologischen Verständnis betont er in seinen Erinnerungen, dass derjenige, der nicht an die ewige Liebe glaubt und es zudem für möglich hält, mehrere Menschen gleichzeitig zu lieben, kein Subjekt ist, dem mit moralischen Vorwürfen beizukommen ist. András Vajda lernt nach und nach, dass Schuldgefühle fehl am Platze sind, wenn sich der Wunsch nach dauerhafter Zweisamkeit als Fiktion erweist. Dies anzuerkennen und sein Gegenüber darüber nicht zu täuschen macht die Kunst des Liebens und die Kunst des Lebens aus: »Es ist weniger schmerzlich, sich einzureden ›Ich bin oberflächlich‹, ›Sie ist egozentrisch‹, ›Wir haben uns nicht verstanden‹ oder ›Es war rein körperlich‹, als die schlichte Tatsache zu akzeptieren, dass Liebe ein vergängliches Gefühl ist, und zwar aus Gründen, auf die wir keinen Einfluss und die nicht einmal mit unserer Persönlichkeit zu tun haben. Aber wer kann sich schon selbst mit rationalen Überlegungen trösten? Kein Argument vermag die Leere zu füllen, die ein abgestorbenes Gefühl zurücklässt und die uns an die endgültige Leere, an unsere letztendliche Treulosigkeit erinnert. Sogar dem Leben sind wir untreu.«

Am Ende verlieren wir diesen unvergleichlichen Lebensjongleur András Vajda aus den Augen. Seine ungezwungene Beichte endet mit dem Ausblick auf die »Abenteuer eines Mannes in mittlerem Alter«, doch das sei eine »andere Geschichte«. Ein Lehrbuch für Möchtegern-Casanovas ist *Wie ich lernte, die Frauen zu lieben* nicht. Es erzählt von der unstillbaren Lust des erotischen Eroberns – und davon, dass moralisch rigide Normen hier keinen Einhalt gebieten können. Ein ehrliches Buch.

🐝 STEPHEN VIZINCZEYS *Wie ich lernte, die Frauen zu lieben* erschien im englischen Original 1965 im Eigenverlag des Autors, Toronto, unter dem Titel *In Praise of Older Women*. Die ersten deutschen Übersetzungen (*Frauen zum Pflücken; Lob der erfahrenen Frauen*) kamen 1967 bzw. 1980 auf den Markt. 2004 folgte Carina von Enzenbergs Neuübersetzung im Münchner Verlag SchirmerGraf.

Mit existenziellen Erfahrungen zurechtkommen

Wer ahnt, dass jeder für sich allein stirbt, lese:
ERICH KÄSTNER, *Fabian*

Etwas Besseres als den Tod findest du überall«, heißt es im Grimm'schen Märchen von den *Bremer Stadtmusikanten*, doch nicht immer scheint dieser resigniert aufmunternde Spruch zuzutreffen. Manchmal kommt der Tod vor der Zeit, und nichts kann ihn aufhalten; manchmal ist das Leben eine Tragödie, deren fatales Ende durch nichts zu vereiteln ist. War es ein sinnloser Tod? Hätte er verhindert werden können? Wer trägt Schuld daran, dass dieser oder jene umkam zu einem Zeitpunkt, als dies niemand erwartete? Wenn die Literatur vom Tod spricht – und sie tut dies oft, weil sie dessen Geheimnis durch das Erzählen ergründen will –, dann sind ihr alle Spielarten vertraut: der Tod als langsames Dahinsiechen, der Unfalltod, das massenhafte Sterben in Schützengräben und Internierungslagern, der Freitod ...

Auch wenn man den Tod als einzigartige Sinnlosigkeit begreift, erwächst der Schmerz umso heftiger, je sinnloser das Sinnlose erscheint. Wo der Tod aus Versehen, aus einer Laune heraus eintritt, hört das Begreifen auf, und die Literatur, die davon erzählt, scheint gar nichts Tröstliches mehr zu haben. Erich Kästner (1899–1974), den viele vor allem als Autor von Kinderbuchklassikern kennen, schrieb am Ende der Weimarer Republik einen Roman, *Fabian*, der todtraurige Episoden aneinanderreiht und eine Epoche ohne Hoffnung schildert. Ursprünglich hatte Kästner den

Titel »Der Gang vor die Hunde« gewählt, eine schonungslose Bezeichnung dessen, was in diesem Berlin-Roman geschieht.

Der 32-jährige Jakob Fabian, Germanist von Haus aus, muss sich seine Brötchen damit verdienen, mehr oder weniger absurde Reklame-Ideen für eine Zigarettenfirma umzusetzen. Fabian ist ein Einzelgänger, der sich schwertut, mit der Hektik Berlins, dieses »Steinbaukastens«, zurechtzukommen. Seine Geschichte ist – so der Untertitel des Romans – die »Geschichte eines Moralisten«, eines sympathischen Zeitgenossen, der kein »ausgesprochener Tugendbewahrer« ist und mit dem Zeitgeist jener Tage nichts anzufangen weiß: »Ich bin ein Melancholiker, mir kann nicht viel passieren. Zum Selbstmord neige ich nicht, denn ich verspüre nichts von jenem Tatendrang, der andere nötigt, so lange mit dem Kopf gegen die Wand zu rennen, bis der Kopf nachgibt. Ich sehe zu und warte. Ich warte auf den Sieg der Anständigkeit, dann könnte ich mich zur Verfügung stellen. Aber ich warte darauf, wie ein Ungläubiger auf Wunder.«

Man hat Erich Kästner und seinem getriebenen Helden solche Passagen vorgehalten und darin einen Eskapismus gesehen, der sich nicht energisch genug gegen die nahende politische Katastrophe gewandt habe. Gewiss, der Beobachter Fabian ist kein politischer Kämpfer; er ist ein schwankender Geist, der sich im Ersten Weltkrieg einen Herzfehler zugezogen, sich seine moralischen Überzeugungen bewahrt und zuzusehen hat, wie um ihn herum alle Dämme der »Anständigkeit« brechen. Literatur ist – das zeigt sich hier – nicht dazu da, die politische Welt zu verändern; tut sie es bisweilen doch, dann meist aufgrund von Missverständnissen und mit Texten, deren literarische Güte überschaubar ist. *Fabian* ist ein Roman, der, wie es Erich Kästner im Nachhinein beschrieb, seinen Lesern einen satirischen Zerrspiegel vorhält.

Die vierundzwanzig Romankapitel führen in grellen Farben vor, was die Großstadt Berlin an Perversionen und Grotesken auffährt: politisch motivierte Straßenschlachten, große Arbeitslosigkeit, Bordelle aller Spielarten, Korruption. Nichts hat Bestand, und Fabians Weg führt von einem Unglück in das nächste: Er verliert seinen Job; seine Freundin, die Juristin Cornelia Battenberg, gibt den Avancen eines Filmproduzenten nach, der »wie ein gut angezogener Ringkämpfer im Ruhestand« aussieht und seine Karriereförderung natürlich erotisch honoriert sehen will.

Cornelias Resümee »Man kommt nur aus dem Dreck, wenn man sich dreckig macht« könnte als Motto über dem Roman stehen. Sie geht, ohne Fabian, diesen Weg weiter und wird, so steht zu erwarten, eine »unglückliche Frau, der es gut geht«. Und auch Fabians einziger Freund, der Dozent Stephan Labude, geht kläglich vor die Hunde: Ein intriganter Hochschulkollege behauptet, dessen Habilitationsschrift – über den Aufklärer Lessing! – sei vom Institutsdirektor abgelehnt worden. Ein vernichtender Schlag für Labude, der sich daraufhin umbringt – noch ehe sich herausstellt, dass er einem »Scherz« aufgesessen ist.

Fabian sieht, wie er alles verliert und wie er nichts aufzuhalten vermag. Kleine Hilfeleistungen – als er einem Mädchen hilft, das im Kaufhaus einen Aschenbecher stiehlt für Vaters Geburtstag – sind Tropfen auf den heißen Stein, und so verlässt er Berlin, um sich in seinem Heimatort in der Provinz zu erholen: »Eine unsichtbare, gespenstische Schere hatte sämtliche Bande, die ihn an diese Stadt fesselten, zerschnitten. Der Beruf war verloren, der Freund war tot, Cornelia war in fremder Hand – was hatte er hier noch zu suchen.« Nichts freilich ist in der Provinz besser; wo in der Metropole das Fieber wütet, herrscht hier »Untertemperatur«. Das Ende kommt unweigerlich und könnte nicht sinnärmer sein. Der »Zuschauer« Fabian sieht, wie ein Junge auf einem Brückengeländer balanciert, das Gleichgewicht verliert und in den Fluss stürzt. Sofort springt Fabian hinterher – und ertrinkt. »Er konnte leider nicht schwimmen«, lautet der letzte Satz des Romans.

Keine Frage, *Fabian* ist getränkt mit verhaltener Sentimentalität, die Kästners ureigener Ton mühsam eindämmt. Ein bisschen satirisch – viel weniger, als Kästner dies selbst dachte – geht es zu, ein bisschen schnoddrig ... und doch wird es kaum einem Leser gelingen, sich den leisen, traurigen Sätzen dieses Romans zu entziehen. Jenen etwa, als Fabian von Labudes Selbstmord hört, sich neben die Leiche setzt und ihm nur der hilflose Kommentar bleibt: »›Aber Stephan‹, sagte er, ›das macht man doch nicht.‹« Oder als er Cornelias Mitteilung liest, dass sie sich dem Filmproduzenten Makart hingeben will: »Fabian saß ganz still. Es wurde immer finsterer. Das Herz tat ihm weh. Er hielt die Knäufe des Sessels umklammert, als wehre er sich gegen Gestalten, die ihn fortziehen wollten. Er nahm sich zusammen. Der Brief lag unten auf dem Teppich und glänzte im Dunkel.«

»Das Herz tat ihm weh« – nur wenigen Schriftstellern nimmt man solche Sätze ab, Erich Kästner beispielsweise und seiner einsamen Randfigur Jakob Fabian.

❧ ERICH KÄSTNERS *Fabian. Die Geschichte eines Moralisten* erschien 1931 in der Deutschen Verlags-Anstalt, Stuttgart/Berlin. 2013 veröffentlichte der Atrium Verlag, Hamburg, den ungekürzten Text unter Kästners Wunschtitel *Der Gang vor die Hunde*.

Wer die Angst vor dem Tode ein wenig verlieren möchte, lese:

HERMANN LENZ, *Verlassene Zimmer*

Dass Autoren über sich selbst und ihr Erleben schreiben, ist eine Binsenweisheit, die selten viel zum Verständnis von Literatur beiträgt. Gewiss gibt es zahllose Beispiele dafür, wie Autoren sich zeitlebens an ihrer Biografie abarbeiten, und doch ist die Literatur nie ein unmittelbarer Reflex auf gelebtes Leben, nie bloße Widerspiegelung, nie »objektives« Erzählen von Vergangenem. Das gilt auch für Texte, die so tun, als gäben sie getreulich wieder, was ihre Verfasser erlebten. Selbst Autobiografien erzählen nicht, wie es »wirklich« war; sie geben lediglich vor – ein Pakt gewissermaßen, der zwischen Autor und Leser geschlossen wird –, den Erinnerungen nichts bewusst Beschönigendes oder Falsches hinzugefügt zu haben.

Manche Autoren bekennen sich zu diesem Dilemma von vornherein und veröffentlichen ihre Autobiografie als Roman(-Folge). Die Gattungsangabe liefert in diesem Fall keinen Freibrief für Unredlichkeit, sondern signalisiert, dass der Sich-Erinnernde um die Grenzen seines Tuns weiß und die Subjektivität auch des autobiografischen Schreibens akzeptiert. Der Stuttgarter Schriftsteller Hermann Lenz (1913–1998) war sich dessen stets bewusst; er schrieb Texte, die in der Ich-Form eigenes Erleben erzählten, doch als er sich 1963, im Alter von fünfzig Jahren, dazu entschloss, seinen Wurzeln nachzugehen, bezeichnete er diese Bücher als Romane. Dem Auftakt *Verlassene Zimmer* folgten acht weitere Bände, bis hin zu *Freunde*, 1997 erschienen.

Hermann Lenz galt lange als konservativer Autor, der einem Geschichtspessimismus huldige und sich in seinen Romanen in vergangene Zeiten und Orte – das Wien des Biedermeier oder des Fin de Siècle – flüchte. Wahr an diesem Klischee, das von den sich betont progressiv gebenden Autoren der 1950er und 1960er Jahre gepflegt wurde, ist nur, dass Hermann Lenz gesellschaftliche Erscheinungen und auch seine eigene Existenz mit historisch kundigen Augen ansah und das Jetzt und Heute auf sein Gestern bezog. *Verlassene Zimmer* belegt das auf eindrückliche Weise: Das Leben des Eugen Rapp, wie sich Hermann Lenz in seinen autobiografischen Romanen nannte, beginnt nicht mit dessen Geburt. Gut 130 Seiten vergehen, ehe Eugen im Februar 1913 das Licht seiner schwäbisch-hohenlohischen Welt erblickt. Wer sich selbst verstehen will, muss seine Vorfahren zu verstehen versuchen, und so malt sich Hermann Lenz in *Verlassene Zimmer* den Alltag seiner Großeltern mütterlicherseits aus, der Gablenberger Wirtsleute Luise und Julius Krumm.

Fast zwei Jahrzehnte vor Eugens Geburt setzt der Roman ein. Wenig Aufregendes geschieht in dieser schwäbischen Provinz. Mal erinnert sich Julius an seine Zeit als Büchsenmacher, mal an Erfahrungen, die er in Philadelphia machte, und mal erinnert er sich an den in der Nähe wohnhaften Bauern und Dichter Christian Wagner, der ab und zu auf ein Viertele Roten in der Krumm'schen Gastwirtschaft vorbeischaute. Hermann Lenz versteht es, nicht nur in diesem Roman, meisterhaft eine Lebensatmosphäre zu veranschaulichen, die sich aus Mosaiksteinen von real Erlebtem und vor allem aus Empfindungen und Gefühlen zusammenfügt. Ein leiser, wehmütiger Zug prägt seine Figuren, und so fest Julius Krumm in seiner Welt verankert ist, so spürbar ist die Wand, der »Zwischenraum«, der ihn von allen anderen Menschen trennt.

Julius Krumm weiß, dass es ein völliges Einssein mit der Welt nicht geben wird, und er weiß vor allem um die letzte Grenze eines jeden Lebens: um den Tod. *Verlassene Zimmer* umfasst zwei Teile, die beide mit einer Sterbeszene enden. Es sind Momente, die nicht vorgeben, das Geheimnis des Todes ergründet zu haben, und doch verströmen sie Gelassenheit – eine Gelassenheit, die den Tod nicht kleinredet und ihn gleichzeitig als Bestandteil des Lebens zu sehen sucht. Hermann Lenz verknüpft diese letzten irdischen Augenblicke der Krumms mit einfachen, lebensnahen Symbolen: »Später ging sie über eine Wendeltreppe in die Höhe, eine wie im Künzelsauer Schloss, wo sich Licht näherte. Mühsam ging sie weiter, doch hinderte sie dieser Schnaufer, bis sie endlich lächeln durfte, als fühlte sie sich wohl, wahrscheinlich weil sie oben angekommen war« – so schließt *Verlassene Zimmer*, in einer religiösen Zuversicht, die den nachfolgenden Generationen fremder werden wird.

Im Enkel Eugen Rapp spiegelt sich manches von dem, was seine Großeltern prägte. Mit Großvater Julius teilt er die Scheu, sich mit anderen gemein zu machen, mit Großmutter Luise das Zurückweichen vor dem Rohen dieser Welt – exemplarisch veranschaulicht an den Ereignissen des Ersten Weltkriegs –, das auch im abseitigen »Eulenkräut« Hohenlohes spürbar wird. Das Kind Eugen legt sich früh Strategien zurecht, mit denen es den rüden Anforderungen der Welt zu entfliehen hofft: »Später sah ihn Frau Krumm vor dem Haus ein Viereck in die graue Mauer kratzen. In der Viereckmitte zeichnete er ein Quadrat und zog Linien von den Ecken zum Quadrat, dass es wie die Rückseite eines Briefes aussah. Dann stand er dicht davor und schaute auf die Zeichnung. Der Händler Wittig kam und zeigte Frau Krumm frische Aale (…). ›Mach dem Herrn

Wittig doch einen Kaffee‹, sagte der Bub. Frau Krumm sagte: ›Den kriegt Herr Wittig immer, wenn er zu uns kommt‹, und fragte Eugen, was er dort gezeichnet habe. – ›Das ist mein Gang. In den gehe ich weg, und niemand merkt's.‹«

Das unbemerkte Entweichen hilft, es im Leben auszuhalten. *Verlassene Zimmer* zeigt, wie sogenannte einfache Leute auf Erfreuliches und Beschwerliches reagieren, wie sie nach Erfahrungen suchen, die über die Mühsal des Alltags hinaustragen und auf ein Jenseitiges – so schwer es zu benennen oder zu fassen ist – verweisen. Es ist tröstlich, Hermann Lenz' ruhiger, eingängiger Prosa zu folgen und diesen Weg mit den Krumms (und in den späteren Bänden der Lenz'schen Autobiografie mit den Rapps) gemeinsam zu gehen. Und letztlich lässt es sich verkraften, dass wohl erst im Tod die Welt endgültig transparent wird für ein Anderes, am Ende der Wendeltreppe. Eine Ahnung davon gibt dieser Roman.

✿ *Verlassene Zimmer* erschien 1966 im Jakob Hegner Verlag, Köln. Alle neun autobiografischen Romane HERMANN LENZ' wurden 2000 vom Suhrkamp Verlag in der Kassette *Vergangene Gegenwart* zusammengefasst.

Wer noch mehr Angst vor dem Tode verlieren möchte, lese:

KLAUS MODICK, *Moos*

Kann man sich auf den Tod vorbereiten? Langsam seine Gedanken sammeln, sein aktives Beteiligtsein am Leben einschränken? Sich zurückziehen, vorsichtig mit dem Gewesenen abschließen und versuchen, einen Einklang mit sich und der Welt herzustellen? Ich misstraue Menschen, die mit fester Stimme betonen, dass sie dem Tod furchtlos entgegensehen. Wie groß und aus welchen Quellen die religiöse oder spirituelle Zuversicht des Einzelnen auch gespeist sein mag: Es gibt keine verlässlichen Berichte darüber, wie es hinter dem letzten Vorhang aussehen mag, und die naturwissenschaftlichen Erkenntnisse sprechen nicht dafür, dass man sich ein Fortexistieren zu konkret vorstellen sollte.

Die Angst vor dem Lebensende zu nehmen gelingt der Literatur nicht. Was sie mitunter zu leisten vermag, ist nicht viel – und nicht wenig: Literatur lehrt, mit sich selbst umzugehen und sich auf den Tod vorzubereiten. Sie imaginiert Zustände der Erleuchtung und des Einswerdens mit dem Kosmos, spendet Trost, der sich nicht in klugen Ratschlägen äußert. Romane und Erzählungen, die vom Sterben sprechen, heben das Faktum des Sterbens nicht auf. Wenn ihre Autoren indes fähig sind, den Auflösungsprozess des Ichs in Worte zu fassen und das Gegensatzpaar »Ich – Welt« neu zu sehen, macht die Lektüre frei, nicht für immer und ewig, doch für Augenblicke der Gelassenheit, die den Tod nicht mehr so kalt und fremd erscheinen lassen.

Darf man einem gerade mal 30-jährigen Autor trauen, der vorgibt, sich in die Gedankengänge eines alternden Professors eingeschlichen und dessen Lebensresümee aufgezeichnet zu haben? Klaus Modick (* 1951) hat das in seiner schmalen Erzählung *Moos* versucht. Er tut so – ein beliebter Literatentrick –, als sei er lediglich der Herausgeber und nicht der Autor des von ihm vorgelegten Büchleins. Modick gibt in seinem Vorwort an, im Folgenden die Aufzeichnungen des emeritierten Botanikprofessors Lukas Ohlburg zu publizieren, der in den letzten Monaten vor seinem Tod im Jahr 1981 an »Moos« betitelten Aufzeichnungen gearbeitet habe. Über seinen Bruder, den Psychologen Franz Ohlburg, sei das Manuskript in die Hände des Herausgebers Modick gefallen.

Der kleine Kniff schafft die Illusion, der Leser blicke auf ein authentisches, gleichsam reales Werk, und lässt intensiver als bei anderen Darstellungsformen an den Gedankengängen des Schreibenden Anteil nehmen. Ohlburg, eine Koryphäe in seinem Fach, hat sich in sein Landhaus im Ammerland zurückgezogen, um sein Alters- und Hauptwerk zu verfassen: *Zur Kritik der botanischen Terminologie und Nomenklatur*. Je länger der renommierte Wissenschaftler freilich in seiner Einöde sitzt, desto freier schweifen seine Gedanken, desto sinnloser erscheint ihm der wissenschaftliche Tonfall, den er ein Berufsleben lang pflegte. Klaus Modicks Held verändert sich und sein Leben: Er pflegt kaum noch Umgang mit anderen Menschen; er schaltet die Zentralheizung ab, und vor allem beginnt er an seinem bislang so selbstverständlich eingenommenen rationalen Weltzugang zu zweifeln.

Ohlburg fängt an, von einer »zärtlichen Wissenschaft« zu träumen, von einem Aufgehen in der Natur, das diese nicht zu einem fremden Forschungsobjekt macht. Lieblingsobjekt seiner Betrachtungen werden die Moose, diese wurzellosen, immergrünen Pflanzen, die als unscheinbar gelten und selten wissenschaftlichen Ehrgeiz wecken. Lukas Ohlburg wendet sich dem Moos anfänglich mit den ihm vertrauten akademischen Kriterien zu. Nach und nach freilich erobert er das Reich der Moose mit allen Sinnen. Er nimmt den spezifischen Geruch des Mooses wahr und erkennt, dass dieses Phänomen in der Analysewelt seiner Kollegen kaum vorkommen würde. Ohlburg erkennt die »selbstauferlegte Anästhesierung des Erkenntnisraumes der Wissenschaft« und befreit sich allmählich von diesen Denkeinschränkungen.

Klaus Modick erzählt altersklug, nicht altklug, von den Möglichkeiten der Veränderung, die ein Mensch ergreifen kann. Es ist schön anzusehen, wie ruhig und gleitend Modicks Erzählen den Überlegungen des alten Mannes folgt. Der Tod, den Ohlburg nahen fühlt, ist mit einem Mal kein Schreckgespenst mehr, sondern Teil dessen, wie die Welt aufgenommen und erfühlt wird: »Als Kind hatte ich Zeit. Denn sie war endlos und spielte keine Rolle. Die Gegenwart war ständig da. Dann kam das Leben, und die Zeit hatte mich. Nun kommt der Tod und die Zeit wird mir zurückgegeben.«

Natürlich ist Klaus Modicks Buch fest verankert in jenen frühen 1980er Jahren, als es entstand. In einer kleiner Passage wird dies direkt angesprochen: Bauer Hennting, ein Freund der Familie, befragt die Brüder Ohlburg nach der gerade aufgekommenen Partei der »Grünen« und deren Absichten. Von heute aus gesehen wirken diese zwei, drei Seiten beinahe wie ein Fremdkörper, denn Ohlburgs Traum von der Mooswerdung des Denkens kommt ohne ideologischen oder gar parteipolitischen Hintergrund aus. Die Wissenschaft, die sich Ohlburg kurz vor seinem Tode erträumt, trennt Schönheit und Wahrheit nicht mehr. Sie sieht mit anderen Augen; sie glaubt nicht mehr an die Allmacht der begrifflichen Eingrenzung.

Das alles ist unspektakulär erzählt, mit Reflexionen und kulturgeschichtlichen Abschweifungen angereichert. Die Nachwelt, das ist allen Beteiligten klar, wird sich mit dieser Ohlburgischen Wende schwertun. *Moos* zeigt einen Menschen, der auf sich allein gestellt ist, dies nicht als Strafe ansieht und sich – weil er das Leben besser versteht – Schritt für Schritt mit dem Tod anfreundet. Klaus Modicks Erzählung plädiert auch für die besondere Erkenntnisart der Literatur – eine Anschauung, die Lukas' Bruder Franz ganz fremd ist: »Stell dir das vor, Lukas. Stell dir vor, in der Botanik stehe einer auf und sagt, man könne über die Flora meinetwegen des Ammerlands bessere Beobachtungen und Aufschlüsse gewinnen, wenn man statt eines Mikroskops irgendein verschwärmtes Naturgedicht über die Veilchen im Frühjahr oder was weiß ich heranzieht. Nichts gegen die Literatur. Aber alles zu seiner Zeit. Alles an seinem Platz.«

Von wegen, wer der Literatur nicht zutraut, mit ihren Mitteln überall mitreden zu können, braucht sie nicht.

❧ KLAUS MODICKS mit dem Untertitel »Die nachgelassenen Blätter des Botanikers Lukas Ohlburg« versehene Erzählung *Moos* erschien 1984 im Haffmans Verlag, Zürich.

Wer eine Schuld abzutragen hat und nicht weiß, wie, lese:

WILLIAM MAXWELL, *Also dann bis morgen*

Wenn von Schuld die Rede ist, geht es nicht immer um große Verfehlungen oder schwere Kapitalverbrechen. Das bohrende Gefühl, schuldig zu werden oder sich schuldig zu fühlen, entzündet sich mitunter an unscheinbaren Ereignissen, an kleinen Versäumnissen, die sich nicht aus dem Gedächtnis streichen lassen und die sich über Jahre hinweg als quälende Stimmen aus dem Off melden. Wie mit solchen Erinnerungsfragmenten umzugehen ist, muss jeder für sich selbst entscheiden. Die Literatur hat kein seelsorgerisches oder therapeutisches Patentrezept für solche Situationen; sie tut, was sie am besten kann: von Schuld und Sühne erzählen, Lebensläufe nachzeichnen, die von kleinen und großen schuldhaften Verstrickungen handeln, und Menschen zeigen, wie sie mit den Normen und Regeln, die Schuldgefühle hervorrufen, umgehen.

Der Amerikaner William Maxwell (1908–2000) ist ein Erzähler, der keine großartigen Effekte benötigt, um Figuren zu schaffen, die wir nicht vergessen können. Er nähert sich ihnen beiläufig und fächert Schicht für Schicht auf, was sie bewegt. *Also dann bis morgen* ist ein schmaler Roman, der auf ausgeklügelte Weise spiegelt, wie manche Ereignisse niemals »aus der Welt« sind, wie sie uns umtreiben, wieder und wieder danach verlangen, neu erzählt zu werden. Denn nur im Sich-Zusammenreimen dessen, was war, entsteht eine Art von beruhigender Wahrheit – und vielleicht die Möglichkeit, Schuld abzutragen.

Der Roman setzt in den 1920er Jahren ein. Wir befinden uns im Städtchen Lincoln im US-Bundesstaat Illinois, genau dort, wo William Maxwell geboren wurde. Ein Mord ist geschehen: Der Farmer Lloyd Wilson wird von einer Kugel niedergestreckt, und von Anfang an besteht kein Zweifel, wer den tödlichen Schuss abfeuerte: sein Nachbar Clarence Smith. Spannung, wie man sie von einem herkömmlichen Kriminalroman erwarten würde, kommt nicht auf; es geht um die tragischen Hintergründe dieses Ereignisses, das viele in der Stadt kommen sahen und das keiner verhindern konnte.

Maxwells Ich-Erzähler versucht nachzuzeichnen, was diesem Mord vorausging, und er tut dies in zwei Anläufen, aus der Perspektive eines alten Mannes, der sich, Jahrzehnte später, bemüht, bemühen muss, das Vergangene in eine Ordnung, nicht: in Ordnung, zu bringen. Nach rund siebzig Seiten, in denen das Familiendrama der Wilsons und Smiths angedeutet wird und in denen der Erzähler von seiner Recherche berichtet, setzt er neu zu einer Rekonstruktion des Geschehens an. Und er tut dies, weil er sich schuldig wähnt, schuldig an Clarences Sohn Cletus, mit dem er bis zu diesem schicksalhaften Schuss befreundet war: »Wenn der Anblick des Himmels uns mitteilte, dass es auf die Abendessenszeit zuging, kletterten wir hinunter und sagten ›Also dann‹ und ›Bis morgen‹ und gingen in der Dämmerung unserer Wege. Und eines Abends tauschten wir, wie sich herausstellte, diesen beiläufigen Abschiedsgruß zum letzten Mal aus. Wir wurden durch jenen Pistolenschuss getrennt.«

Beiläufig wie diese Floskel des Auseinandergehens ist auch der Vorwurf, den sich der Erzähler macht. Als sich beide Freunde später in Chicago wiedersehen, in einem Schulgebäude aus grauem Stein, sind sie unfähig, ein Wort miteinander zu wechseln: »Wir gingen einfach immer weiter, bis wir aneinander vorbei waren. Und danach gab es für mich keine Möglichkeit mehr, das Geschehene ungeschehen zu machen.« Wie hätte eine richtige, angemessene Reaktion ausgesehen? Wie wäre Cletus, der ein Familiendrama schlimmster Art erlebt hatte, zu helfen gewesen? Erst im Nachhinein kommt dem Erzähler in den Sinn, was er in diesem Augenblick des überraschenden Wiedersehens hätte tun sollen oder können. Zu spät – und deshalb nur das Erzählen, die »Mischung aus Wahrheit und Dichtung«, die die Katastrophe von Lincoln nachzeichnen soll.

Lloyd Wilson und Clarence Smith galten lange als Bilderbuchfreunde. Sie teilten die Mühsal des Alltags, sprachen sich über dies und jenes aus, und da auch ihre Freunde Teil dieses Bündnisses waren, schien keine bessere Nachbarschaft denkbar. Bis sich Wilsons Gefühle verirrten und er seine Leidenschaft für Smiths Frau Fern entdeckte: Was folgt, ist ein Ehebruch, ist der Betrug an einem Freund, der durch keine rationale Erkenntnis aufzuhalten ist. Es ist von beklemmender Aufrichtigkeit, wie Maxwell von dieser Unaufhaltsamkeit erzählt. Alles Sich-Sträuben der beiden Ehebrecher, alle Ahnung dessen, was an gesellschaftlicher Ächtung auf sie zukommen wird, alle Gewissensbisse, die vom Äußersten abraten – all das hält nichts auf.

Die Folgen dieser nicht unentdeckten »unerlaubten« Liebe sind fatal: Wilson wird von seiner Frau verlassen und kommt an der Seite einer unzuverlässigen Haushälterin immer schlechter zurecht. Fern Smith verlässt ihren Ehemann ebenfalls und hofft – vergeblich – darauf, dass sie mit Lloyd Wilson dauerhaft zusammen sein wird. Clarence verwahrlost mehr und mehr, muss seinen Besitz aufgeben. Es bleibt nur die Rache, nur der tödliche Schuss – und der Selbstmord, der den Reigen schließt.

Es sind grausam nüchterne Bilder, die William Maxwell findet, um das unaufhaltsame Elend der Eheleute – und nicht zuletzt ihrer Kinder – zu beschreiben. Da ist Clarences Hund, der nicht begreifen will, dass es seine alte Farm nicht mehr gibt. Oder Cletus' still ertragener Schmerz, als er merkt, dass sein Vater ihn erstmals an Weihnachten nicht mit Geschenken bedenkt. Lauter Szenen, lauter Eindrücke, die nichts vom lauten Auftakt des Romans, von jenem Pistolenschuss haben – und doch sind sie es, die den Roman ausmachen. Auch am Ende, als der Erzähler seine Arbeit getan hat, ist er nicht frei von jener kleinen Schuld. »Und sich weiter schuldig fühlen für etwas, was vor so langer Zeit geschah, ist kaum vernünftig« – das mag so stimmen, doch die Einsicht reicht nicht aus, um sich selbst zu überreden: »Und ich werde mich vielleicht immer schuldig fühlen, so oft ich an ihn denke.«

Das Einsehen von Schuld, das Anerkennen von Schuld ist eine Sache. Eine andere ist es, einzusehen, dass jeder Weg, sich die Vergangenheit zurechtzulegen, in die Täuschung führt. »Wenn wir über die Vergangenheit reden, lügen wir mit jedem Atemzug«, heißt es bei Maxwell, der wie viele Erzähler des 20. Jahrhunderts wusste, dass die Erinnerung Klarheit suggeriert – und sie nie schafft. »Was wir, oder zumindest ich, überzeugt als Erinnerung ausgeben – womit wir einen Augenblick, eine Begebenheit, einen Sachverhalt meinen, die einem Fixierbad ausgesetzt und so vor dem Vergessen bewahrt wurden –, ist in Wirklichkeit eine Form des Geschichtenerzählens, die sich unaufhörlich in unserem Geist vollzieht und sich oft noch während des Erzählens verändert. Zu viele widerstreitende Gefühlsinteressen stehen auf dem Spiel, als dass das Leben jemals ganz und gar annehmbar sein könnte, und möglicherweise ist es das Werk des Geschichtenerzählers, die Dinge so umzuordnen, dass sie sich diesem Zweck fügen.« Schuld abzutragen ist eine Fiktion – und dennoch ist kein Schuldiger

von dieser Aufgabe befreit. Ein Glück, dass es Geschich-
tenerzähler wie William Maxwell gibt, die dieses Paradox
aushalten.

❧ WILLIAM MAXWELLS Roman *Also dann bis morgen* – im Original *So Long, See You Tomorrow* – erschien in den USA erstmals
1980. Die deutsche Übersetzung von Benjamin Schwarz folgte
1998 im Paul Zsolnay Verlag, Wien.

Wer sich mit dem Tod des Partners nicht abfinden mag, lese:

GEORGES RODENBACH, *Das tote Brügge*

Die Grausamkeit des Lebens zeigt sich oft darin, dass es das Glück von Menschen, ihr Zusammensein, ihr Zurechtkommen mit den sich täglich stellenden Problemen binnen weniger Sekunden zerstören kann. Was gestern galt, kann heute ausgelöscht sein – durch einen Autounfall, die Hiobsbotschaft einer Krankheit, ein Verbrechen, die Abkehr eines geliebten Partners. Menschen zu verlieren, die Verlässlichkeit ausstrahlten und deren Liebe unersetzlich schien, ist ein Schock – gleichgültig, ob sich dies ankündigte und über Nacht geschah. Die Literatur gibt keine Handlungsanweisungen, wie mit solchen Situationen konkret umzugehen wäre. Das mögen, vielleicht, Psychologen oder Therapeuten leisten. Was die Literatur tun kann, steht auf einem anderen Blatt, auf einem, das kein Garantieschein ist.

Oft genug erzählen Romane davon, wie Menschen am Tod des Geliebten zu zerbrechen scheinen. Wie sie sich verrennen, jenseitige Mächte anklagen und sich aus den Gepflogenheiten des Alltags entfernen. Auf diese Weise entstehen Szenarien des Schreckens, werden Bilder von großer Folgerichtigkeit gemalt – für Leser, die dem ästhetischen Sog nicht widerstehen können und sich gleichzeitig vor Nachahmung warnen lassen.

Der Belgier Georges Rodenbach (1855–1898) hat so einen

Roman geschrieben, sein kleines Meisterwerk *Das tote Brügge*, das ihm den literarischen Ritterschlag gab und die darin gespiegelte Stadt zum Pflichtprogramm jedes Bildungsreisenden machte. Rodenbachs Text zieht seine Faszination aus unterschiedlichen Quellen. Er erzählt, in ungemein komprimierter Form, eine traurige Geschichte mit fatalem Ende, und er führt zu diesem Zweck einen ungewöhnlichen Protagonisten ein, der zum eigentlichen Movens der Tragödie wird: die Stadt selbst. In der erst kurz vor Drucklegung geschriebenen »Vorbemerkung« wies Rodenbach eigens auf diese Besonderheit seines Romans hin: »In dieser Studie der Leidenschaft haben wir auch und ganz besonders eine *Stadt* vor Augen führen wollen, die *Stadt* wie eine bedeutsame Person, den Seelenzuständen verbunden, die Rat gibt, warnt, zum Handeln veranlasst.« Brügge, so zumindest die Absicht des Autors, bleibt nicht Dekorum einer wie auch immer gearteten Handlung; seine Straßen und Wasserwege sollen keinen historisch reizvollen Hintergrund abgeben, vor dem sich die psychischen Verirrungen des Helden entfalten, sondern das Geschehen lenken und bestimmen.

Die Geschichte von *Das tote Brügge* setzt sich aus wenigen Elementen zusammen: Hugues Viane ist untröstlich über den Verlust seiner Frau und zieht nach Brügge, wo er seinem Schmerz auf einsamen abendlichen Spaziergängen durch die Stadt huldigt. Die plötzliche Begegnung mit der Schauspielerin Jane Scott, die der Toten verblüffend ähnlich sieht, reißt Hugues aus seiner Lethargie. Er beginnt eine leidenschaftliche Affäre mit der nicht durch gesitteten Lebenswandel auffallenden Frau und versucht sie zum Ebenbild seiner verstorbenen Frau zu stilisieren. Als Jane diesen Kult lächerlich macht, muss sie, während die Heiligblutprozession durch Brügge zieht, sterben: erwürgt mit der Haarflechte der Toten, die Hugues als ihm unendlich kostbare Reliquie aufbewahrte.

Brügges Rolle in diesem knappen Handlungsbogen hat wechselndes Gewicht: Zu Anfang scheint die Gleichung der »Ähnlichkeiten«, die Hugues aufstellen will, aufzugehen. »Der toten Frau musste eine tote Stadt entsprechen«, und die alte Handelsmetropole Brügge scheint prädestiniert dafür zu sein, diesen Anspruch zu erfüllen. Nachdem im 15. Jahrhundert der Wasserarm, der die florierende Hafenstadt mit dem Meer verband, zu versanden begann, wurde Brügge zum Symbol schleichenden (Bedeutungs-)Verfalls. Die Stadt versank in einen Dämmerschlaf, den Rodenbach konsequent als Koma deutete: »Das tote Brügge selbst lag im Grab seiner steinernen Grachten, denn die Adern seiner Kanäle waren erstarrt, als der große Puls des Meeres aufgehört hatte, hier zu schlagen.«

Erst die epiphanieartige Begegnung mit der Schauspielerin lässt den Einfluss der Stadt zurücktreten. In dem Maße, wie sich Hugues einbildet, die verlorene Liebe real wiedergewinnen zu können, greift die Todesanalogie nicht mehr: »Er sah nicht mehr die erstarrte und in den tausend schmalen Bändern ihrer Kanäle eingeschnürte Stadt.«

Als der Versuch scheitert, Jane mit den Kleidern der Toten auszustaffieren, und Hugues glaubt, das Angedenken »besudelt« zu haben, kehrt das »Grau der Brügger Straßen« zurück. Die Kunst und die Religion, denen er sich zuwendet, verstärken, was Hugues vor seiner verhängnisvollen Verirrung wusste: »Welche Absage an das Leben, welche Klarsicht der Vergeblichkeit allen Tuns und welche Ankündigung des nahenden Todes ...« Das Ende ist unausweichlich: Jane muss sterben, weil sie nur so der ersten Toten wieder ähnlich wird und weil sie nur so dem morbiden Flair gemäß ist.

Georges Rodenbachs *Das tote Brügge* ist ein brillantes Beispiel symbolistischen Erzählens, das sich unverkennbar gegen die Dominanz des naturalistischen Schreibens richtet. Obschon 1892, als der Roman erscheint, Émile

Zolas zwanzigbändiger Zyklus *Die Rougon-Macquart* noch nicht abgeschlossen vorlag, waren vielerorts bereits Anstrengungen unternommen worden, den detaillierten und ausladenden Milieuerzählungen der Naturalisten eine Prosa entgegenzusetzen, die mit wenigen Federstrichen auskommt und ihr Gewicht anderen Kunstfertigkeiten verdankt. Rodenbach konzentriert das Arsenal seiner Figuren radikal und legt keinen Wert darauf, zwanghaft Originalität an den Tag zu legen: Hugues' Bedienstete Barbe ist so die vertraute Vertreterin eines Standes, der fest in Tradition und Religiosität wurzelt, und allein die artifizielle Namensgebung »Jane Scott« deutet darauf hin, daß die leichtlebige Aktrice sich wohl nicht nur an der Patina Brügges erfreut. Seine Hauptfigur Hugues ist – auch dies ein Affront gegen naturalistische Überzeugungen – frei von sozialen und familiären Bindungen. Früh gealtert (wir haben es gegen allen Anschein mit einem Mann um die vierzig zu tun), scheint er ohne gesellschaftliche Absicherung (und auch ohne Notwendigkeit, Geld zu verdienen) auszukommen – ein zeittypischer Topos, der das Experiment symbolischen Erlebens ermöglicht und nichts mit einem durch Milieu oder Vererbung bedingten Determinismus zu tun hat.

An vielen Stellen griff Rodenbach in die Schatzkiste der Literatur- und Kunstgeschichte. Ophelia-Anklänge durchziehen seinen Text; das Doppelgängermotiv war spätestens seit der Romantik geläufig; das angebetete Haar der Geliebten verweist auf Baudelaires *Blumen des Bösen*, und die Neigung, sich von »toten Städten« inspirieren zu lassen, teilte Rodenbach mit vielen Autoren des Fin de Siècle. Sein entscheidender Kunstgriff bestand darin, einen »Zauber« (so sein Freund Stéphane Mallarmé) zu entfalten, der vor allem sprachlicher Natur ist und dem Buch einen wunderbaren morbiden Reiz gibt.

Das tote Brügge, dieses – so Alphonse Daudet – »Drama

von Leidenschaft, das sich in ruhigem Wasser spiegelt«, erzählt vom Irrewerden am Verlust und vom verzweifelten Versuch, die Außenwelt – die Stadt, die fremde Schauspielerin – nach der eigenen Befindlichkeit zu formen. Das muss missglücken, und dennoch ist es heilsam, vom verblichenen, eisgrauen Glanz Brügges, vom dumpfen Schmerz, den der Tod bereitet, und vom verzweifelten Versuch, ihn zu überwinden, zu hören. Rodenbachs Grabstätte ist übrigens auf dem Pariser Friedhof Père-Lachaise zu besichtigen. Sie zeigt den Oberkörper einer Figur, die eine Grabplatte aufzustoßen oder herunterzuziehen versucht – je nach Blickwinkel des Betrachters ...

&. GEORGES RODENBACHS *Das tote Brügge* erschien 1892 auf Französisch, als *Bruges-la-morte*. Die erste deutsche, mehrfach nachgedruckte Übertragung von Friedrich Oppeln-Bronikowski kam 1903 im Berliner Julius Bard Verlag heraus. 2003 legte Dirk Hemjeoltmanns im Manholt Verlag, Bremen, eine Neuübersetzung unter dem Titel *Brügge tote Stadt* vor, die 2011, wieder unter dem Titel *Das tote Brügge*, bei Reclam neu aufgelegt wurde.

Wer die Mutter verliert, lese:

PETER HANDKE, *Wunschloses Unglück*

Seine Mutter verlieren? Diese Wendung, die »Tod« und »Sterben« vermeidet, sagt nichts darüber aus, auf welche Weise man die Mutter verlor. Schlief sie im hohen Alter friedlich ein? Ging ihrem Tod eine lange schmerzvolle Leidenszeit voraus? Traf sie unerwartet ein Herzinfarkt, ein Schlaganfall? Oder hat sie ihrem Leben selbst ein Ende gesetzt? Sosehr der Verlust eines nahestehenden Menschen treffen und quälen mag, so unterschiedlich kann die Art und Weise sein, damit umzugehen. Und selbst bei Schriftstellern, die die ihnen gemäße Verarbeitungsform – das Schreiben über den Toten, über die Tote – wählten, lässt sich nicht verallgemeinern, mit welchen stilistischen Mitteln diese heikle Textsorte angegangen wird.

Peter Handkes offenkundig autobiografisch geprägte Erzählung *Wunschloses Unglück* nimmt im Erschrecken ihren Anfang: Der in Deutschland lebende Erzähler erhält die Nachricht, dass sich seine Mutter, im österreichischen Kärnten, das Leben genommen hat. »Fühllos« nimmt der Sohn dies auf – und sucht nach einer Möglichkeit, der Mutter nahezukommen, sie zu begreifen. Peter Handke (* 1942) erzählt herantastend, suchend, bestrebt, »diesen Freitod geradeso wie irgendein außenstehender Interviewer, wenn auch auf andere Weise, zu einem Fall« zu machen.

Die Erzählung lässt Lücken offen, will nicht so tun, als sei es denkbar, den Lebenslauf der Mutter im Nachhinein nahtlos zusammenzufügen. Es ist das Leben einer einfachen Frau, die gefangen war in den gesellschaftlichen Umständen einer Zeit und einer Gegend, die Individualität mit Argwohn betrachtete. Wer aus diesem Käfig ausbrechen will, braucht große Energien, und selbst dann ist nicht sicher, ob der Alleingang zum Erfolg führen wird. Immerhin: Als 16-Jährige verlässt die Mutter die vorgestanzte Route und geht als Köchin in die Lehre. Der Anschluss Österreichs an Hitler-Deutschland verändert ihr Leben: Sie geht auf im gemeinschaftlichen Erlebnis und lernt ihren ersten Mann kennen, einen Parteigenossen, der in Nicht-Kriegszeiten ein kleiner Bankangestellter ist: »ein ungleiches, lachhaftes Paar – und trotzdem sehnt sie sich noch zwanzig Jahre später danach, wieder für jemanden so etwas empfinden zu können wie einst nach mickrigen Knigge-Aufmerksamkeiten für diese Sparkassenexistenz«. Die Verbindung mit ihm, dem verheirateten Mann und Vater des Erzählers, geht auseinander; sie heiratet noch vor der Entbindung einen anderen, mit dem sie in die große Fremde, nach Berlin, zieht.

Wunschloses Unglück ist ein trauriges Buch, denn in seiner nüchternen Bestandsaufnahme dessen, was das nicht einmal sechzig Jahre währende Leben dieser Frau ausmachte, berichtet es vor allem vom Nicht-Realisierten und vom Nicht-Geglückten. 1948 verlässt die Familie Berlin und geht zurück in den Geburtsort der Mutter, ins Geburtshaus. Sie bleibt – mit ihrer »Auslandserfahrung« – eine Besonderheit im dörflichen Zirkel, wiewohl sie alles daransetzt, sich das Gewand der Unauffälligkeit überzustreifen. Die großen Träume haben hier nichts mehr zu suchen, »denn es war lächerlich, ernstlich Wünsche zu äußern«. Wie man an Weihnachten vorgibt, die Socken- oder Unterhosengeschenke seien genau das Gewünschte gewesen, so redet sich die Gemeinschaft ein, dass es Besseres als das real Existierende nicht gebe.

Ganz so rasch will sich die Mutter damit nicht abfinden. Sie will ihr sehnsuchtsvolles Ich nicht verleugnen und beginnt Bücher zu lesen, zusammen mit dem Sohn. Die Lektüre von Hamsun oder Dostojewskij zeigt Perspektiven auf, so eigenwillig ihr Leseverfahren auch sein mag: »Sie las jedes Buch als Beschreibung des eigenen Lebens, lebte dabei auf; rückte mit dem Lesen zum ersten Mal mit sich selbst heraus; lernte, von *sich* zu reden; mit jedem Buch fiel ihr mehr dazu ein. So erfuhr ich allmählich etwas von ihr.« Bücher werden für die – junge – Frau zum Jungbrunnen, ohne dass sich ihr eintöniges reales Leben dadurch einschneidend ändern würde.

Allmählich – Peter Handke beschreibt dies auf eine bestechend klare Weise – klinkt sie sich aus allem aus. Rätselhafte Kopfschmerzen befallen sie; sie magert ab und verfällt vor den Augen des sie besuchenden Sohnes, der erst in diesem Zustand seine Mutter wahrzunehmen beginnt, »fleischlich und lebendig«. Sie verabschiedet sich von ihren Angehörigen, schreibt ihnen Briefe: »Aber an ein Weiterleben ist nicht zu denken«, das ist die Botschaft an den Ehemann. Dann ist es so weit: Mit dem jüngsten Kind sieht sie fern, bringt es zu Bett und mischt alle verfügbaren Tabletten zu einer tödlichen Mixtur. Der Erzähler nimmt sich am Tag der Beerdigung vor, über seine Mutter zu schreiben.

Viele deutsche Autoren haben seit den 1970er Jahren in (autobiografischen) Romanen und Erzählungen über Väter und Mütter geschrieben. Peter Handke hat dies so getan, dass jeder Leser sich ein eigenes Bild von diesem Frauenleben machen darf, von einem Leben, das nach Individualität strebte und gleichzeitig gefangen war in dem, was dafür an Freiraum gegeben wurde. Es bleibt die Vorstellung eines Lebens, es bleibt Fiktion, so nahe der Verfasser sich an die Wahrheit halten wollte. Eine Rettung, eine Befreiung ist es auch nicht für den, der den Tod der Mutter zu beklagen hatte. So einfach ist das mit der Therapie durch Literatur nicht: »Natürlich ist das Beschreiben ein bloßer Erinnerungsvorgang; aber es bannt andrerseits auch nichts für das nächste Mal, gewinnt nur aus den Angstzuständen durch den Versuch einer Annäherung mit möglichst entsprechenden Formulierungen eine kleine Lust, produziert aus der Schreckens- eine Erinnerungsseligkeit.«

🐚 PETER HANDKES Erzählung *Wunschloses Unglück* erschien 1972 im Residenz Verlag, Salzburg.

Wer den Vater verliert, lese:

MATTHIAS POLITYCKI, *Tag eines Schriftstellers*

Gute Schriftsteller sind Verbergungskünstler. Sie erfinden Heerscharen von Figuren, malen sich Landschaften und Städte aus und entwerfen komplizierte Handlungsabläufe ... und das alles manchmal nur, um auf großen Umwegen Erlebnisse zu verarbeiten, denen man sich erzählerisch nicht unvermittelt anzunähern vermag. Im Gegensatz dazu sind jene Autoren mit Vorsicht zu genießen, die ihren Schreibimpuls daraus ziehen, Nabelschau zu halten und möglichst »authentisch« und distanzlos von sich zu berichten.

Matthias Politycki (* 1955) ist keiner von jenen Autoren, die das Schreibheil darin sehen, ihr Innenleben im Rohzustand aufs Papier zu bringen. Seine umfänglichen Romane *Weiberroman* und *Herr der Hörner* speisen sich zwar unverkennbar aus persönlich Erlebtem, doch sie mühen sich redlich, sich von bloß autobiografischen Intentionen zu entfernen. Das geschieht mit großem sprachlichen Aufwand, und bisweilen hat man den Eindruck, dass Matthias Politycki sein Stilgefühl und seine Fähigkeiten, mit unterschiedlichen Rhythmen und Tonlagen zu arbeiten, dazu einsetzt, sich einen Schutzpanzer anzulegen. Eine Scheu scheint sich hinter diesem zu verbergen, eine Scheu, als Erzähler aufs Ganze zu gehen und sich schnörkellos existenziellen Erfahrungen auszusetzen.

In einem kleinen, gerade mal elfseitigen Text hat Matthias Politycki diese Reserven beiseitegeschoben und so erzählt, wie er es sich selten traut. *Tag eines Schriftstellers* ist eingebunden in den Band *Das Schweigen am andern Ende des Rüssels*, der – eingerahmt von zwei Gedichten – sechzehn miteinander verwobene Erzählungen versammelt. Genau in deren Mitte steht der *Tag eines Schriftstellers*, ein Bericht, der vom Sterben und vom Tod handelt. Erzählt wird aus der Perspektive eines Autors, der seinen Amtspflichten, einem anstrengenden Programm mit drei Lesungen in der bayerischen Provinz, nachgeht, obschon er weiß, dass sein Vater in Kürze sterben wird.

Minuziös wird der Tag in exakte Uhrzeiten aufgeteilt, die das Aufstehen, die Bahnfahrt, den Empfang durch Schüler und Lehrer, die immer gleichen Lesungen mit ihren einkalkulierten Pointen, den geselligen Mittagstisch akribisch festhalten – und doch nur von einem Gedanken zusammengehalten werden: Kommt der befürchtete Anruf aus dem Krankenhaus, wo der Vater, eingezwängt in moderne Apparate, ohne Hoffnung auf ein Wieder-auf-die-Beine-Kommen dem Tod entgegensieht?

Nachts um 0 Uhr 15 kehrt der Schriftsteller ins Elternhaus zurück, wo ihn die Mutter erwartet, deren Seufzen und Schimpfen auf den Herrgott er durch die Wand hört, als beide versuchen, etwas Schlaf zu finden. Knapp drei Stunden später ist es so weit; »höchste Zeit« sei es, bescheidet man ihm, dass Mutter und Sohn, dass Ehefrau und Sohn ins Krankenhaus eilten. Dort blicken beide angstvoll auf den Mann, der »zum Aufbruch« entschlossen zu sein scheint. Sein Atmen verebbt, und als – um 3 Uhr 58 – aus den sechs grünen Amplituden, die einen Lebensrest verhießen, »sechs Geraden« geworden sind, ist der Übergang vollzogen. »Mit gefalteten Händen liegt der Vater, seine Füße ragen nicht mehr aus dem Laken hervor, und richtig, sogar die letzten Schläuche sind verschwunden. Kälter fühlt sich das Gesicht des Vaters an, noch kälter als zuvor, trotzdem wird's von der Mutter, 4 Uhr 17, sehr oft ge-küsst.«

Matthias Politycki hält diese Augenblicke des Sterbens ohne Überhöhung und Übertreibung fest. Die Strahlkraft seines kleinen Textes beruht auf dieser Zurückhaltung. Der Tod verträgt keine lauten Worte, und das Geheimnis, das er birgt, ist – selbst wenn es sich um gar kein Geheimnis handeln sollte – eines, dem man mit Würde und Ernst begegnen sollte. Die Mutter, die sich so tapfer auf den Verlust ihres Mannes vorbereitete, wird angesichts der Realität zum »bucklicht Weiblein«, das »ihren Kopf in der Halskuhle des Vaters« vergräbt. Ihr Sohn hingegen, der sich vorgenommen hat, diese Minuten als »Mann« durchzustehen, vermag seine Reaktionen nicht besser zu kontrollieren: »Was flüstert der Schriftsteller seinem Vater ins Ohr? Eine kurze heiße Pause flüstert er ihm ins Ohr, kein Wort will ihm über die Lippen. Als er sich wieder aufgerichtet hat, 4 Uhr 04, als er wieder sehen, hören, sprechen kann, ist das die Schwester, die ihn mit sanftem Druck vor die Tür schiebt, und als er sich umsieht, steht dort auch die Mutter.«

Tag eines Schriftstellers ist kein Erbauungstext, der oberflächlichen Trost spenden oder zeigen will, wie man den Tod der Liebsten am geschicktesten verarbeitet. Als Literatur hat er anderes im Sinn: Er macht vor, wie Menschen sich in Situationen verhalten, die sie überfordern – und der Tod ist die größte Zumutung, die Menschen ertragen müssen. Er zeigt sie als Schwache, als Hilfsbedürftige und Weiterlebende, die – wie dieser Schriftsteller – bisweilen die Augen schließen: »Dann sieht er das Gesicht seines Vaters, wie's sehr weiß daliegt, und sieht grüne Linien dahinter.«

Literatur bereitet auf Augenblicke vor, die uns noch bevorstehen. Sie ersetzt deren Erleben nicht, denn ein Schmerz, von dem wir lesen, ist und bleibt kein real empfundener Schmerz. Dennoch geht von ihr, von der imaginativen Vorwegnahme des Schreckens, manchmal Beruhigendes aus.

MATTHIAS POLITYCKIS *Tag eines Schriftstellers* erschien 2001 bei Hoffmann und Campe in dem Erzählungsband *Das Schweigen am andern Ende des Rüssels*.

Wer nirgendwo mehr ein Hoffnungslichtlein sieht, lese:

KAREN DUVE, *Weihnachten mit Thomas Müller*

Man muss kein religiös verankerter Mensch sein, um hohen kirchlichen Feiertagen Respekt entgegenzubringen und sich in den Reigen der festlich Gestimmten einzureihen. Und weil Weihnachten oder Ostern bei vielen untrennbar mit Kindheitshöhepunkten verbunden sind, genießen sie ein nostalgisches Flair, dem man sich allenfalls durch konsequente Karibik-Reisen entziehen kann. Nicht so leicht ist es, Texte zu schreiben, die auf das vertraute Festtagsreservoir setzen, für die klassischen Thementische im Buchhandel gedacht sind und gleichzeitig nicht in die Fallen der Gattung treten. Anders gesagt: Über Weihnachten lässt sich ruckzuck etwas schreiben, doch es ist schwer, zwischen den Extremen hin und her zu wandern. Zum einen kann man alle Sentimentalität durch Flucht in Satire oder Ironie vermeiden – wie Robert Gernhardts *Die Falle*, jene Evergreen-Geschichte, in der ein beim Studentendienst bestellter Weihnachtsmann aus der Rolle fällt, die Kinder im Geist der Berliner Studentenbewegung zum Ungehorsam gegen ihre Erziehungsberechtigten aufwiegelt und reichlich Alkohol zu sich nimmt. Zum anderen gibt es, in der Nachfolge Karl Heinrich Waggerls, immer noch genug Gelegenheit, Weihnachten erzählerisch mit schwerverdaulichem Süßstoff aufzuladen und dessen Festtage mit Erwartungen an eine bessere

Welt zu befrachten – gute Literatur werden solche Rühr-
stücke selten.

Karen Duve (* 1961) gelingt es in ihrer sehr kurzen Geschichte *Weihnachten mit Thomas Müller*, diese Fallstri-
cke zu umgehen und von Weihnachten so originell und
gleichzeitig nah zu erzählen, dass man sofort an den Segen
dieses Festes glauben möchte. Thomas Müller, so heißt ein
nicht mehr ganz junger Teddybär, der glückliche Tage bei
der vor den Toren Hamburgs lebenden Familie Wortmann
verlebt – bis zu einem schicksalsträchtigen Heiligabend,
als sich die Wortmanns mal wieder »auf den allerletzten
Drücker« ins Hamburger Einkaufsgetümmel stürzen und
das Unglück seinen Lauf nimmt: Sohn Marc, berauscht vom
Anblick blinkender Turnschuhe, verliert seinen Plüsch-
freund, dessen Versuche, wieder Anschluss an die Familie
zu finden, kläglich scheitern. Als sich ein raubeiniger
Hamburger Taxifahrer zudem weigert, den mittellosen Bären ins heimatliche Hanstedt zu transportieren, und sich
der kalte weihnachtliche Abendfrieden über die Möncke-
bergstraße senkt, ist Thomas Müller von allen Wortmanns
und der Welt verlassen. Einsam sitzt er am Rand eines
Brunnens und friert allmählich fest.

In einer guten Weihnachtsgeschichte kann das nicht das
letzte Wort sein. Die Wanderkatze Sandra Kaiser nimmt
sich des obdachlosen Stofftieres an und bringt es auf aben-
teuerlichen Umwegen zu den Wortmanns zurück – die,
wie es sich gehört, aufgelöst vor Trauer sind, unfähig, mit
der Bescherung zu beginnen. So endet dieses leicht-lockere
Märchen vom Teddybären Müller, und trotz aller ironi-
schen Untertöne regiert hier ein Weihnachtszauber, der
nichts Altbackenes an sich hat.

Karen Duve versteht sich auf sprachliche Frische, auf
einen Ton, der kleine Widerhaken bietet. Da wird Thomas
Müller als »ramponiertes Exemplar« beschrieben, »das um
die Ohren herum reichlich abgeliebt und abgewetzt aus-

sah«; da wird dem unaufmerksamen Marc, der seinen Kumpan in der weihnachtlichen Rushhour fallen lässt, Verständnis entgegengebracht – »So etwas kommt vor« –, und da tritt mit Sandra Kaiser ein Tier auf, das anfänglich die Härte des Lebens als einzige Realität begreift: »Thomas Müller sprang zu Boden. Er schnüffelte. ›Vielleicht holen sie mich morgen.‹ ›Niemals‹, sagte Sandra Kaiser, ›die sitzen jetzt vergnügt unterm Weihnachtsbaum und packen Geschenke aus und denken nicht mal an dich. Vermutlich haben sie gleich einen neuen Stoffbären gekauft, als sie gemerkt haben, dass du verlorengegangen bist. Einen mit Brummstimme und Klingel in der Pfote und ganz weichem Fell.‹«

Immerhin ist es der nüchterne Katzenblick auf die Welt, der dazu führt, dass Kaiser & Müller auf den richtigen Weg finden und das Frohlocken in Hanstedt nicht aufzuhalten ist. Dem völlig erschöpften, wehklagenden Bären gibt die weltweise Katze dabei einen Ratschlag mit, den man in nahezu allen Lebenslagen einsetzen kann: »Wer jammert, hat noch Reserven.« Das gilt für leidgeprüfte Stofftiere und für ihre Besitzer auch, denn die Kraft zum Lamento lässt sich anderweitig sinnvoller einsetzen, zum Beispiel, um Heiligabend rechtzeitig ins wohnliche Hanstedt zu gelangen.

Solche kleinen Feinheiten machen *Weihnachten mit Thomas Müller* zu einer Geschichte, die in zwei, drei Jahrzehnten vielleicht als Klassiker gilt. Es wäre ja merkwürdig, wenn nicht auch nachrückende Lesergenerationen sich im Nachhinein selig an Bücher der Kindheit erinnern würden. Thomas Müller – willkommen im unerschöpflichen Figurenarsenal der Weltliteratur!

KAREN DUVES *Weihnachten mit Thomas Müller* erschien, mit Illustrationen von Petra Kolitsch, 2003 im Eichborn Verlag, Berlin.

Zuletzt ein Hinweis auf Nebenwirkungen ...

Wer erfahren will, dass Lesen nicht unbedingt eine persönlichkeitsfördernde Beschäftigung sein muss, lese:

GUSTAVE FLAUBERT, *Madame Bovary*

Lesen, so jubilieren manche, sei eine Tätigkeit, die in jedem Fall zu begrüßen sei. Und das sei ja gar nicht geleugnet: Die Grundkompetenz des Lesens hilft im täglichen Leben weiter, und wer liest – sei es die Gebrauchsanweisung des neuen DVD-Recorders, Daniel Defoes Roman *Moll Flanders* (den ich mir für einen Folgeband der *Überlebensbibliothek* aufhebe) oder das Osso-Buco-Rezept eines toskanischen Sterne-Kochs –, richtet erst einmal kein weiteres Unheil an, führt keine Kriege, bestickt keine Sitzkissen und schreibt keine Leserbriefe.

Aber: Lesen allein ist keine charakterliche Tugend und macht nicht sofort aus bösen Menschen gute, aus verhärmten glückliche. Zum einen gibt es zu viele dämliche Bücher, schlecht geschrieben, klischeedurchzogen, schmierig, den Kopf vernebelnd, das Herz verkleisternd. Und zum anderen gibt es genug Leserinnen und Leser, die das Gelesene vorschnell mit der Wirklichkeit verwechseln.

Gustave Flauberts (1821–1880) Roman *Madame Bovary* ist ein großes Werk. Das haben ungezählte sehr kluge Interpreten herausgestrichen. Flauberts unerbittlicher ironischer Blick auf seine Zeitgenossen, sein Eifer, das richtige Wort an die richtige Stelle zu setzen (was ihn von manchem geschwätzigen Kollegen nicht nur seines Jahrhunderts unterscheidet), seine moderne Erzählweise, das Beschriebene ganz an die Perspektive der Figuren zu binden, sein Hass auf Gemeinplätze jeder Art – all das lässt sich auch in *Madame Bovary* ausmachen, an dieser traurigen Geschichte einer Ehebrecherin, der am Ende nichts übrig bleibt, als zum Arsen zu greifen.

Emma Bovary, geborene Rouault, eine Bauerntochter aus der französischen Provinz, ehelicht den verwitweten Landarzt Charles Bovary und hofft, dass diese Heirat sie ihren bunten Träumen vom schönen Leben näher bringen möge. Doch der Alltag an der Seite des eher schlichten Mediziners ist grauer als erwartet: Nicht einmal die Geburt ihrer Tochter vermag Emmas Tristesse zu vertreiben. So hatte sie sich das Leben nicht vorgestellt, so sahen ihre hochfahrenden Phantasien nicht aus.

Wo unzufriedene Frauen sind, da lassen galante Verführer nicht lange auf sich warten. Was der biedere Gemahl nicht geben kann, soll in den Armen anderer zu finden sein, in denen Rodolphes beispielsweise, eines routinierten Eroberers, der weiß, was frustrierte Landfrauen hören wollen. Oder beim Notariatsangestellten Léon, der – nachdem Rodolphe seine exaltierte Geliebte bald abgestoßen hat – zum Liebhaber Nummer zwei wird. Mag das Lügengespinst, das Emma errichtet, um ihre wöchentlichen Rendezvous mit Léon zu ermöglichen, anfangs größte Auf- und Erregung garantieren, so erkaltet dieser Reiz schneller, als sie denkt. Die Katastrophe naht: Emma kurbelt den Umsatz im Provinzstädtchen an, verschuldet sich, ergibt sich den Gläubigern und flieht in den Selbstmord.

Wie konnte es dazu kommen? Ist alles nur dem »Schicksal« anzulasten, wie es der hilflose, arme Charles am Ende tut? Sehen wir uns den Weg der Emma Bovary genauer an: Flaubert lässt keinen Zweifel daran, dass es nicht zuletzt die Bücher waren, die Emma Bovarys schäumende Träume nährten. Das Lesen verdirbt ihr junges Gemüt; wo immer

Herrensitze, Schlösser, feurig Liebende oder Ritter in den musikalischen und literarischen Romanzen auftauchen, die Emma in wilder Gier verschlingt, sieht die verblendete Leserin ihren eigenen Weg vorgezeichnet: Die »Realitäten des Lebens« nehmen dort »den phantastischen Zauber der Sentimentalität« an – ein Verhängnis.

Als Léon die Arztgattin zu beeindrucken sucht, führt er passenderweise ein Gespräch über Literatur und flößt Emma das Gefühl ein, auf einen gleichgesinnten, gleichgestimmten Leser gestoßen zu sein: »Haben Sie es nicht zuweilen erlebt, in einem Buche einer bestimmten Idee zu begegnen, die man verschwommen und unklar längst in sich selbst trägt? Wie aus der Ferne schwebt sie nun mit einem Male auf einen zu, gewinnt feste Umrisse, und es ist einem, als stehe man vor der Offenbarung seines tiefsten Ichs …« Emmas Antwort auf dieses Bekenntnis liegt auf der Hand: »Das hab ich schon erlebt.« Widerlich sind ihr »Alltagsgefühle und lauwarme Gefühle«, und so müssen die Romane ihr geben, was ihr die monotone Zweisamkeit an Charles' Seite nicht gibt.

Die Bücher haben Emma Bovary geschadet, das lässt sich nicht anders sagen. Sie vertieften ihren Hang zum Gefühlskitsch und haben ihr Überleben verhindert – ach …

❦ GUSTAVE FLAUBERTS Roman *Madame Bovary* erschien 1857 im französischen Original mit dem Untertitel »Sitten der Provinz« (Mœurs de province). Die erste vollständige deutsche Übersetzung lag 1892 vor. Bis heute wurden zahlreiche Übertragungen ins Deutsche veröffentlicht, unter anderem von Walter Widmer, Arthur Schurig, René Schickele, Ernst Sander oder Hans Reisiger. 2001 erschien Caroline Vollmanns Neuübersetzung im Haffmans Verlag, Zürich, 2012 die von Elisabeth Edl im Carl Hanser Verlag, München.

Bücher

RAINER MORITZ, 1958 in Heilbronn geboren, leitet das Literaturhaus Hamburg. Er ist Literaturkritiker und Autor zahlreicher Publikationen, darunter zuletzt *Der fatale Glaube an das Glück. Richard Yates – sein Leben, sein Werk* (2012), der Roman *Mutter kommt, wir halten durch* (2014), der Essay *Schnauze voll! Schluss mit dem Optimierungsquatsch* (2015) und die aufschlussreiche Studie *Wer hat den schlechtesten Sex? Eine literarische Stellensuche* (2015).